Manual del médico rural

Nota del editor

Los redactores de FC&A han tomado cuidadosas medidas para garantizar la exactitud y utilidad de la información que aparece en este libro. Si bien se realizaron todos los esfuerzos posibles para garantizar la exactitud, pueden presentarse errores. Aconsejamos a los lectores revisar cuidadosamente y comprender las ideas y consejos presentados, y consultar con un profesional calificado antes de intentar utilizarlos. El editor y los redactores renuncian a toda responsabilidad (que incluye lesiones, daños o pérdidas) provocadas por la utilización de la información que aparece en este libro.

El propósito de la información sobre salud que aparece en este libro es sólo informativo y no pretende constituir una guía médica para el autotratamiento. La información no constituye asistencia médica y no debería interpretarse como tal ni utilizarse en lugar de la asistencia médica de su propio médico.

Por lo tanto, no nos damos por vencidos. Aunque por fuera nos vamos desgastando, por dentro nos renovamos día tras día. Pues los sufrimientos ligeros y efímeros que ahora padecemos producen una gloria eterna que vale muchísimo más que todo sufrimiento. Por lo tanto, no nos fijamos en lo visible sino en lo invisible. Ya que lo que se ve es pasajero mientras lo que no se ve es eterno.

2 Corintios 4:16-18

FC&A Medical Publishing®
103 Clover Green
Peachtree City, GA 30269

Producido por el personal de FC&A

ISBN 978-1-932470-69-7

ÍNDICE

SECRETOS DE LA CURA CASERA

Descubra los secretos de los remedios caseros

Las últimas investigaciones a menudo comprueban lo que la abuela ya sabía — no siempre necesita desembolsillar una fortuna en visitas al médico, medicamentos recetados o cirugías para solucionar los problemas de salud. Con frecuencia, puede tratar su afección con artículos de su propia cocina. El aceite de oliva, el vinagre y la miel, por nombrar sólo algunos, hacen milagros para una docena de dolencias.

Hemos encontrado los mejores remedios caseros para cientos de problemas de salud y los recopilamos para usted en este asombroso libro.

Deje que el *Manual del médico rural: remedios tradicionales que previenen y revierten el dolor, la obesidad, las cardiopatías, el cáncer, la diabetes y más* lo guíe en el tratamiento sensato realizado por usted mismo. Leerá sobre remedios a base de hierbas, antiguos secretos para la curación y otras formas naturales de combatir las enfermedades. También oirá a los expertos de la salud moderna y echará un vistazo a las investigaciones médicas recientes.

Para su comodidad, hemos organizado *El Manual del médico rural* alfabéticamente por afección, desde "Alergias" hasta "Zinc". Cada sección incluye un conveniente cuadro que explica brevemente la afección y sus síntomas. Vaya directamente a la afección que le interesa o simplemente hojee el libro para ver información útil y emocionante. Asimismo, esté alerta para obtener las breves e interesantes "Curas caseras" útiles y divertidas distribuidas a lo largo de todo el libro.

Continúe leyendo para explorar el maravilloso mundo de los remedios caseros. Esperamos que disfrute estos fascinantes tratamientos que lo ayudarán a restablecer su salud y mejorar su calidad de vida.

Los redactores de FC&A

ALERGIAS

Alergias a los alimentos: Vuelva a tener el control de su vida

¿Sufre verdaderamente de alergia a los alimentos o es simplemente sensibilidad a los alimentos? La respuesta podría significar la vida o la muerte.

Es sencillo confundir estas dos afecciones, advierte el Dr. Hugh A. Sampson, Director del Instituto Jaffe de Alergias Alimenticias de la Escuela de Medicina del Monte Sinaí en Nueva York, ya que pueden presentar diversos síntomas comunes. Pero si bien la intolerancia a los alimentos puede causar una incómoda molestia, la alergia a los alimentos puede convertirse en una reacción mortal.

De acuerdo con Sampson, "La intolerancia es una respuesta no inmunológica". Esto significa que la reacción de su cuerpo no guarda relación con el sistema inmunológico. Si sufre de intolerancia a la lactosa, por ejemplo, su sistema digestivo no produce suficiente lactasa, una enzima que descompone el azúcar de los productos lácteos. Otras sustancias que causan diferentes reacciones incluyen sulfitos, histaminas, glutamato de monosodio (MSG), vino tinto, chocolate y colorantes alimenticios artificiales.

¿Qué es?

Se considera que es alérgico si su sistema inmunológico reacciona excesivamente a una sustancia usualmente inofensiva. Estas sustancias, llamadas alergenos, van desde el polen hasta los maníes y la hiedra venenosa. Por lo general, los más afectados son los ojos, el sistema respiratorio, el sistema digestivo y la piel. Las reacciones alérgicas, que se presentan en familias, van desde unos cuantos estornudos a un shock anafiláctico que puede poner en riesgo su vida.

Síntomas:
- erupción cutánea o urticarias
- nariz tapada, estornudos
- tos, dificultad para respirar
- ojos rojos, acuosos
- calambres estomacales, hinchazón, diarrea o vómitos

Una verdadera alergia a los alimentos sin embargo, es cuando su sistema inmunológico reacciona fuertemente a ciertos alimentos. "En el caso de la alergia a los alimentos", explica Sampson, "otros órganos entran en juego". Por ejemplo, podría salirle una erupción en la piel, podría sentir un hormigueo en la boca o la garganta podría ponerse tensa y provocar tos, jadeo y asfixia. El peor escenario posible — el shock anafiláctico — provoca la peligrosa disminución de la presión arterial a valores reducidos y el cierre de la traquea. Cada año, las reacciones alérgicas a los alimentos atacan a 30,000 personas y matan 150 de éstas.

De acuerdo con Sampson, si bien las alergias a los alimentos por lo general ocurren durante la infancia, algunas personas las trasladan hasta la edad adulta. En ocasiones, aparecen repentinamente en personas adultas que nunca antes tuvieron problemas.

Cientos de alimentos pueden causar una reacción, pero los Ocho grandes son mariscos; alubias; frutos secos de árboles como las nueces, castañas de cajú, pacanas y almendras; leche; huevos; pescado; granos de soja; y trigo. Recientemente, los expertos descubrieron que incluso un alimento tan insólito como el calabacín puede causar una reacción. También puede hacerlo la inulina, un carbohidrato que se encuentra en algunos alimentos procesados y en verduras como la alcachofa y la achicoria.

Debido a que las alergias a los alimentos son peligrosas, puede aprender a controlarlas en forma segura.

Realícese un diagnóstico. Cuando tenga una reacción después de comer un alimento, comuníqueselo a su médico de inmediato. Ésta podrá determinar la verdadera causa y comenzar su tratamiento, ya sea una alergia, una intolerancia o algo completamente diferente como un caso de intoxicación con comida, enfermedad celíaca o una úlcera. Incluso podrá derivarlo a un alergista.

Y recuerde comunicarle a su nuevo médico acerca de la alergia. Necesitará saberlo para ofrecerle el tratamiento y el cuidado adecuados.

Lleve un diario. Un registro exacto de lo que come y cuándo lo hace puede ayudar a su médico a determinar exactamente lo que lo aflige. Asimismo, tome nota de sus síntomas, cómo se preparó la comida y si alguien más se enfermó.

Aprenda cuáles son los alimentos causantes de problemas. Consulte con su médico sobre la sensibilización cruzada. Esto significa que podría ser alérgico a una "familia" de alimentos — una reacción a los camarones podría ser signo de una alergia a la langosta o al cangrejo por igual.

Por otra parte, la ingesta de aceites hechos de ciertos alimentos, como las alubias o los granos de soja, por lo general es segura ya que el proceso de refinación extrae la mayoría de los ingredientes que causan las alergias. Sin embargo, siempre hay excepciones, incluidos los aceites de prensada en frío, los procesados en el extranjero y aquellos utilizados en restaurantes. Consulte con su médico antes de probar aceites diferentes.

Consulte con el cocinero. Comer en restaurantes puede ser la hazaña más difícil de enfrentar para una víctima de alergias. Los dos mayores peligros son los ingredientes ocultos en las salsas, aderezos, etc. y la contaminación cruzada — cuando los alergenos ingresan a los alimentos en forma inesperada.

Un cocinero, por ejemplo, puede freír y remover sus verduras con la misma cuchara que utilizó en su pollo con maní. Si usted es muy sensible a los frutos secos, eso podría ser suficiente para causarle una reacción mortal.

Evite esto haciendo preguntas. Verifique dos veces los ingredientes enumerados en el menú y no dude en interrogar al mozo o incluso al cocinero acerca de los ingredientes exactos de un plato. Si lo consideran excéntrico, recuérdeles que podría morir por comer los alimentos incorrectos. De hecho, tomarán sus preguntas más seriamente si les informa que es alérgico.

Sea cauteloso con las listas de ingredientes. Los alimentos envasados pueden esconder su alergeno donde menos lo espera. Las porciones de torta, por ejemplo, pueden contener una cantidad reducida de frutos secos y ese paquete de sopa puede estar enriquecido con leche en polvo. Las etiquetas no siempre informan cuando los productos contienen uno de los Ocho grandes. Recientemente, la alianza Food Allergy Issues Alliance sugirió a la industria alimentaria comenzar a etiquetar de forma simple y clara los productos que contienen los principales alergenos alimentarios. La FDA también planea involucrarse y prometió realizar controles al azar a las plantas de procesamiento de alimentos para asegurarse de que los alimentos que causan las alergias no contaminen otros alimentos por accidente.

Simplemente diga no. Los médicos aún no cuentan con una cura para las alergias por lo que en ocasiones es simplemente más seguro evitar una clase de alimento o restaurante completamente, afirma Sampson. Los restaurantes chinos podrían ser un lugar prohibido para las personas que tienen alergia al maní ya que las probabilidades de contaminación cruzada son elevadas. Los postres de los restaurantes generalmente contienen saborizantes o extractos que incluso el cocinero desconoce. Y es menos probable que los vendedores en la calle den a conocer los ingredientes que causan las alergias.

Quite los alergenos. La buena higiene en la cocina es parte fundamental en la protección contra la contaminación cruzada, afirma la Red de Anafilaxis y Alergias a Ciertos Alimentos. Después de utilizar cualquier utensilio, tabla de corte, olla o cacerola, es importante que los lave cuidadosamente con agua caliente y jabón para quitar todas las partículas de alergenos.

Lleve medicamentos de emergencia. Sampson afirma que adonde quiera que vaya, los medicamentos para detener las reacciones alérgicas también deberían ir. El tratamiento de emergencia más común — una inyección de epinefrina o adrenalina — requiere una receta. Esa es una razón más para consultar a un médico sobre su afección.

Lleve información de alerta médica. En caso de que sufra un shock anafiláctico, el personal de emergencias médicas necesita saber exactamente qué está mal y qué debe hacerse.

Tenga una actitud positiva. El sólo hecho de que tenga alergia a los alimentos no implica que tenga que vivir a pan y agua. Aún puede consumir muchos de los alimentos de los que disfruta. Si necesita apoyo de otras personas que sufren de alergias, sin mencionar la asistencia de expertos en medicina, Sampson sugiere contactarse con la Red de Anafilaxis y Alergias a Ciertos Alimentos. Visítelos en el sitio Web <www.foodallergy.org> o contáctese con ellos a través de la manera antigua en:

> 10400 Eaton Place
> Suite 107
> Fairfax, VA 22030-2208
> 800-929-4040

Descubra las fuentes ocultas de la erupción cutánea

Usted los utiliza para mantenerse saludable y hermoso pero los artículos de tocador en los que confía a diario pueden ser el peor enemigo de su piel. Perfumes, cremas humectantes, filtros solares, astringentes, desodorantes, antitranspirantes, champúes, jabones, tinturas y esmaltes para uñas — el adulto promedio utiliza al menos siete de esos productos de cuidado de la piel en forma diaria. Éstos, más el papel higiénico, los pañuelos de papel, el papel para secar y los productos de limpieza para el hogar, todos contienen ingredientes que podrían irritar la piel.

Para estar más alerta de los químicos ocultos, lea las etiquetas de los productos para detectar los responsables conocidos de las erupciones, como las fragancias, los conservantes y la lanolina, que acondiciona la piel. Pero incluso tomando esta precaución, aún podrá desconocer todos los ingredientes ya que las compañías no siempre informan exactamente todos los aditivos de sus productos. De hecho, un estudio reciente de 67 cremas diferentes para la piel descubrió que prácticamente la mitad de ellas estaban etiquetadas en forma errónea.

Aquí encontrará cómo preservar su piel de los posibles causantes de problemas.

Dosifique el agua y el jabón. Una piel saludable es su primera línea de defensa contra las reacciones alérgicas y la infección. La piel seca y agrietada ofrece a las bacterias una ruta directa hacia su torrente sanguíneo. Si su piel ya está seca, escoja únicamente jabones suaves (como los jabones de belleza) o productos limpiadores sin jabón. Utilícelos lo menor posible, enjabone con agua templada y enjuague con agua fría. Luego de una ducha o un baño, colóquese una crema humectante para combatir la sequedad futura.

Nutra sus uñas. De acuerdo con la Academia Americana de Dermatología (AAD), las reacciones alérgicas son el problema más común causado por los productos para el cuidado de las uñas. Puede desarrollar comezón, ardor y dolor debajo de las uñas o alrededor de éstas e incluso en su rostro y cuello. Las uñas acrílicas, el esmalte y los fortalecedores de uñas contienen formaldehído y otros compuestos que generalmente causan reacciones Si va al salón de belleza para realizarse las uñas artificiales, asegúrese de que no utilicen metacrilato (MMA), un producto prohibido en muchos estados. La AAD afirma que preste atención a los olores muy fuertes en el salón de belleza, las uñas artificiales extremadamente duras o las que no se despegan con facilidad. En caso de observar esos signos de MMA se le requiere que lo informe al comité estatal de salud.

Evalúe sus joyas. Si desarrolla una erupción luego de usar una joya, es probable que sea alérgico al níquel que ésta contiene. Pruebe utilizar una joya de acero inoxidable o de otro material sin níquel en su lugar. Incluso si no es alérgico a las joyas, quíteselas al lavarse. Los anillos y otras joyas pueden atraer la humedad que causa erupciones al estar en contacto con la piel.

Olvide la fragancia. Ya sea champú, fijador o loción corporal, la mayoría de los artículos de baño contienen fragancias. Incluso los productos etiquetados como "sin perfume" incluyen algo que esconde los desagradables olores de los químicos. Si necesita estar seguro de las fragancias ocultas, busque las etiquetas "sin fragancia" o "sin perfume" en el envase.

Tenga cuidado con su maquillaje. Aténgase a las marcas hipoalergénicas, no comedogénicas y no acnegénicas. Éstas son las más saludables para la piel ya que causan menor cantidad de alergias y no tapan los poros. También es buena idea usar cosméticos solubles en agua ya que no necesitará solventes fuertes para retirarlos. Reemplace el maquillaje para ojos cada tres meses y nunca comparta los cosméticos.

Sea precavido con el cuidado capilar. Pruebe siempre el color del pelo en un sector de piel primero, como por ejemplo detrás del oído o la parte interna del codo. En cuanto a los rizos, déle un descanso a su cabeza. Espere al menos tres meses entre las permanentes y consulte con su peluquero sobre los productos suaves y no irritantes.

Evite las alergias causadas por antitranspirantes. No utilice el desodorante sobre la piel irritada o zonas recién afeitadas. Y tenga cuidado de no aplicarlos fuera de sus axilas — esta piel puede ser más sensible.

Reconsidere el uso de la goma. Los expertos aconsejan utilizar guantes al trabajar en la casa o el jardín. Éstos pueden proteger las manos de químicos fuertes, limpiadores que resequen la piel y plantas que causen alergias. Sin embargo, tenga cuidado — podría ser alérgico a la goma que se encuentra en algunos guantes. Lo sabrá por la comezón y el ardor que sentirá en los lugares donde la goma tuvo contacto con la piel. Incluso puede desarrollar urticarias. Asimismo, los elásticos de goma de la ropa pueden causar esa reacción en algunas personas. Si ese es su caso, no abandone los guantes ni la ropa interior. Simplemente cambie por productos hechos con otro material, como las telas, el vinilo o el cuero.

En la mayoría de los casos, no necesita ser Sherlock Holmes para darse cuenta lo que causa su erupción. Pruebe su teoría evitando el producto para ver si la erupción desaparece. Si aún no está seguro, suspenda todos los productos para el cuidado de la piel al mismo tiempo.

Independientemente de lo que cause su enfermedad de la piel, asegúrese de visitar al dermatólogo cada vez que tenga una reacción grave.

Soluciones simples que aliviarán su comezón

Es sencillo irritar su piel. Cualquier factor desde el sol hasta las plantas tóxicas, los ácaros del polvo y otras pestes pueden causar erupciones alérgicas, comezón y dolores. Pero el tratamiento de estas clases de reacciones ahora es sencillo — y económico—. Simplemente no salga corriendo ni pague fortunas por cremas y pomadas costosas. Pruebe algunos remedios naturales que no restregarán su piel sensible en forma incorrecta.

Prepare una mezcla curativa. Sólo unas cuantas tazas de té oolong pueden permitirle decir adiós a la piel escamosa y con comezón causada por un tipo de afección alérgica llamada dermatitis. En un experimento clínico, el consumo de un litro de esta bebida china en forma diaria mejoró los síntomas en una o dos semanas. Al final del mes, dos tercios de las personas del estudio informaron sentirse aliviadas. Los expertos consideran que el té oolong contiene ciertos compuestos que bloquean las reacciones alérgicas.

Resucite una antigua cura. El aloe vera pudo haber sido uno de los principales ingredientes utilizados para preservar las momias del antiguo Egipto. Pero no necesita esperar cientos de años para aprovechar sus beneficios curativos para la piel.

El líquido calmante que se encuentra dentro de las abultadas hojas de la planta del aloe vera alivia toda clase de problemas de piel.

Úselo fresco o sustitúyalo por uno de los diversos productos a base de aloe que encontrará en la farmacia.

Las cremas, geles y lociones de aloe alivian las comezones, erupciones, quemaduras de sol y ampollas. Aplique el bálsamo para labios de aloe para aliviar el herpes labial y beba jugo de aloe para las úlceras bucales. Sin embargo, recuerde que estos productos varían en calidad y poder. Si no obtiene buenos resultados con uno de ellos, pruebe una marca diferente o diríjase a la planta viva más confiable.

Cúrese con productos lácteos. La incómoda comezón del zumaque venenoso o la hiedra venenosa puede arruinar la diversión de un día al aire libre, pero puede encontrar el alivio dentro de su refrigerador. Realice una calmante compresa de leche poniendo en remojo una tela limpia — el lino, la gasa y la franela suave son buenas opciones — en leche entera fría. Colóquela suavemente en el área afectada durante 10 a 20 minutos cada hora hasta que su piel se sienta aliviada. Esto da buenos resultados en las quemaduras de sol y otras afecciones cutáneas también.

Junte un ramillete de flores curativas. Escoja maravillas de jardín o silvestres, también conocidas como caléndulas, para realizar un ramillete colorido o un té para aliviar la piel irritada. Sumerja las flores en agua y coloque una tela embebida en el té sobre la erupción. Se sorprenderá de cuánto mejor se sentirá. Asimismo, use el té de caléndula para enjuagar las llagas de la boca. La caléndula también se presenta en aceites, cremas y pomadas que ayudan a cicatrizar las heridas rápidamente.

Otra flor, la camomila, contiene su propio ingrediente cicatrizante. En las pruebas realizadas en Europa, la crema de camomila demostró una efectividad prácticamente similar a la hidrocortisona en el alivio de algunos problemas de piel.

Aplique una cataplasma. Es probable que no sepa lo que es una cataplasma, pero si sufre una erupción cutánea, querrá probar una inmediatamente. Este remedio tradicional es básicamente cualquier mezcla caliente y espesa de hierbas, agua y otros ingredientes que se extiende sobre la piel y se cubre con una tela.

Una cataplasma de hamamelis puede ayudar a secar una erupción exudante y aliviar el dolor. Mezcle 5 a 10 cucharadas colmadas de hojas de hamamelis finamente cortadas en una taza de agua. Ponga eso a hervir a fuego lento durante cinco a 10 minutos, luego cuele. Presione las hojas húmedas contra su erupción y cubra el área con una tela húmeda para sujetar en el lugar.

Una cataplasma realizada con semillas de linaza molidas mezcladas con agua caliente también puede aliviar y proteger la piel irritada.

Dígale "fuera" a las irritaciones en la piel. Los taninos de las hojas del nogal inglés funcionan como astringente, cierran los tejidos cutáneos y ayudan a secar cualquier secreción. Hierva 5 cucharadas de hojas cortadas en trocitos en una taza de agua. Cuele esta mezcla y ponga en remojo en el líquido una tela suave. Aplique la compresa de dos a cuatro veces por día.

Otra solución con sabor a nuez para una variedad de problemas cutáneos es el aceite de almendras. Con frecuencia lo encontrará en lociones y pomadas comerciales que suavizan y alivian la piel. Los expertos consideran seguro al aceite de almendras, pero si tiene alergia a las comidas, considere un tratamiento diferente.

Ponga fin a la agonía del eccema con un tratamiento innovador

Un hongo que se encuentra en la base del Monte Tsukuba en Japón podría ser la mayor esperanza hasta ahora para tratar la comezón, la hinchazón, las grietas y la inflamación intensas del eccema.

Aproximadamente una de cada 17 personas sufren esta enfermedad crónica de la piel, también llamada dermatitis atópica. Si bien los médicos normalmente recetan esteroides para el eccema, éstos no siempre funcionan y pueden tener efectos colaterales graves.

Ya han pasado 40 años desde que las personas que sufren eccema no ven nuevos tratamientos. Es por eso que los científicos se encuentran tan entusiasmados acerca de una nueva clase de medicamentos libres de esteroides, llamados inmunomoduladores tópicos (IMT) hechos con los hongos japoneses. Dos de ellos, tacrolimos (Protopic) y pimecrolimos (Elidel), han demostrado un increíble éxito en adultos y niños con eccemas moderados a graves. Y lo mejor es que tiene efectos colaterales reducidos.

Si ha estado viviendo con las molestias físicas y sociales del eccema, consulte con su dermatólogo acerca de estos IMT.

Ponga en remojo sus problemas. Un baño relajante puede ser exactamente el alivio para sus síntomas alérgicos — simplemente omita las burbujas y reduzca la temperatura. En su lugar, mezcle un poco de avena, bicarbonato de sodio o vinagre en una bañera con agua fría para aliviar la comezón. Para las molestias del zumaque venenoso o la hiedra venenosa, también pruebe extender una pasta espesa de bicarbonato de sodio y agua sobre la zona afectada.

Tome su erupción para la risa. El humor realmente puede ser la mejor medicina para las alergias. Los investigadores japoneses expusieron a personas con antecedentes de reacciones alérgicas a varios alergenos. Aparecieron ronchas pero se redujeron en aquellas personas que miraron una película clásica de Charlie Chaplin. Las ronchas se mantuvieron iguales en el caso de las personas que miraron un informe meteorológico en su lugar. Descubra lo que provoca el cosquilleo del hueso del codo — puede simplemente resguardar su piel.

Respire fácilmente sin el sufrimiento de la fiebre del heno

Actúe en forma inteligente y podrá sobrevivir cualquier ataque de polen, moho u otra fuente de alergia estacional Estornudos, resfrío, dolores de cabeza, ojos irritados — estos síntomas de la "fiebre del heno" pueden hacerle temer la llegada de la primavera y el verano. Pero siga estas sugerencias de la Academia Americana de Alergia, Asma e Inmunología y vuelva a vivir durante las temporadas de alergias.

Realice ejercicios en el interior. Si camina para realizar ejercicios, pruebe caminar de prisa en el interior de un centro comercial. Es divertido, seguro y además una grandiosa actividad social. Si debe estar al exterior, evite las zonas cubiertas de hierba o arboladas.

Cierre las ventanas. Es posible que nunca lo vea, pero su nariz definitivamente sentirá el soplido del polen y el moho en su hogar o en el auto. Durante la temporada de alergias, mantenga las ventanas de su casa y del auto cerradas.

Mejore el aire. Utilice aire acondicionado y deshumidificador para mantener su hogar fresco y seco. No sólo eliminará el polen y el moho, también se librará de los ácaros del polvo, otra fuente de alergias.

Mantenga su hogar a una humedad inferior al 51% y podrá tener una proporción 10 veces menor de alergenos. El solo hecho de ingresar a un hogar con deshumidificador puede ayudarlo a respirar más fácilmente en cuestión de minutos.

Controle las cifras. Preste atención a los índices de polen en el aire de su zona y manténgase dentro de su hogar si están altos. Para encontrar los índices locales de polen en el aire en línea, visite el Departamento Nacional de la Alergia en <www.aaaai.org/nab>.

Evite el trabajo en el jardín. No tiente al moho ni al polen cortando o rastrillando el césped. Si no puede contratar a alguien para que haga el trabajo durante unos meses, al menos use una mascarilla de papel.

Usa una secadora. No cuelgue la ropa lavada en una cuerda al aire libre donde podrá recoger esporas de moho y polen.

Aleje los estornudos.

Probablemente, las flores no siempre sean el atento obsequio que pensó que serían. Aún si usted no sufre alergias, otras personas podrían sufrirlas. En un estudio reciente, una de cada ocho personas que ingresaban al hospital desarrollaba rinitis, una reacción alérgica que causa la nariz tapada. La fuente — esos adorables ramilletes provenientes de amigos y familiares con las mejores intenciones. Por lo tanto, la próxima vez que desee animar a alguien, escoja palabras cruzadas, un libro, un video o una fruta. Simplemente descarte el polen.

Las flores tampoco son las únicas culpables. Los dueños de las mascotas deberían saber que, aunque dejen el gatito en casa, sus alergenos probablemente se trasladen con ellos. Puede trasladar suficiente caspa del gato en su ropa como para causar una reacción alérgica en compañeros de trabajo o vecinos. La ropa con pelusilla, de peluche o de lana es un imán para la caspa del gato, mientras que la ropa recién lavada provocará la menor cantidad de estornudos y narices tapadas.

Enjabónese. Dése una ducha y lávese el cabello después de estar al aire libre. Los alergenos pueden adherírsele y ocasionar la fiebre del heno.

Si sigue estos consejos y el sufrimiento persiste, no se desespere. Los científicos han desarrollado una nueva clase de drogas que tratan la zona de los ojos y la nariz — los lugares receptores de los alergenos, afirma el médico Zab Mohsenifar, director del Departamento de Cuidados Pulmonares e Intensivos del Centro Médico Cedars-Sinaí.

Las llamadas drogas antiinmunoglobulina E (anti-IgE), no sólo combaten los síntomas de las alergias, además lo hacen sin volverlo somnoliento como la mayoría de los medicamentos para la alergia. "Estos nuevos medicamentos", afirma Mohsenifar, "entrenan las células en los lugares receptores para que no reconozcan a los alergenos como cuerpos extraños. Por lo tanto, no se observa una reacción fuerte y se detiene la reacción en cadena en su etapa inicial".

Si bien los científicos aún están realizando pruebas con las drogas anti-IgE, Mohsenifar considera que pronto se utilizarán ampliamente. Éstas son buenas noticias para cualquier persona que desee darle un descanso a la fiebre del heno.

Cura casera

¿Nariz tapada por la fiebre del heno o un resfrío? Pruebe esta cura comprobada a través del tiempo. Mezcle una cucharada de rábano con un poco de miel. Ambos ingredientes eliminarán las bacterias, mientras que el rábano disolverá la mucosidad y abrirá los senos nasales.

MAL DE ALZHEIMER

Secreto para eliminar su riesgo de sufrir el mal de Alzheimer

¿Desea reducir su riesgo de sufrir el Alzheimer? Comience reduciendo calorías y mientras lo hace, disminuya el tiempo que pasa frente al televisor. Las investigaciones demuestran que una dieta reducida en calorías combinada con ejercicios mantendrá su cerebro joven e incluso podrán protegerlo de esta enfermedad de pérdida de la memoria.

De acuerdo con los expertos, el secreto es simple — use su cabeza en cuanto a la forma en que vive. Realice unos pocos cambios sensatos y saludables en su estilo de vida hoy, comenzando con su dieta.

Reduzca las calorías adicionales. La clave para mantener su cerebro en óptimo estado puede ser una dieta reducida en calorías. A medida que su edad avanza, las células cerebrales se dañan más por la inflamación y la oxidación, los dos principales factores de riesgo del Alzheimer. A las células también les costará más recuperarse por sí mismas.

¿Qué es?

La demencia es cualquier pérdida de capacidad mental lo suficientemente grave como para interferir con su vida diaria. El mal de Alzheimer es el tipo más común de demencia que sufren las personas mayores.

Con esta afección mental, las células cerebrales mueren gradualmente y usted genera menores señales químicas que lo ayuden en el funcionamiento. Con el tiempo, la memoria, la manera de pensar y el comportamiento se deterioran. No se conocen las causas ni la cura.

Síntomas:
- ↬ pérdida creciente de la memoria
- ↬ dificultad para hablar
- ↬ ansiedad
- ↬ cambios en la personalidad
- ↬ depresión
- ↬ dificultad para tomar decisiones

Sin embargo, un estudio realizado en ratones demostró que una dieta reducida en calorías puede tener un gran efecto en el envejecimiento cerebral. Cuando los científicos compararon las células cerebrales de los ratones "mayores" alimentados con una dieta reducida en calorías con las células cerebrales de ratones similares alimentados con una dieta tradicional, descubrieron una diferencia sorprendente. Las células cerebrales de los ratones alimentados con la dieta reducida en calorías continuaban funcionando como si fueran más jóvenes.

Quite la grasa. Mientras reduce calorías, también controle la cantidad de grasas que consume. Los estudios indican que su riesgo de desarrollar el mal de Alzheimer será siete veces mayor si consume una dieta con alto contenido graso. Si bien esta relación sólo parece verdadera para las personas que tienen el "gen del Alzheimer" — llamado Apolipoproteína E4 — nunca saldrá perdiendo al consumir una dieta baja en calorías y saludable para el corazón.

"Una dieta rica en antioxidantes — frutas y verduras — reducida en grasas y carnes, y rica en pescados lo protegerá contra la enfermedad", afirma el Dr. Robert P. Friedland, uno de los investigadores del estudio.

Consuma gran cantidad de nutrientes. Más que cualquier otro órgano de su cuerpo, su cerebro necesita un suministro diario de combustible de primera — una mezcla de todos los nutrientes esenciales.

↪ **Vitaminas B.** "Recomiendo a las personas que tomen vitaminas B", afirma Friedland, "que reducirán su nivel de homocisteína plasmática, que es un factor de riesgo para el [Alzheimer] así como para los accidentes cerebro-vasculares y ataques cardíacos". Friedland es consciente de las investigaciones recientes que demuestran que las personas que presentan deficiencias en estas vitaminas tienen mayores deficiencias en la capacidad para pensar y recordar. Otros estudios sugieren que una dieta con suplementos de vitaminas B podría realmente mejorar su fuerza intelectual. Comer frutas, verduras, granos integrales, lácteos y carnes magras le ofrecerá un suministro de folato, tiamina y otras vitaminas B estimulantes del cerebro.

- **Antioxidantes.** Los radicales libres son químicos inestables que causan daños relacionados con cáncer, cardiopatías — y ahora la pérdida de memoria y mal de Alzheimer. Los antioxidantes, que previenen y reparan este daño, podrían reducir su riesgo de desarrollar el mal de Alzheimer en un 25% aproximadamente, según un reciente estudio europeo. Para consumir una dieta rica en antioxidantes, incluya una variedad de verduras y alimentos que contengan vitamina C y E.

- **Calcio.** El calcio actualmente parece combatir el cáncer de mama y colon, así como problemas digestivos, presión arterial alta y parece ayudar a reforzar los huesos frágiles. Ahora agregue a esa lista que previene la pérdida de memoria, la senilidad y algunas clases de demencia como el Alzheimer. Los expertos afirman que el calcio juega un rol en la forma en que el cerebro y las células nerviosas trabajan en forma conjunta. Por lo tanto, no se quede corto. Incluya productos lácteos reducidos en grasas en su dieta, tome jugo de naranja fortificado con calcio y recuerde comer alubias y brócoli. Si aún está preocupado, consulte con su médico sobre los suplementos.

El azúcar puede endulzar su memoria

De acuerdo con Mary Poppins, una cucharada de azúcar ayuda a disminuir el medicamento. Pero las investigaciones demuestran que puede hacer aún más — puede ayudarlo a recordar que tome el medicamento.

En un estudio, los participantes ayunaron durante la noche. Luego, en la mañana, bebieron limonada endulzada con azúcar o con un sustituto del azúcar. Aquellas personas que bebieron la limonada endulzada con azúcar demostraron resultados mucho mejores en una prueba de memoria que aquellas que bebieron la limonada con el endulzante artificial.

Darse un gusto con un bocadillo dulce todos los días no le hará daño mientras no se le vaya la mano. E incluso puede brindarle a su cerebro el mínimo estímulo que necesita para recordar donde dejó las llaves.

Escape a la amenaza del Alzheimer

La cantidad de calorías de un refresco dietético es bastante atractiva si tiene en cuenta su peso — es cero. Pero el endulzante artificial que le ahorra todas esas calorías podría dañar su cerebro a largo plazo. Un nuevo estudio ha descubierto que el aspartamo, el endulzante artificial utilizado en la mayoría de las bebidas dietéticas, puede causar la pérdida de la memoria.

Los investigadores descubrieron que los estudiantes de la Universidad Cristiana de Texas que regularmente tomaban refrescos dietéticos con aspartamo estaban más propensos a experimentar problemas de memoria a largo plazo que aquellos que no consumieron aspartamo. Si bien su desempeño en las pruebas de memoria de laboratorio fue tan bueno como los que no consumieron aspartamo, estaban más propensos a olvidar detalles de rutinas personales o de la finalización de las tareas.

Esto no significa que deba abandonar las bebidas dietéticas por completo. Otros estudios sobre los efectos del aspartamo arrojaron resultados combinados. Pero si desea estar seguro, quizás debería cambiar por otra bebida no calórica — el agua. Y mientras lo hace, siga estos otros pasos simples para proteger su memoria y ayudar a mantener el Alzheimer alejado.

Controle la presión arterial y el colesterol. Nuevas evidencias demuestran que la presión arterial alta y el colesterol alto no sólo dañan su corazón, también pueden dañar su cerebro. Por lo tanto, es más importante que nunca que controle ambas afecciones haciendo ejercicio, comiendo bien y realizándose chequeos médicos regulares.

Si no puede controlar su colesterol y presión arterial en forma natural, es posible que tenga que tomar medicamentos. Afortunadamente, algunas drogas que protegen el corazón también pueden protegerlo contra el Alzheimer y brindarle una doble dosis de defensa. Un estudio reciente de la Facultad de Medicina de la Universidad de Boston descubrió que los medicamentos con estatinas para el colesterol redujeron el riesgo de desarrollar demencia hasta en un 70%. Otro estudio descubrió que dos tipos particulares de estatinas lovastatina y pravastatina — brindaban protección contra el mal de Alzheimer, pero una tercera estatina — la simvastatina — no lo hacía. Asimismo, otros tipos de medicamentos para el colesterol no redujeron el riesgo de sufrir Alzheimer; por lo tanto, si está interesado en este posible tratamiento, necesita consultar los medicamentos con su médico.

Tenga aspirinas a su alcance. Los médicos con frecuencia recomiendan las aspirinas para ayudar a prevenir las cardiopatías. Actualmente las investigaciones demuestran que el uso regular de la aspirina también puede ayudarlo a evitar el Alzheimer. Otros medicamentos antiinflamatorios no esteroideos (AINES) pueden ponerle un freno a esta enfermedad también. Un estudio descubrió que el analgésico popular ibuprofeno disminuía el riesgo de sufrir el mal de Alzheimer en un 60%. Estos remedios económicos pueden ser justo lo que necesita para detener el ataque del Alzheimer, pero pueden tener graves efectos colaterales como irritación estomacal y hemorragias. Consulte con su médico antes de iniciar cualquier tratamiento.

Considere las ventajas y desventajas del estrógeno. Varios estudios han demostrado que la terapia de reemplazo de estrógenos (TRE) reduce su riesgo de desarrollar el mal de Alzheimer y otras demencias. Incluso podría estimular su memoria ahora mismo. Un estudio reciente descubrió que las mujeres que realizaban la TRE consiguieron mejores resultados en las pruebas de capacidad intelectual. Los resultados estaban respaldados por imágenes cerebrales que mostraban que las personas que consumieron estrógenos presentaban un mayor flujo sanguíneo al hipocampo, una zona del cerebro involucrada en la formación de la memoria.

Pero no todas las investigaciones respaldan al estrógeno como forma de resguardarse del Alzheimer. Dos estudios recientes descubrieron que la TRE no mejoraba las capacidades intelectuales de las mujeres que ya sufrían la enfermedad. Y otro estudio descubrió que el estrógeno ayudaba a protegerse contra el Alzheimer sólo a las mujeres con ciertos genes.

Asimismo, los expertos se preocupan ahora por los efectos generales del consumo del estrógeno luego de que un amplio estudio de reemplazo hormonal demostró que éste elevó en forma significativa el riesgo de contraer cardiopatías y cáncer de mama. La Administración de Drogas y Alimentos (FDA) ahora advierte a los médicos que sólo receten la TRE cuando los beneficios claramente superan los riesgos.

Expanda su conocimiento. Una excelente forma de proteger el cerebro es ejercitar el músculo mental con frecuencia. Cada vez que aprende algo, se establecen nuevas conexiones entre las células cerebrales, llamado sinapsis. El mal de Alzheimer destruye la sinapsis, pero los expertos creen que cuánto mayor es su porcentaje, más tiempo le lleva al mal de Alzheimer afectar sus capacidades intelectuales.

Tampoco necesita volver a la escuela para conservar su cerebro en condiciones. Cualquier tipo de conocimiento es útil; por lo tanto, comience un nuevo pasatiempo, realice palabras cruzadas o lea una variedad de libros interesantes. Todo lo que aprenda desarrollará una reserva de conocimiento que podrá proteger su cerebro de los destrozos del mal de Alzheimer.

Haga un esfuerzo por ejercitar. Mientras desarrolla su cerebro, no descuide su cuerpo. Según las investigaciones, el ejercicio regular mejora el corazón y la mente. Un corazón en forma y arterias desobstruidas brindan a su cerebro un suministro de sangre fresca y rica en oxígeno. Esto, a su vez, ayuda a protegerlo contra la pérdida de memoria y el Alzheimer.

En un estudio, un grupo de personas mayores descubrió que al realizar durante cuatro meses una rutina de ejercicios — caminata, trote, o bicicleta fija durante 30 minutos por día, tres veces por semana — mejoraron sus capacidades para resolver problemas y su memoria. Y cada paso cuenta, de acuerdo con un estudio realizado aproximadamente en 6,000 mujeres de 65 años y mayores. Cada milla extra por semana que caminaban las mujeres reducía su riesgo de deterioro mental en un 13%.

Hágase tiempo para socializar. Diviértase y estimule su cerebro al mismo tiempo al salir frecuentemente con amigos y familiares. Las investigaciones demuestran que las personas que realizan muchas actividades recreativas tales como visitar amigos, realizar trabajo voluntario e ir a misa están mucho menos propensas a perder sus capacidades intelectuales al crecer.

Resguárdese de las caídas para proteger los recuerdos

Es probable que se preocupe más por romperse la cadera que por dañar su cerebro en una caída. Pero las nuevas investigaciones demuestran que incluso una conmoción cerebral leve puede dañar su cerebro al punto tal de quedar en estado de coma. Y si sufrió una lesión en la cabeza cuando era pequeño, es posible que esté más propenso a sufrir el mal de Alzheimer — y desarrollarlo antes.

Un estudio reciente examinó registros de veteranos de la Segunda Guerra Mundial para ver si aquellos que habían sufrido lesiones en la cabeza cuando eran adultos jóvenes estaban más propensos a desarrollar el mal de Alzheimer. La encargada de la dirección de la investigación, Dra. Brenda Plassman, de la Facultad de Medicina de la Universidad de Duke considera que el estudio respalda tal relación.

"Las personas que presentaban antecedentes de lesiones moderadas en la cabeza presentaban el doble de probabilidades de desarrollar el mal de Alzheimer u otros tipos de demencia", afirma. "Y las personas con antecedentes de lesiones graves en la cabeza presentaban una proporción cuatro veces mayor de desarrollar el mal de Alzheimer u otros tipos de demencia".

Un estudio previo de la Clínica Mayo había demostrado que el sufrir una lesión en la cabeza también podría hacerle desarrollar el mal de Alzheimer antes de lo normal. Los investigadores compararon las personas con el mal de Alzheimer que habían sufrido graves traumatismos cerebrales con las que no habían sufrido lesiones. Descubrieron que las víctimas de traumatismos desarrollaron la enfermedad aproximadamente ocho años antes que las demás.

Ya que nadie sabe cómo se desarrolla exactamente el mal de Alzheimer, evitar las lesiones en la cabeza puede ser una manera de ayudar a reducir el riesgo. Prevenir las caídas es un paso importante, particularmente en el caso de los adultos mayores, que están más propensos a caerse. Algunas precauciones simples pueden ayudarlo a proteger sus huesos y su cerebro.

Use calzados cómodos. La moda debería quedar en segundo plano al escoger el calzado. Aléjese de los tacos altos o los zapatos de suelas gruesas que podrían hacerle perder la estabilidad. Éstos incluyen el calzado deportivo, cuyo frente con punta de goma ofrecen una mayor adherencia al piso. Use zapatos de taco bajo cómodos, que calcen bien o zapatillas comunes de suela gruesa con cordones y mantenga los cordones atados.

Revise los medicamentos. Algunos medicamentos pueden hacerlo sentir mareado como efecto colateral, lo que podría aumentar los riesgos de sufrir caídas. Cada vez que su médico le recete un nuevo medicamento, pregúntele sobre los posibles efectos colaterales. Si descubre que el medicamento recetado afecta su equilibrio, pregúntele a su médico si algún producto similar podría funcionar sin causarle mareos.

Sea ordenado. La decoración es una cuestión de gusto, pero a la hora de prevenir caídas, menos es mejor. Acomode los muebles y las demás pertenencias de modo que tenga mucho lugar para moverse y no coloque en el suelo objetos innecesarios.

Obtenga usted mismo la recuperación total

Recuperarse de una lesión grave en la cabeza puede ser un proceso lento y difícil. Pero las investigaciones recientes indican que las medidas que tome en el hogar podrán lograr un cambio importante en su recuperación.

En un estudio reciente, a las personas con lesiones en la cabeza se las trato tanto en el hospital como en el hogar. A los pacientes tratados en el hogar se les enseñaron estrategias para mejorar sus capacidades para pensar y razonar. Aprendieron juegos de cartas y de números para ejercitar su cerebro. También se los alentó a mirar programas de noticias y a leer libros y revistas.

Los pacientes tratados en el hogar se recuperaron tan rápida y completamente como las personas que atravesaron por el programa en el hospital. Los investigadores sugieren que una disminución en el nivel de estrés en el hogar y el apoyo de los seres queridos pueden ser factores clave en la recuperación.

Mantenga la seguridad en el baño. Muchas caídas graves ocurren en el baño cuando se encuentra solo. Coloque alfombrillas de baño o cinta antideslizante en la bañera para prevenir los resbalones y use alfombras antideslizantes en el suelo. Si se siente inestable al entrar y salir de la bañera, coloque pasamanos para ayudarse.

Párese firme en los escalones. Las escaleras son otro lugar donde las caídas ocurren con frecuencia. Debería tener pasamanos en ambos lados de las escaleras de su hogar y asegurarse de usarlos. Si los peldaños no están alfombrados, coloque bandas antideslizantes y asegúrese de que estén siempre despejados y bien iluminados.

Ilumine su camino. La vista tiende a deteriorarse a medida que va creciendo y se vuelve más propenso a tropezar con elementos en las habitaciones con luz tenue. Ilumine más esas habitaciones y coloque veladores en los dormitorios, pasillos y cualquier otro lugar al que pueda acceder durante la noche.

Manténgalo a su alcance. Acomode los armarios de forma que los elementos que utiliza con frecuencia estén a su rápido alcance. Si necesita algo que se encuentra ubicado sobre el nivel de su cabeza, use una escalerilla fuerte, preferiblemente una con mangos. Nunca se pare sobre una silla para alcanzar los elementos ubicados sobre el nivel de su cabeza.

Mejore su equilibrio. El ejercicio regular mantendrá sus músculos en forma, fortalecerá sus hueso y mejorará su equilibrio. El tai-chi es un tipo de ejercicio particularmente conveniente para las personas mayores. Esta suave forma de arte marcial la han practicado durante siglos millones de personas en China. Y un estudio de la Universidad de Emory descubrió que las personas de 70 años o más que tomaban clases de tai-chi presentaban un 50% menos de probabilidades de caerse que antes de tomar las clases. Contáctese con el departamento de recreación local, un gimnasio o el hospital de la zona para saber si ofrecen clases de tai-chi.

Proteja su cabeza. ¿Es usted el tipo de persona que está en movimiento constante y disfruta realizar actividades más enérgicas (y riesgosas) que el tai-chi? De ser así, siga los consejos de Plassman y proteja su cabeza. "Sugeriría a las personas que utilicen un casco de protección al realizar actividades que aumentan el riesgo de sufrir lesiones en la cabeza, como por ejemplo andar en bicicleta, monopatín, patines o motocicleta", afirma.

Si tiene cuidado, es probable que nunca tenga que sobrellevar una lesión en la cabeza. Pero si le ocurre, asegúrese de que su médico lo sepa, especialmente si como consecuencia de la lesión perdió el conocimiento. Y si su memoria es un problema ahora, asegúrese de comentarle cualquier lesión anterior en la cabeza, aún si ocurrió años atrás. En el estudio de los veteranos de la Segunda Guerra Mundial, las lesiones habían ocurrido 50 años antes; por lo tanto, aún los accidentes ocurridos con gran anterioridad en el pasado podrían ser una clave para su salud actual.

Cura casera

La popular hierba china ginkgo ha sido utilizada durante siglos para mejorar la circulación y agudizar la mente. Ahora algunos científicos piensan que puede estimular la memoria de las personas que se encuentran en los ciclos iniciales del mal de Alzheimer. Esto se debe a que el gingko promueve la circulación a través del cuerpo, lo que ayuda al cerebro a trabajar mejor. Aún en las personas saludables, el ginkgo puede mejorar la memoria a corto plazo.

ANSIEDAD

Escápese del estrés y preserve su salud

No necesita ser médico para saber que el estrés no es saludable, pero quizás necesite ayuda para aprender a vencerlo.

Cuando está temiendo que ocurra un evento, puede sentir los latidos del corazón, sus manos transpiran y su cabeza palpita. Si su tensión es continua — supongamos que tiene a su cuidado un familiar enfermo — podría experimentar una sensación de ansiedad que nunca lo abandona del todo. Si bien todas esas sensaciones son ciertamente desagradables, existe un lado más oscuro y peligrosos el estrés.

- ↝ **Cardiopatía.** Cuando se encuentra bajo presión, su corazón se exige en exceso. La ansiedad que causa el estrés puede provocar presión arterial alta, aterosclerosis (endurecimiento de las arterias) y frecuencia cardíaca anormal.

- ↝ **Trastornos del sueño.** No necesariamente sufre trastornos del sueño o enfermedades si se encuentra dando vueltas en la cama toda la noche. Demasiada presión durante el día puede trastornar su reloj interno. El insomnio causado por el estrés puede solucionarse — pero no con pastillas para dormir.

¿Qué es?

Es normal sentirse ansioso cuando se encuentra bajo estrés. Pero si se siente constantemente nervioso, preocupado, inquieto o miedoso, es probable que tenga un trastorno de ansiedad. Algunas personas tienen sentimientos inexplicables de temor todos los días. Otras personas tienen temores específicos llamados fobias que pueden privarlos de llevar una vida normal. También podría sufrir ataques de pánico intensos que pueden durar entre un par de minutos y más de una hora.

Síntomas:
- ↝ boca seca
- ↝ transpiración
- ↝ ritmo cardíaco irregular
- ↝ dificultad para respirar
- ↝ mareos
- ↝ descompostura estomacal
- ↝ tensión muscular o temblores
- ↝ insomnio
- ↝ dolor de cabeza

- **Sistema inmunológico debilitado.** El estrés permanente puede afectar su capacidad para combatir las afecciones y volverlo vulnerable a las enfermedades. También es posible que se recupere más lentamente de las cirugías y las heridas. Algunos investigadores consideran que el estrés incluso puede dañar la capacidad de su cuerpo para reparar las células — y conducirlo al cáncer.

- **Prostatitis.** Los hombres estresados pueden estar más propensos a sufrir enfermedades de próstata que aquellos que están relajados. La ansiedad provoca un aumento en la hormona prolactina, que causa la inflamación de la próstata. Y se ha relacionado al estrés con un nivel de PSA elevado (antígeno prostático específico), un indicador del aumento en el riesgo de sufrir cáncer de próstata.

- **Enfermedad inflamatoria intestinal.** Los estudios demuestran que si bien es posible que el estrés no cause enfermedades digestivas como la enfermedad de Crohn y la colitis ulcerosa, éste puede provocar ataques y empeorar los síntomas.

Por lo tanto, ahora que lo sabe, puede aumentar la efectividad de cualquier tratamiento médico reduciendo el estrés, aquí encontrará cómo hacerlo.

Desayune. Su madre siempre decía que era la comida más importante del día y tenía razón. Los investigadores de Inglaterra descubrieron que las personas que desayunan — y tienden a llevar un estilo de vida más saludable en general — tienen más energía y se sienten menos estresadas que aquellas que no desayunan. Y las personas que consumen cereal se sienten mejor independientemente de sus demás hábitos de salud. Por lo tanto, cargue un poco de combustible en el tanque antes de comenzar su agitado día.

No escatime en sueño. Independientemente de todo lo que tenga que hacer, cierre los ojos durante al menos ocho horas. Si la ansiedad no lo deja dormir, no se quede en la cama preocupado. Los expertos aconsejan levantarse y hacer algo relajante — mire una revista o cualquier programa en la televisión. Si su cerebro continúa en carrera, realice una lista de lo que lo molesta y déjelo para mañana.

Tómese vacaciones. Sueña con ir a algún lado pero todas sus responsabilidades lo hacen parecer imposible. Es por eso precisamente que debería ir. Unas relajantes vacaciones no sólo lo renovarán por una semana o dos. Las entrevistas demostraron que las personas que salían de vacaciones se sentían mejor físicamente hasta por cinco semanas luego de volver.

Si usted tiene a su cargo el cuidado de una persona durante la jornada completa, necesita tiempo libre en forma regular para distenderse. Busque un familiar o servicio de enfermería que lo reemplace durante algunos fines de semana por mes y en ocasiones durante descansos más prolongados.

Póngase los guantes de jardinería. Encontrará cierta tranquilidad al cavar la tierra. Quizás le recuerde sus días en el arenero o quizás lo acerque más a la naturaleza. De cualquier manera que funcione, la jardinería no sólo lo recompensa con un jardín más hermoso, también lo ayuda a liberarse de las preocupaciones junto con las malezas.

Karin Fleming, HTR, presidente de la Asociación Norteamericana de Terapia Hortícola, afirma "La jardinería es un grandioso y amplio ejercicio del que pueden disfrutar las personas de todas las edades y con diferentes capacidades. Ayuda a tonificar los músculos, lo que estimula la salud de los huesos, y ayuda a mantener la flexibilidad, resistencia y fortaleza. También se sabe que la jardinería ayuda a reducir el estrés y a disminuir la presión arterial".

Ríase de la vida. Es probable que no le encuentre nada gracioso a su agitada agenda, pero intente encontrar el lado gracioso a cada situación — le dará la oportunidad de liberar un poco de tensión. Los expertos afirman que las personas que pueden reírse ante las dificultades manejan mejor el estrés y, como consecuencia, sufren menos problemas de salud. Incluso alquilar una película cómica puede servir. Por lo tanto, comience a sintonizarse con el humor que lo rodea. En vez de sentir que la vida se encuentra fuera de control, puede comenzar a disfrutar el espectáculo.

Perdone y olvide. Guardar rencores es como estar secuestrado. El enojo y el resentimiento pueden privarlo de disfrutar las buenas cosas de la vida. Cuando un grupo de hombres y mujeres realizó un curso de seis sesiones sobre cómo perdonar, tuvieron menor cantidad de episodios de problemas de salud relacionados con el estrés. Los beneficios para la salud que obtuvieron al perdonar aún se observaban cuatro meses después en una sesión de seguimiento.

Masajes en los músculos. Si está nervioso, podrá sentir los músculos tensos y doloridos. Los masajes aflojan esos nudos y lo ayudan a relajarse y dormir mejor. Gratifíquese.

Relájese con la música. Como tomarse unas mini vacaciones, oír música tranquila puede calmar sus nervios y aliviar la tensión muscular. Los gustos individuales pueden variar, pero los expertos sugieren probar con música clásica.

Escriba sobre eso. Escriba sobre lo que lo preocupa y podrá sentir que cuenta con un mayor control de la situación. Algunas personas consideran que llevar un diario las ayuda a clasificar los problemas e identificar las posibles soluciones.

Tome un poco de sol. Un día soleado puede levantarle el ánimo pero sólo si sale al exterior. Camine hasta la casilla de correo o a la casa de un amigo y la luz del sol estimulará su melatonina, una hormona que reduce los efectos del estrés y puede ayudarlo a dormir mejor.

Rece. Si cree en el poder de las oraciones, no estará solo. De hecho, para el control del estrés y el sentimiento general de bienestar, las personas mayores recurren a las plegarias más que a cualquier otro tratamiento alternativo.

El hecho de que otras personas oren por su salud, aún si usted no lo sabe, puede acelerar su recuperación. Y si tiene el cuidado de otras personas a su cargo, orar puede incrementar su capacidad de sobrellevar el estrés.

Confíe en un consejero. En ocasiones sólo necesita alguien que lo ayude a poner las cosas en orden. La terapia es una gran manera de obtener consejos de un experto cuando la ansiedad y el estrés lo hacen sentir agobiado. Tiene grandes probabilidades incluso de que su seguro lo cubra. Solicite a su médico una derivación o confíe en un pastor, sacerdote o rabino de confianza. De cualquier manera, se sentirá mejor luego de hablar con alguien a quien le importe.

Calme la ansiedad con estos suplementos

Es probable que tenga problemas para preparar café — especialmente si ya se siente ansioso. Las investigaciones recientes sugieren que la cafeína puede provocar ataques de pánico y elevar su presión arterial por las nubes. Si combina eso con la presión arterial que ya presenta, los resultados pueden ser graves. Pero no se desespere. Si bien es probable que deba despedirse de la cafeína, puede comenzar a probar estos remedios naturales para el estrés.

Kava. Bebida realizada con raíces de kava trituradas de gran importancia en las ceremonias culturales y de curación casera de la Polinesia. Debido a que ofrece un efecto calmador, la kava puede ayudar en casos leves a moderados de ansiedad, estrés o inquietud. Pero antes de salir corriendo a conseguir esta hierba tropical, considere que los expertos están preocupados actualmente por su seguridad. La Administración de Drogas y Alimentos (FDA) está investigando si los suplementos que contienen kava guardan relación con la enfermedad hepática tóxica. Algunos países ya han prohibido la venta de kava. Si desea probar esta hierba, consulte con su médico primero y solicítele que supervise su tratamiento.

Valeriana. Al igual que la kava, durante siglos se depositó la confianza en la valeriana para el alivio de las tensiones. También ayuda efectivamente a conciliar el sueño sin efectos colaterales. Para realizar un té de valeriana, agregue una cucharada de té de la raíz seca en una taza de agua caliente. O, si lo prefiere, tome tres cápsulas de 475 miligramos tres veces por día.

ConsumerLab.com, un crítico independiente de suplementos dietarios y productos para la nutrición, descubrió que sólo la mitad de los productos de valeriana comerciales a los que les realizaron pruebas contenían la cantidad especificada de la hierba. Al escoger un producto de valeriana, busque el sello de aprobación de calidad del producto de ConsumerLab.com. Al menos obtendrá el producto por el que está pagando.

Ginseng. Si toma ginseng, especialmente junto con un complemento multivitamínico, podrá recargar la glándula suprarrenal y sobrellevar mejor el estrés. Esta raíz curativa, utilizada por cientos de años en el Lejano Oriente, también estimula la energía y la

Anímese con aromaterapia

La investigación finalizó y el veredicto indica que la —— aromaterapia puede aliviar la tensión y el estrés diario. Para levantar el ánimo, pruebe estos aceites esenciales de —— bergamota, madera de cedro, incienso, geranio, hisopo, lavanda, sándalo, naranja y ylang ylang. Simplemente recuerde no colocar nunca los aceites esenciales sin diluir directamente sobre la piel o en la boca. En su lugar, dilúyalos en agua o "aceites portadores" como el de almendras, damascos, jojoba y semilla de uva.

- Para obtener unos masajes perfectos, agregue 10 a 20 gotas de aceite esencial a una onza de cualquier aceite portador.
- Prepare un baño de vapor y agregue cinco a 10 gotas de aceite esencial y una onza de aceite portador. Sumérjase durante al menos 15 minutos.
- Coloque tres a cuatro gotas de su aceite favorito en un pañuelo. Siempre que lo ataque el estrés, donde sea, téngalo al alcance de la mano y huélalo.
- Para los dolores de cabeza causados por el estrés, remoje una toalla de mano con una mezcla de media taza de agua y cinco a 10 gotas de aceite. Coloque la compresa en su frente hasta que la toalla esté fría.
- Un baño de pies de 10 minutos con agua caliente y unas cuantas gotas de aceite esencial, especialmente de lavanda, lo hará sentirse mimado y tranquilo.

concentración. El ginseng está disponible en varias formas, que incluyen cápsulas, té, gaseosas, raíces secas e incluso goma de mascar.

Manzanilla. Prepare una calmante taza de té de manzanilla sumergiendo dos o tres cucharadas de flores secas en una taza de agua. Luego siéntese y bébalo para deshacerse de sus ansiedades.

Vitamina C. Su cerebro necesita vitamina C para producir serotonina, un químico que lo ayuda a conciliar el sueño y lo hace sentir bien. Si no cuenta con una cantidad suficiente, puede sentirse cansado e inactivo. Cuando se encuentra bajo mucha presión, esta vitamina también bloquea la liberación de hormonas de estrés que debilitan su sistema inmunológico. Lo ayudará recordar que la C es para obtener la "Calma".

Obtenga energía a través de esta maravillosa vitamina mediante el consumo de cítricos, frutillas, pimientos rojos y verdes, brócoli, repollitos de Bruselas y cantalupos. Para obtener mayor protección, tome suplementos de vitamina C.

Vitaminas B. El consumo de una suficiente cantidad de vitaminas B en su dieta es esencial durante los momentos de ansiedad ya que su cuerpo las utiliza rápidamente cuando se encuentra bajo estrés. Si no consume la cantidad adecuada, puede realmente desarrollar depresión y tensión. Las vitaminas B12, B5 (ácido pantoténico) y el folato son especialmente importantes. Consuma arvejas; alubias; carne; carne de aves; pescado; panes de grano integral y cereales; banana; y papas para obtener las importantes vitaminas B. U obténgalas a través de un complemento multivitamínico.

Magnesio. Un estudio yugoslavo descubrió que las personas expuestas al estrés crónico tenían niveles inferiores de magnesio. Para asegurarse de tener gran cantidad de este mineral, especialmente durante los momentos de estrés, consuma alubias, arroz integral, cereales, palomitas de maíz, frutos secos, espinaca, arvejas, maíz, papa, avena, camarones, almejas y leche descremada. También podrá conseguir suplementos si su dieta no incluye una suficiente cantidad de magnesio. Pero sea cuidadoso — demasiado magnesio puede ser peligroso.

SAM-e. Pronunciado "sami", este pequeño y amigable bioquímico (nombre completo S-adenosilmetionina) ha sido utilizado en Europa durante décadas y finalmente está adquiriendo popularidad en los Estados Unidos. No sólo demuestra ser prometedor para el tratamiento de la artritis, también podría tratar la depresión y la ansiedad de la misma manera que los antidepresivos recetados — sin los desagradables efectos colaterales. Consulte con su médico sobre este excepcional suplemento.

Cuando el ejercicio no reduce el estrés

Usted trabaja en el depósito de carga de una importante empresa de transporte. Entre las largas horas y las imposibles fechas límites, se encuentra bajo un permanente estrés. Sabe que la tensión no es buena para su corazón, pero ha oído que los ejercicios reducen el estrés. Con todas las actividades que realiza para levantar y transportar cosas, seguramente consigue un equilibrio. Por desgracia, al menos un experto afirma no confiar en eso.

"Si piensa que el realizar actividad física en el trabajo ayuda a su corazón, considere nuevamente si además sufre estrés en el lugar de trabajo", advierte el Dr. James H. Dwyer de la Facultad de Medicina Keck de la Universidad del Sur de California.

Dwyer y sus compañeros investigadores estudiaron los efectos de la actividad física — en el lugar de trabajo y durante el tiempo libre fuera del trabajo — en un grupo de trabajadores de una empresa de servicios públicos. El estudio se realizó en un momento en el que los trabajadores pasaban por ajustes estresantes debido a la desregulación.

Al comienzo del estudio, los investigadores utilizaron el ultrasonido para medir el grosor de las arterias carótidas de los trabajadores — un poderoso indicador de las cardiopatías. Ninguno de ellos sufría aterosclerosis, una acumulación de placa con gran contenido de colesterol en sus vasos sanguíneos. Cuando se los midió nuevamente tres años después, se sorprendieron por los resultados.

Los empleados que realizaban mayor actividad física en el trabajo presentaban una acumulación de placas prácticamente dos veces mayor en las arterias carótidas en comparación con aquellos que realizaban menor actividad física en el trabajo. Por otra parte, aquellas personas que realizaban ejercicios al menos cuatro veces por semana durante su tiempo libre presentaron el menor nivel de aumento y; por lo tanto, las arterias más saludables.

En investigaciones posteriores, los investigadores descubrieron que los trabajadores que realizaban mayores tareas físicas también estaban más propensos a presentar problemas para dormir y otros síntomas de estrés.

Tener un control reducido sobre las condiciones de trabajo puede contribuir al sentimiento de ansiedad. "No era tanto el peligro del trabajo", afirma Dwyer, "como las demandas del trabajo, las incertidumbres y las dificultades al trabajar con otras personas. Estas son las clases de estrés que se desarrollan en cualquier lugar de trabajo".

Por lo tanto, independientemente de si su trabajo requiere actividad física o no, proteja su corazón realizando ejercicio regularmente en su tiempo libre — caminatas, ciclismo, natación o jardinería. Asimismo, aquí encontrará algunas acciones que podrá realizar en el trabajo para reducir el estrés.

Respire hondo. La mayoría de las personas respira de manera poco profunda de 12 a 15 veces por minuto. Reducir esa cantidad a ocho veces por minuto puede calmarlo, reducir su frecuencia cardíaca y brindarle más energía.

Respire por la nariz y llene sus pulmones completamente. Deje que el diafragma baje tanto que empuje el abdomen — como si estuviera respirando por el estómago. Exhale lentamente, liberando todo el aire, mientras se mantiene relajado.

Tómese descansos gratificantes del trabajo. Escuche música agradable o converse acerca de algo interesante al tomarse tiempo libre. Evite a las personas que pasan ese tiempo quejándose y estará menos propenso a sentirse agotado y tenso al regresar a sus responsabilidades.

Muévase de manera diferente. Aléjese de su estación de trabajo ahora y realice una actividad física no relacionada con su trabajo. Camine, estírese o practique un poco de yoga o tai-chi.

Estas prácticas deberían volver más agradable su vida en el trabajo. Y además, aumentará las probabilidades de que su corazón esté fuerte para disfrutar de los beneficios de la jubilación cuando esté listo para hacerlo.

Cura casera

¿Sorprendido en medio de la hora pico y estresado? Pruebe un rápido ejercicio de respiración. Coloque una mano en el estómago, luego inhale lenta y profundamente mientras cuenta del uno al cuatro. Exhale mientras cuenta hacia atrás del cuatro al uno. Esta mini meditación reduce el estrés, la presión arterial y la frecuencia cardíaca.

Asma

Tome en serio los problemas respiratorios

La dificultad para respirar no implica que esté envejeciendo. Podría significar que tiene asma. En forma opuesta a la creencia popular, muchas personas sufren su primer ataque de asma luego de los 70 años. Aquí se encuentra otra sorpresa — generalmente, este tipo de asma está provocado por las alergias.

Si usted es una persona mayor, probablemente no le hayan diagnosticado asma ya que sufre cardiopatías o afecciones pulmonares que pueden ocultar la enfermedad. Y, de acuerdo con un reciente estudio canadiense, aún si le realizaron el diagnóstico, es probable que no reciba el mejor medicamento para su afección — esteroides inhalados.

Todo esto se agrega a un grave problema de salud. Muchas personas mayores que padecen asma no pueden participar en actividades agradables que podrían mejorar su salud mental y física. Cuanto más grave sea el asma, peor será su calidad de vida. El asma no sólo afecta la vida, también afecta la muerte. En los últimos años, las muertes relacionadas con el asma en personas mayores aumentaron el 24%.

Por lo tanto, preste atención si usted o alguna persona querida tienen dificultad para respirar.

Realícese pruebas para detectar alergias. Los investigadores descubrieron al menos una alergia en el 75% de las personas mayores con asma bajo estudio. Más de la mitad de las personas obtuvieron resultados positivos en los estudios de alergias de interior — normalmente a gatos, perros, ácaros del polvo y cucarachas. Conocer lo que agrava su asma implica que podrá tomar medidas para protegerse.

Ponga su hogar en condiciones. Si realmente sufre alergias, comience a convertir el hogar en un lugar que se encuentre en mejores términos con el asma. Esto puede significar renunciar a las mascotas lanudas como los gatos y perros, guardar los animales disecados, evitar trasladar de lugar las plantas o envolver el colchón con plástico. Mantenga la limpieza — quite el polvo y pase la aspiradora regularmente. Considere reemplazar la alfombra por pisos de madera o vinilo. Si vive en una casa antigua o colecciona antigüedades, probablemente tenga mayores niveles de polvo en el hogar. La humedad alta y las habitaciones que permanecen a un nivel superior a los 70 grados promueven la formación de moho.

Consulte sobre los medicamentos. Los esteroides inhalados redujeron al 50% la hospitalización y las muertes en un 90%. Por desgracia, en un estudio canadiense, al 40% de las personas mayores con asma no les recetaron dichos medicamentos. Consulte con su médico sobre los esteroides inhalados y asegúrese de comprender cómo usarlos. Los investigadores descubrieron que la mitad de las personas mayores usaban el inhalador en forma regular, independientemente de si lo necesitaban o no, en vez de hacerlo durante un ataque de asma. Esto significa que muchas personas necesitan mejores medicamentos a largo plazo para tratar el asma.

Las indicaciones de su médico acerca del cálculo de las dosis también son importantes. De acuerdo con la Asociación Médica Estadounidense, el riesgo de sufrir un ataque de asma es mayor durante la noche. Consulte con su médico sobre los broncodilatadores de liberación sostenida. Tales comprimidos pueden tomar hasta una hora para comenzar a funcionar, pero le abrirán los pulmones durante 12 a 24 horas. Tómelos durante la noche para que sean más efectivos cuando lo ataquen los síntomas del asma.

> ### ¿Qué es?
>
> Los asmáticos presentan vías aéreas que reaccionan excesivamente a diferentes desencadenantes. Durante un ataque, los músculos de las paredes de los bronquios — los pasajes de aire entre los pulmones y la tráquea — sufren espasmos y se inflaman. Las vías aéreas se cierran y tiene dificultad para respirar, especialmente al exhalar. Las alergias son los mayores desencadenantes del asma, pero algunas personas tienen ataques de asma al realizar ejercicios o al encontrarse bajo estrés. Algunos casos de asma no parecen tener un desencadenante obvio.
>
> Síntomas:
> - jadeo
> - dificultad para respirar
> - tos
> - tensión en el pecho
> - ansiedad

Encuentre un especialista. Muchas veces, los médicos de cabecera no tratan el asma tan ofensivamente como lo haría un especialista. Si su asma no está recibiendo la atención adecuada, busque un alergista que comprenda su afección y esté en condiciones de probar los tratamientos más recientes y efectivos.

Resguárdese del asma comiendo los alimentos correctos

El empleado de un restaurante, sensible a los mariscos, al sólo inhalar el vapor de cocción de camarones y vieiras, activa el asma. Este es un caso en el que los alimentos se ponen en su contra. En el caso del asma, es importante aprender los alimentos que puede comer en forma segura y aquellos que le ocasionarán problemas.

Manténgase alejado de los sulfitos. Muchas bebidas alcohólicas, especialmente el vino, contienen sulfitos y salicilatos. Estos conservantes químicos evitan que los alimentos y las bebidas se echen a perder pero pueden provocar ataques de asma rápidamente en las personas sensibles. Si usted tiene una reacción similar a ésta con el vino, otros alimentos que contienen sulfitos, como los camarones y los productos de las barras de ensaladas, probablemente también afecten su respiración.

Recuerde escoger con cuidado los medicamentos contra el dolor y los resfríos. Las aspirinas y otros medicamentos antiinflamatorios no esteroideos contienen salicilatos que provocan alergia. No sólo pueden causar un ataque de asma, se las ha nombrado culpables de al menos unos cuantos casos de otra afección pulmonar grave — la neumonía. Consulte con su médico acerca de otros medicamentos de venta libre que pueda tomar en forma segura.

Renuncie a la comida rápida. Quizás se la debería llamar "comida grasosa". La comida rápida típica posee demasiada grasa saturada, demasiadas calorías y muy pocos nutrientes. El alto consumo de este tipo de comida también está relacionado con el asma y el jadeo. Si cambia por alimentos más saludables, no sólo podrá reducir el riesgo de sufrir problemas respiratorios, también podrá perder el anillo de grasa que rodea la cintura y es especialmente resistente en sus pulmones. Los estudios demuestran que la pérdida de peso puede mejorar el funcionamiento pulmonar y permitirle utilizar una menor cantidad de medicamentos para el asma.

Por lo tanto, olvídese de la conveniencia de la comida para llevar y de cuánto le gusta su sabor. Le gustará aún más respirar hondo.

Opte por omega 3. El aceite de maíz, algodón y cártamo; los aderezos; la mayonesa; la margarina; y los alimentos procesados están repletos de ácidos grasos omega 6. Éstos pueden empeorar las enfermedades inflamatorias y el asma. Sin embargo, los alimentos con ácidos grasos omega 3 tienen el efecto contrario. Buenas fuentes de éstos son las verduras de hojas verdes; los pescados de agua fría, como el salmón, el arenque y el atún; y el aceite de linaza, que podrá conseguir en la mayoría de los almacenes de alimentos naturales. Conserve el aceite de linaza en el refrigerador ya que se echa a perder rápidamente y no lo use para cocinar. Pero puede utilizarlo en ensaladas y alimentos horneados. Para cocinar, pruebe el aceite de canola, que tiene un buen equilibrio de aceites omega 3 y omega 6.

Realice maniobras para combatir los ataques de asma

Cuando alguien se atraganta con comida, probablemente usted sepa qué hacer. Pero cuando alguien tiene un ataque de asma, es probable que se quede de pie impotentemente. Afortunadamente, lo que funciona para el ahogo también funciona para el asma — la Maniobra de Heimlich.

De acuerdo con el Instituto Heimlich, la famosa acción contra los ahogos funciona impulsando el aire atrapado y la mucosidad fuera de los pulmones. Si se realiza en forma regular, la Maniobra Heimlich podría incluso prevenir los futuros ataques de asma.

Aquí encontrará cómo realizar la Maniobra Heimlich en alguien que sufre un ataque de asma que pone en riesgo su vida.

- Ubíquese detrás del cuello alto y rodee la cintura con los brazos
- Cierre el puño y coloque la parte lateral del dedo pulgar de ese puño contra el abdomen superior, por encima de la altura del ombligo pero debajo de la caja torácica.
- Tome su puño con la otra mano y presiónela contra el abdomen superior con un rápido pero suave empujón hacia arriba. No apriete la caja torácica.
- Repetir de ser necesario.

Si se encuentra solo y sufre un ataque de asma, puede realizarse la Maniobra Heimlich usted mismo. Simplemente omita el primer paso y siga las demás indicaciones. O puede inclinarse sobre una mesa, silla o barandilla e impulsar levemente el abdomen superior contra su borde.

Desarrolle el gusto por las manzanas. Las manzanas obtienen la mejor calificación en cuanto al alivio del asma. Comer cinco o más manzanas por semana puede mejorar el funcionamiento de sus pulmones. Los expertos consideran que una mezcla de antioxidantes — especialmente la quercetina — podría proteger los pulmones de daños en los tejidos. Pruebe consumir una manzana por día como delicioso bocadillo reducido en calorías.

Consuma más vitamina E. La vitamina E es un poderoso antioxidante que puede ayudarlo a proteger el cuerpo — incluidos los pulmones — del daño provocado por los radicales libres. Para obtener un suministro natural de vitamina E, consuma batata, cereales fortificados y semillas de girasol. O tome un suplemento de hasta 400 unidades internacionales(UI). Una cantidad superior puede provocar diarrea, mareos y otros efectos colaterales.

Despiértese con el café. No existe una mejor manera de comenzar la mañana que con el exquisito aroma del café preparado. Pero sus pulmones pueden beneficiarse con una taza de café aún más que su olfato — especialmente si sufre asma. La composición química de la cafeína es similar a la teofilina, la droga que se receta comúnmente contra el asma. Esto significa que la cafeína puede ayudar a expandir los pasajes de aire y mantener fuertes los músculos respiratorios. Sólo unas pocas tazas de café pueden ayudarlo a respirar mejor durante hasta cuatro horas.

Ataque el asma con un tomate mortal

El antioxidante licopeno , que se encuentra en el tomate, ha recibido recientemente la atracción popular en el combate contra el cáncer. Ahora parece que el licopeno también puede derrotar una clase de asma que lo ataca cuando intenta realizar ejercicios.

El ejercicio regular puede mantenerlo en forma y aumentar su fuerza pulmonar y cardíaca — beneficios que la mayoría de las personas que sufren asma podrían realmente aprovechar. Pero el asma inducido por el ejercicio, o AIE, es la maldición de muchos asmáticos que realizan ejercicios para fortalecer los pulmones y en realidad terminan provocando un ataque de asma. ¿Qué debe hacer una persona que tiene dificultad para respirar?

En un estudio reciente, a las personas con AIE se les suministró 30 miligramos (mg) de licopeno todos los días durante una semana. Más de la mitad de las personas presentó menores síntomas de asma inducido por el ejercicio, El producto enriquecido con licopeno que recibieron, LYC-O-MATO™, también contenía otros antioxidantes como la vitamina E. Si bien los investigadores creen que el licopeno podría llevarse la mayor parte del crédito por reducir el AIE, la combinación de antioxidantes también puede haber participado.

Puede obtener 30 mg de licopeno por sólo tomar una taza de jugo de tomate o consumir media taza de salsa de espaguetis. Aumente su dosis diaria de licopeno agregando una cantidad adicional de salsa de tomates a su hamburguesa y tomates a sus sándwiches o ensaladas. Recuerde que el consumir una variedad de frutas y verduras también le suministrará una gran cantidad de antioxidantes.

Otra manera de vencer el AIE es beber gran cantidad de líquidos. Un estudio presentado por la Escuela Estadounidense de Medicina Deportiva demostró que las personas asmáticas deshidratadas tienen más problemas con el AIE que aquellas que consumen gran cantidad de líquidos. Para prevenir el asma en forma potente, combine estos dos remedios utilizando cítricos que contienen gran cantidad de agua y licopeno. La sandía, la guayaba y el pomelo rosado son buenas opciones.

Realice estos pequeños ajustes a sus hábitos alimenticios y podrá respirar en vez de jadear durante los ejercicios.

Tenga cuidado con lo que respira

Respire hondo. Se siente bien, ¿no es así? Cuando sufre asma, valora cada vez que puede respirar bien. Pero en ocasiones, el mismo aire está contaminado de químicos invisibles que causan graves problemas respiratorios. No se deje atrapar, resguárdese de estos desencadenantes ocultos del asma.

Olvide los fuegos artificiales. Ese curioso olor en el aire luego de una explosión de fuegos artificiales proviene del dióxido de azufre y otros químicos. Éstos pueden irritar sus pulmones, especialmente si tiene asma.

Un hospital de Filadelfia informó sobre dos casos de niños asmáticos que sufrieron graves ataques al jugar con fuegos artificiales. El niño de 13 años sobrevivió, pero la niña de 9 años con asma moderada no logró hacerlo. Ésta sólo había estado jugando con bengalas — algo que la mayoría de las personas considera inofensivo.

Los médicos advierten a las personas asmáticas, especialmente los niños, ser cautelosos durante las demostraciones de fuegos artificiales. Afortunadamente, puede verlos desde lejos y no tendrá necesidad de perderse la diversión. Si sufre asma, aléjese de la nube de químicos despedida durante la explosión. Y las personas que sufren asma probablemente deberían evitar los fuegos artificiales portátiles por completo.

No busque problemas. Saltar a una piscina fresca en un día caluroso es generalmente refrescante. Pero tenga cuidado si el agua recibió tratamiento con cloro y usted es asmático. Podría inhalar minúsculas partículas de cloro que pueden provocar problemas respiratorios. En una encuesta reciente de nadadores de competición, la mitad de éstos tenía síntomas de asma, muy probablemente debido a la constante exposición al cloro.

Al primer signo de jadeo o dificultad para respirar, salga del agua. Y si tiene síntomas de asma cada vez que nada, es probable que necesite cambiar por otro tipo de ejercicio.

Tenga cuidado con los contaminantes en el lugar de trabajo. Los investigadores informaron que uno de cada diez asmáticos sufre ataques causados por un desencadenante en el ambiente de trabajo. El aire puede parecer perfectamente bueno pero podría contener polvo, vapores, gases y químicos. Si usted es carpintero, fabricante de medicamentos, trabajador gráfico, electricista, trabaja con cemento, procesa alimentos, o pinta con rociadores, se encuentra en gran riesgo.

Consulte con su médico si considera que el trabajo causa su enfermedad. Los síntomas típicos son jadeo, tos o dificultad para respirar que pueden ocurrir justo en el trabajo o unas pocas horas después de retirarse. Compruébelo observando cómo se siente durante las vacaciones o en los fines de semana. Si sus problemas respiratorios mejoran, la fuente puede encontrarse en el trabajo. De acuerdo con la Asociación Americana del Pulmón, la única manera de vencer realmente al asma ocupacional es cambiar de trabajo.

Protéjase de las emisiones de gases. ¿Jadea al preparar la comida? Si su cocina utiliza gas, es probable que exista una explicación lógica. El gas emite un contaminante llamado dióxido de nitrógeno. Los investigadores han descubierto que las personas que cocinan con cocina a gas presentan el doble de probabilidades de desarrollar problemas respiratorios como el asma. Si su cocina lo hace toser, es posible que sea el momento de cambiar por una cocina eléctrica.

Las terapias alternativas alivian los síntomas del asma

Decirle a una persona que tiene un ataque de asma que se relaje es como decirle a alguien que acaba de arruinar su automóvil nuevo que sonría. La falta de respiración causada por un ataque de asma causa pánico y tensión en forma natural. Aún así, relajarse es exactamente lo que necesita hacer ya que los músculos tensos sólo empeorarán el ataque. Pruebe estas terapias alternativas para ayudarse a obtener espacio para respirar.

Respire mejor. Si tiene asma, respirará más fácilmente al aprender a respirar de forma diferente. De acuerdo con una reciente encuesta, muchas personas asmáticas probaron técnicas de respiración y la mayoría encontró útiles los resultados. El experto en psicología y respiración Dr. Gay Hendricks afirma que todos pueden mejorar la manera en que respiran. Su libro, *Conscious Breathing: Breathwork for Health, Stress Release, and Personal Mastery*, (Respiración Consciente: trabajo de respiración para la salud, liberación de estrés y dominio personal) incluye ejercicios diseñados específicamente para las personas con asma. Aquí encontrará algunos consejos generales.

- **Respire por la nariz.** El polvo y otros irritantes pueden provocar un ataque de asma. Si bien no puede evitar todos los problemas, su nariz está diseñada para filtrar algunos de esos contaminantes. Déjela ser su primera línea de defensa.

- **Tome las cosas con calma.** La mayoría de las personas respiran muy rápidamente y causan que los pulmones y el corazón trabajen con gran esfuerzo. Concéntrese en reducir su respiración para alcanzar aproximadamente entre 8 y 12 respiraciones por minuto.

✎ **Respire profundo.** Para asegurarse de que el aire alcance la parte más baja de los pulmones, respire profundo, empujando el diafragma para abajo hacia el abdomen.

✎ **Vacíe por completo los pulmones.** La mayoría de las personas que sufren asma probablemente no vacían los pulmones completamente al exhalar, quizás por miedo a no volver a respirar bien nuevamente. Pero si entra el abdomen con fuerza al exhalar, sacará todo el aire viejo y tendrá gran cantidad de lugar para el aire fresco al volver a respirar.

✎ **Permanezca en un lugar reconfortante.** Los ejercicios de respiración se diseñaron para que se relaje, no para que se estrese más. No se obligue a respirar muy profundo o despacio al principio. Con un poco de práctica, la buena respiración será fácil de alcanzar.

Imagine una solución. Algunas personas asmáticas descubrieron que visualizar una imagen reconfortante durante un ataque de asma los ayuda a respirar más fácilmente.

✎ Consiga una posición cómoda, ya sea sentado o recostado.

✎ Cierre los ojos y relaje los músculos gradualmente comenzando por los dedos de los pies y continuando hacia arriba.

✎ Imagine una escena que le resulte relajante. Si bien a este proceso se lo denomina frecuentemente visualización, puede usar todos los sentidos. Si una escena de playa le resulta relajante, no sólo se imagine su apariencia — imagine el olor de la sal, oiga el sonido de las olas golpeando en la costa, sienta el aire húmedo y el calor del sol en su rostro.

Tómese un respiro con yoga. En 1984, un accidente en una planta de Union Carbide expuso a millones de personas al gas tóxico y provocó síntomas crónicos de asma en algunas personas. Recientemente, los investigadores informaron que el yoga ayudó a muchas personas a encontrar alivio.

Otro estudio en Colorado descubrió que los asmáticos que practicaban técnicas de yoga se encontraban más relajados, presentaban una mejor actitud y tendían a usar con menor frecuencia los inhaladores.

El yoga generalmente incluye ejercicios de respiración (pranayama), posturas físicas (yogasanas) y meditación. Si bien el yoga no eliminará el asma, los tres aspectos podrán ayudarlo a controlar sus síntomas. Para encontrar un instructor de yoga en su zona, contáctese con su departamento local de recreación, YMCA o un gimnasio.

Rece. De acuerdo con las investigaciones, las personas mayores utilizan las oraciones para controlar el estrés más que cualquier otra terapia alternativa. La ciencia incluso respalda el poder curativo de las oraciones. Si rezar lo ayuda a relajarse durante un ataque de asma; sin dudarlo, rece. No se conocen efectos colaterales.

Tenga en cuenta que estas terapias relajantes no deben utilizarse — en vez de — los medicamentos para el asma sino en forma conjunta.

Cura casera

Los antiguos griegos utilizaban la raíz de regaliz para los síntomas del asma, y los herboristas de nuestros días aún lo recomiendan. Podrá encontrar el té de raíz de regaliz en muchas tiendas de alimentos naturales. Para obtener alivio para el asma leve, beba una o dos tazas diariamente. Pero recuerde la antigua expresión que habla sobre el consumo excesivo de algo bueno. El regaliz en grandes cantidades puede causar presión arterial alta en algunas personas.

CÁNCER
DE MAMA

No sobreestime su riesgo

Las estadísticas son suficientes como para hacerle sentir un escalofrío por la espalda. Una de cada nueve mujeres estadounidenses desarrollará cáncer de mama. Por lo tanto, usted se pregunta, ¿significa esto que de cada grupo de nueve mujeres, una de ellas sufrirá cáncer de mama?

Sólo si las nueve mujeres se seleccionaron al azar y tienen toda su vida por delante, lo que significa que son bebas recién nacidas. Su riesgo como mujer de edad mayor es realmente mucho menor. Por ejemplo, cuando tenga 50 años, sus probabilidades de sufrir cáncer de mama son de 1 en 30 porque ya ha sobrevivido varias décadas de riesgo. Si bien es correcto que se preocupe por las cifras, no sobreestime el peligro.

Conozca el riesgo de su familia. No mucho tiempo atrás, el cáncer de mama era un tema prohibido no adecuado en una conversación correcta. Afortunadamente, las cosas han cambiado. Si el resto de su familia no conversa sobre tales temas, comience a realizar preguntas. Tiene derecho a saber si otros familiares tuvieron cáncer de mama. Si es así, no significa que usted definitivamente contraerá la enfermedad, pero se encuentra en gran riesgo — especialmente si el familiar es su madre, hermana o hija. Conocer el riesgo de su familia lo ayudará a estar alerta a los síntomas y tomar la prevención seriamente.

No tema a la mastopatía fibroquística. En una época, los expertos consideraban que esta enfermedad de quistes llenos de líquido en los tejidos mamarios aumentaban sus probabilidades de sufrir cáncer. Ahora consideran que no existe una conexión. Pero si su médico afirma que usted sufre mastopatía fibroquística proliferativa, su riesgo es un tanto mayor.

Ignore el rumor de la semana. Ya es suficientemente mala la forma en que se difunden los rumores de boca en boca, pero ahora los rumores pueden llegar a millones de personas en forma instantánea a través de Internet. ¿Oyó alguna vez que los antitranspirantes provocan cáncer de mama? Falso. Tampoco es verdadero el rumor que afirma que las mamografías provocan cáncer. Fundamente sus creencias en verdades respaldadas por la ciencia y deje los rumores para los periódicos sensacionalistas.

Practique la prevención. En vez de preocuparse — que no la protegerá — tome las siguientes medidas que sí lo harán.

- **Examínese usted misma todos los meses.** Pídale a su médico que le indique cómo examinarse usted misma. Controle sus mamas la semana siguiente al período o, si se encuentra en la menopausia, el primer día de cada mes. Realice el examen en forma regular y comuníquese con su médico si encuentra algún cambio inusual en la textura de la piel, el color o la forma. Asimismo, controle cualquier hinchazón, dolor o secreción en algún pezón. Y, por supuesto, informe cualquier nudo o engrosamiento sospechosos en los tejidos mamarios.

- **Mamografías anuales a los 40.** Las mamografías pueden ser un poco molestas, pero aquí encontrará una estadística que hace que la molestia sea de gran valor. Sus probabilidades de sobrevivir al cáncer de mama ascienden al 95% en casos de detección temprana. Dichas imágenes radiográficas pueden localizar cambios minúsculos en las mamas que usted podría no notar por varios años más.

¿Qué es?

Cuado las células de su cuerpo se transforman y se multiplican sin control, pueden diseminarse y eventualmente invadir las células saludables. Esto se denomina cáncer de mama. El cáncer de mama generalmente comienza con un pequeño nudo en las mamas. Ya que usualmente no puede ver los tumores, es vital que se examine las mamas usted misma todos los meses. La mayoría de los nudos que las mujeres se encuentran en las mamas NO con cancerosos, pero el cáncer de mama que no se detecta ni se trata en forma temprana es usualmente fatal. Para el momento en el que el tumor tiene tres cuartos de pulgada, es probable que el cáncer se haya expandido a otras partes de su cuerpo.

Síntomas:
- nudo en las mamas o en sus alrededores
- engrosamiento de los tejidos mamarios
- dolor en las mamas
- piel arrugada o fruncida
- secreción en los pezones
- cambios en el tamaño o apariencia de los pezones

- ✎ **Dieta saludable.** Los expertos consideran que puede reducir su riesgo hasta un 50% mediante el consumo de frutas, granos integrales y verduras, y el consumo discreto de grasas y dulces. Mantener un peso corporal saludable, especialmente luego de la menopausia, también inclinará las probabilidades a su favor.

- ✎ **Limite el consumo de alcohol.** Un trago por día es el máximo que debería permitirse si realmente desea evitar el cáncer de mama. Si algún familiar padece la enfermedad, considere no consumir alcohol en absoluto.

- ✎ **Ejercicios.** Luego de consultar con su médico, agregue alguna clase de ejercicio físico a su rutina diaria — incluso la caminata funcionará — y realícelo durante 45 minutos a una hora Escoja una actividad que le agrade para que continúe practicándola. Al menos una vez por semana, realice ejercicios y haga trabajar su corazón durante aproximadamente una hora.

- ✎ **Chequeo médico regular.** Si tiene entre 20 y 39, solicite a su médico que examine sus mamas aproximadamente cada tres años. Ésta puede optar por realizar el examen con mayor frecuencia según sus antecedentes. Después de los 40 años, debería realizarse exámenes de mamas en forma anual. Si se detecta un nudo, no entre en pánico. La mayoría de los nudos no son cancerosos. Y recuerde, si el cáncer asoma su desagradable cabeza, la detección temprana es su mejor defensa.

Cómo ganar la batalla contra el cáncer de mama

Miró a los ojos al monstruo llamado cáncer de mama y, luego del terror inicial, decidió darle lucha. Ya que está determinada a sobrevivir, utilizará todas las herramientas que encuentre.

Si se le detectó el cáncer en forma temprana, el tiempo está de su lado. Independientemente de cuándo recibió el impactante diagnóstico, el tiempo y la calidad de vida no sólo dependen de las drogas que tome.

Este año únicamente, alrededor de 182,000 mujeres recibirán la noticia de que sufren cáncer de mama y muchas de ellas morirán. Pero los investigadores descubrieron que las sobrevivientes de cáncer de mama tienden a compartir ciertas actitudes y comportamientos. Puede dar una buena batalla con estas comprobadas armas.

Controle el estrés. Una encuesta reciente a las sobrevivientes de cáncer de mama descubrió que la mayoría de éstas culpó al estrés como motivo del cáncer más que otra razón. Sin embargo, de acuerdo con los investigadores, otros factores —tales como la genética, el entorno, la dieta y las hormonas — presentan mayores probabilidades de influir en su riesgo de sufrir cáncer de mama.

No obstante, la manera en que sobrelleva el estrés puede influir en la supervivencia del cáncer de mama. Un estudio descubrió que las mujeres con cáncer de mama que aprendieron a controlar el estrés presentaban menores niveles de la hormona del estrés llamada cortisol, conocida por suprimir el sistema inmunológico. Éstas también presentaban mayores niveles de un anticuerpo contra la mucina, un químico asociado con el cáncer de mama. Asimismo, se encontraban más propensas a finalizar el ciclo completo de la quimioterapia ya que experimentaban menores problemas, tales como náuseas y vómitos. Todas estas cosas podrían tener un importante efecto en la supervivencia.

Exprese sus emociones. El cáncer de mama puede inundarla con un océano de emociones y la manera en que sobrelleva tales sentimientos podría tener un gran impacto en su supervivencia. En un estudio, las mujeres con cáncer de mama que luchaban contra la enfermedad expresando sus emociones tenían más energía, menores angustias y menores citas médicas por problemas relacionados con el cáncer.

En otro estudio, las mujeres con cáncer de mama que expresaban sus emociones y tenían un apoyo emocional adecuado presentaban un índice de supervivencia de dos a cuatro veces mayor que otras mujeres.

No se aísle de sus familiares y amigos. Dígales cómo se siente y acepte su apoyo y solidaridad. Podrá vivir más y ellos sentirán que fueron parte importante en su recuperación.

Realice más ejercicios. Las investigaciones demuestran que el ejercicio regular puede ayudarla a evitar el cáncer de mama. Pero incluso si no realizaba ejercicios antes de contraer la enfermedad, no es demasiado tarde para empezar. En los ciclos iniciales del tratamiento del cáncer de mama, el ejercicio puede ayudarla a combatir la fatiga generalmente provocada por el tratamiento. Y un estudio reciente descubrió que las mujeres con cáncer de mama que practicaban ejercicios regularmente informaron llevar una mejor calidad de vida que aquellas que no lo hacían.

Controle lo que come. Los expertos no están de acuerdo en si el consumo de una dieta reducida en grasas ayuda a prevenir el cáncer de mama, pero el consumo de menor cantidad de grasas saturadas y mayor cantidad de frutas, verduras y granos integrales mejorará su salud general. Y ya que la obesidad es un factor de riesgo para el cáncer de mama, mantener un peso saludable puede ayudar a evitar las reincidencias. Un estudio reveló que las mujeres que consumían una dieta rica en proteínas, que incluía carnes de aves, pescado y productos lácteos — pero no carnes rojas, estaban más propensas a sobrevivir el cáncer de mama.

Los investigadores han concentrado la atención en la dieta de las personas que viven alrededor del mar Mediterráneo. Estas personas viven más y sufren menor cantidad de enfermedades que en otras partes del mundo. Sin embargo, en vez de consumir una o dos comidas especiales, los beneficios probablemente deriven de la variedad de alimentos saludables a base de verduras que éstos consumen.

La Dra. Mariette Gerber, directora del Grupo de Epidemiología Metabólica del Instituto Nacional de Salud y de Investigación Médica en Montpellier, Francia, afirma, "Existe una tendencia angustiante en las personas por simplificar demasiado lo que hemos llegado a aprender acerca de las dietas de la región mediterránea. Las personas afirman, 'Ah, es el vino tinto' ,o 'Es el aceite de oliva', o 'Es el pescado', cuando la verdad es mucho más compleja". La Dra. Gerber afirma que son todas esas cosas juntas y más.

Por lo tanto, trate de variar al servirse alimentos saludables en el plato. No abuse de las carnes rojas y agregue nuevos alimentos vegetales a su dieta.

Manténgase informado. Un interesante estudio nuevo apunta a la posibilidad de que las víctimas del cáncer de mama con altos niveles de insulina en la sangre parecen estar más propensas a morir por la enfermedad que otras mujeres. La insulina, que promueve el crecimiento celular normal, también fomenta el crecimiento de las células cancerosas en las mamas. Los expertos afirman que aún es muy pronto para comenzar a supervisar los niveles de insulina en las mujeres que sufren cáncer de mama. Se necesita realizar más estudios.

No retrase el tratamiento. ¿Con qué motivo una mujer retrasaría el tratamiento que podría salvarle la vida? El miedo podría influir en la decisión de esperar. Pero los investigadores sugirieron algunos otros motivos. Por ejemplo, una muerte reciente en la familia volvió a una mujer siete veces más propensa a retrasar el tratamiento para el cáncer de mama. Asimismo, las mujeres bajo estrés constante y aquellas involucradas con personas que las cuestionaban, se encontraban más propensas a retrasar el tratamiento.

Recuerde que se encuentra en una batalla y la retirada no es una opción. Para sobrevivir el cáncer de mama, debe obtener atención médica inmediatamente. Si no se siente lo suficientemente importante, consulte con un terapeuta que la ayude a poner en orden sus sentimientos y a aprender a tratar a las personas negativas. Pero comience con el tratamiento médico de inmediato. Puede ganar esta batalla, pero sólo si lucha.

Encuentre la fuerza al compartir. Las prácticas que mejoran sus probabilidades contra el cáncer pueden aplicarse a cualquier enfermedad. Estimule a los demás a realizar estos pasos saludables para sobrellevar la enfermedad y fortalecerá su propia determinación.

Coma bien y evite el cáncer de mama

Si usted es una mujer que vive en Norteamérica o Europa occidental, se encuentra de seis a 10 veces más propensa a desarrollar cáncer de mama que las mujeres de Japón y de otras áreas menos desarrolladas del mundo. Los científicos no están seguros de lo que causa este alto índice de la enfermedad en ciertos países pero algunos creen que está relacionado con la dieta. Las mujeres de Asia que se mudan a los Estados Unidos aumentan su riesgo de sufrir cáncer de mama, quizás debido a que adoptan el estilo de alimentación americano.

El Dr. David Heber, presidente y cofundador del Centro para la Nutrición Humana de UCLA, recomienda una dieta variada y moderada para la prevención del cáncer.

"El peso de la evidencia nos convence", afirma, "de que una dieta rica en una variedad de verduras, frutas, granos integrales y alubias ayuda a reducir el riesgo de sufrir cáncer entre individuos que nunca sufrieron cáncer. No hay garantías, por supuesto. Pero dichos alimentos contienen potentes vitaminas, minerales y fitoquímicos que parecen ayudar al cuerpo a luchar contra el proceso del cáncer e incluso detenerlo".

Sáciese con frutas y verduras. Las frutas y verduras pueden encontrarse en la parte inferior de la cadena alimentaria, pero se ubican en la parte superior de la lista de alimentos saludables para ingerir. El Instituto Nacional del Cáncer recomienda que consuma al menos cinco porciones de frutas y verduras por día. Basan sus recomendaciones en la investigación que apunta a la fuerza de prevención contra el cáncer que poseen las frutas y verduras.

En un amplio estudio, las mujeres que consumían dos o más porciones de frutas y verduras diariamente presentaban menores probabilidades de desarrollar cáncer de mama en un 17% comparado con aquellas que consumían menos de una porción de frutas y verduras por día. Y en otro estudio, las mujeres que consumían las cinco porciones recomendadas por día redujeron su riesgo de sufrir cáncer de mama un colosal 54% comparado con las mujeres que consumieron menos de tres porciones diarias.

Y aún así, no todas las frutas y verduras aportan iguales beneficios. De acuerdo con las investigaciones, las verduras pueden brindar mayor protección que las frutas y las verduras crudas pueden brindar mayores beneficios que las cocidas. Al escoger las mejores verduras para la protección contra el cáncer de mama, piense en el color. Las verduras amarillas o naranja fuerte, tales como las zanahorias y la calabaza, y las verduras verde oscuro, tales como la espinaca y el brócoli, pueden ser especialmente convenientes.

Apueste por el verde. Las verduras no son la única fuente verde para la protección contra el cáncer de mama. Las investigaciones demuestran que beber té verde en forma regular puede reducir su riesgo de sufrir cáncer de mama, así como otros tipos de cáncer.

El té verde contiene poderosos antioxidantes a los que los científicos dan crédito por su capacidad para ahuyentar el cáncer. Un estudio japonés descubrió que el té verde redujo el riesgo de sufrir todo tipo de cáncer, particularmente entre las mujeres que bebían más de 10 tazas por día. Otro estudio descubrió que las mujeres con cáncer de mama que bebían más de cinco tazas de té verde por día estaban menos propensas a sufrir la reincidencia de la enfermedad. Por lo tanto, si espera prevenir el cáncer de mama, sírvase una relajante taza de té verde en forma regular.

Vaya a los hechos sobre las grasas. Los investigadores han concentrado gran atención en el rol de las grasas dietarias en el cáncer de mama. Esto se debe a que los índices de cáncer de mama y el consumo de grasas son más elevados en los Estados Unidos en comparación con otros países. Las mujeres de los Estados Unidos normalmente consumen entre un 30% y 40% de sus calorías de las grasas. En áreas donde el índice de cáncer de mama es inferior, como por ejemplo Asia, las mujeres sólo consumen entre un 15% y un 20% de las calorías de las grasas.

Los estudios anteriores respaldaban la idea de que consumir gran cantidad de grasas podía aumentar su riesgo de sufrir cáncer de mama, pero los estudios más recientes no han podido confirmarlo. La obesidad no aumenta su riesgo de sufrir cáncer de mama; sin embargo, demasiada cantidad de grasa puede contribuir a hacerla aumentar de peso.

La clase de grasas que consume también puede marcar la diferencia. En los países mediterráneos, el consumo total de grasas es tan alto como en los Estados Unidos pero los índices de cáncer de mama son inferiores. Esto podría ser porque la fuente principal de grasas de las personas allí es el aceite de oliva, que es una grasa monoinsaturada. Algunos estudios descubrieron que el aceite de oliva brinda una ligera protección contra el cáncer de mama.

Si bien aún no se cuenta con respuestas claras sobre la forma en que las grasas influyen en el cáncer de mama, consumir una cantidad reducida de grasas es aún una opción saludable. Limite el consumo de grasas saturadas, que provienen principalmente de productos animales tales como manteca, carnes rojas y leche entera. En su lugar, trate de utilizar aceites reducidos en grasas saturadas, tales como el aceite de oliva y de canola.

Consuma gran cantidad de fibra. Llenar su plato de fibras en vez de grasas también podría protegerla del cáncer de mama. Los bajos niveles de estrógeno están asociados con un riesgo reducido de sufrir cáncer de mama y las investigaciones demuestran que la fibra reduce los niveles de estrógeno en circulación en las mujeres premenopáusicas, aunque probablemente no disminuya los niveles ya bajos de estrógeno en las mujeres posmenopáusicas.

Puede aumentar su consumo de fibras al ingerir mayor cantidad de frutas y verduras — que también se considera que brindan protección contra el cáncer de mama. Los granos integrales brindan otra buena fuente de fibras. La mayoría de los estudios descubrieron que la fibra de los granos integrales brinda una ligera protección contra el cáncer de mama, pero algunos estudios no descubrieron ningún efecto. De cualquier modo, consumir una mayor cantidad de cereales le ofrecerá una variedad saludable a su dieta y eso es exactamente lo que el médico le aconsejó.

Un simple examen óseo puede predecir su riesgo

Los huesos fuertes están menos propensos a las fracturas— y los huesos rotos representan una preocupación real para las mujeres mayores. Desafortunadamente, un nuevo estudio ha descubierto que tener los huesos fuertes también podría significar que está más propensa a desarrollar cáncer de mama — otra preocupación de las mujeres mayores.

Los investigadores realizaron pruebas de la densidad ósea aproximadamente a 9,000 mujeres de entre 65 años y mayor edad, y luego les realizaron un seguimiento durante aproximadamente seis años para conocer el factor de desarrollo del cáncer de mama. Aquéllas con mayor densidad ósea presentaban una proporción tres veces mayor de desarrollar cáncer de mama que las mujeres con menor densidad ósea.

El estrógeno probablemente sea la causa de la conexión entre las dos afecciones. Los niveles elevados de estrógeno están asociados tanto con una mayor densidad ósea como con un mayor riesgo de sufrir cáncer de mama. Los investigadores destacan que los huesos densos no provocan cáncer de mama, pero las pruebas de densidad ósea podrían suministrar a los médicos una nueva forma de identificar a las mujeres que se encuentran en gran riesgo de sufrir la enfermedad.

Si la prueba de densidad mineral ósea arroja una lectura elevada, consulte con su médico acerca de la prevención del cáncer de mama y las pruebas, pero no deje de tomar medidas para fortalecer sus huesos, tales como realizar ejercicios y consumir alimentos ricos en calcio. El yogur, las sardinas, la leche y las hojas del nabo son excelentes fuentes.

CATARATAS

El abecé de la alimentación que preservará su vista

Las cataratas atacan prácticamente a todas las personas al alcanzar los 75 años. Pero al sólo consumir los alimentos adecuados — y evitar los nocivos — puede protegerse de las cataratas y de otros problemas de la vista.

Apueste por la vitamina A. Una de las tres vitaminas antioxidantes protectoras de gran atracción en cuanto a la protección de sus ojos. La vitamina A protege contra el daño de radicales libres que pueden provocar ceguera nocturna, cataratas y degeneración macular. Las elevadas dosis de vitamina A incluso se han utilizado para tratar exitosamente una afección ocular poco común llamada distrofia fúndica de Sorsby, que puede causar ceguera.

Las carnes y los productos lácteos contienen vitamina A, pero su cuerpo también convierte las sustancias vegetales llamadas carotenoides — tales como los beta carotenos, la luteína y la zeaxantina — en vitamina A. Escoja las frutas y verduras color naranja o amarillo brillantes como los damascos, la zanahoria y la batata para consumir beta carotenos. Las verduras de hojas verdes, como la espinaca y las hojas de berza le aportan gran cantidad de luteína y zeaxantina.

Actúe en forma inteligente respecto de las vitaminas B. No sólo las vitaminas antioxidantes protegen sus ojos. El estudio Blue Mountain Eye descubrió que las personas que tenían deficiencias en las vitaminas B niacina, tiamina y riboflavina estaban más propensas a contraer cataratas nucleares, la clase que afecta la parte central de sus lentes. Consumir un tazón de cereales fortificados en el desayuno le proporcionará esos tres nutrientes básicos. Otras fuentes incluyen atún, pan de harina integral, papas al horno y hongos.

Vea mejor con vitamina C. La vitamina C, otro antioxidante, también tiene un importante rol en la protección de sus ojos contra los radicales libres. La naranja, el limón, la mandarina, la frutilla, el cantalupo, el brócoli, los repollitos de Bruselas y los pimientos rojos dulces son todas fuentes ricas en vitamina C.

Consuma una suficiente cantidad de vitamina E. Una dosis completa de vitamina E en forma diaria puede reducir su riesgo de sufrir cataratas en un 50%. En forma similar a la vitamina A, la vitamina E contrarresta los nocivos radicales libres producidos por la exposición a la luz y al oxígeno. Podrá encontrar vitamina E en el germen de trigo, las semillas de girasol, los frutos secos, los granos integrales y el arroz integral.

Preste atención a las proteínas. Las probabilidades son que obtenga suficientes proteínas de la carne, pescado y productos lácteos en su dieta. Pero una deficiencia de proteínas podría ponerlo en un mayor riesgo de sufrir cataratas nucleares. Si usted es vegetariano, este es un verdadero problema. Asegúrese de mezclar las proteínas vegetales — que son "incompletas" por sí mismas — para aumentar la protección. Por ejemplo, consuma alubias con arroz y disfrute la mantequilla de maní con pan de grano integral.

Disminuya el consumo de sal. Una dieta rica en sal podría ser altamente riesgosa para sus ojos. De hecho, en un estudio, aquellas personas cuya dieta incluía aproximadamente 3,000 miligramos (mg) de sal por día presentaban el doble de probabilidades de desarrollar cataratas en comparación con aquellas que sólo consumían 1,000 mg por día.

¿Qué es?

Cuando la lente del ojo se vuelve turbia permanentemente en vez de ser clara, tiene cataratas. Se desarrolla gradualmente a través de los años, vuelve la visión borrosa y los colores apagados. Es probable que experimente visión doble y se vuelva sensible a la luz. Con el tiempo, sus lentes se volverán de color amarillento o blanco pálido. Si no se trata, podría volverse ciego.

Síntomas:
- visión desformada
- apariencia turbia de las lentes
- visión deficiente por la noche
- dolor en los ojos (en casos avanzados)

Pruebe utilizar hierbas en vez de sal para saborizar sus comidas. El ajo y las cebollas pueden mejorar prácticamente cualquier comida y la

8 causas poco conocidas de las cataratas

Más del 50% de las personas de entre 65 y 75 años tienen cataratas. Después de los 75 años, esas cifras aumentan al 70%. Todas las personas saben que una vida de exposición a la luz del sol, al cigarrillo y al alcohol aumentan sus probabilidades de convertirse en parte de esa estadística. Pero es probable que no esté al tanto de estos otros factores principales de riesgo de las cataratas.

- diabetes
- antecedentes familiares de cataratas
- dermatitis atópica, una erupción cutánea persistente marcada por manchas de piel enrojecida e irritada
- dieta deficiente, especialmente reducida en antioxidantes
- daño ocular causado por un objeto contundente o afilado
- ciertos medicamentos, como la terapia con corticosteroides
- exposición a la radiación
- shock eléctrico

cúrcuma podría incluso mejorar la vista. Esta especia, generalmente utilizada en los platos hindúes con curry, contiene curcumina, un antioxidante que ayudó a combatir las cataratas en estudios realizados en animales.

Asimismo, evite las comidas rápidas y lea las etiquetas antes de adquirir productos procesados, que generalmente tienen gran contenido de sodio.

Deshágase de la comida chatarra. La grasa, el alcoholy los cigarrillos por su parte aumentan su riesgo de sufrir cataratas. Juntas representan una combinación devastadora. Escoja carnes magras, productos lácteos reducidos en grasas y evite cocinar con grasas saturadas, como la grasa de cerdo, la manteca y el aceite de coco. Limítese al consumo de hasta dos tragos por día y descarte esos cigarrillos.

Proteger la vista no tiene que ser complicado. Al planificar las comidas día por día, simplemente recuerde que lo que come afecta la forma en que ve.

Las hierbas de mayor venta pueden provocar cataratas

La hierba de San Juan, en ocasiones llamada "Prozac herbal", puede volverlo más susceptible a las cataratas.

En algunas personas, la hierba de San Juan actúa como un fotosensibilizador y lo vuelve más sensible a los efectos de la luz del sol. Y eso podría aumentar sus probabilidades de desarrollar cataratas.

Muchas drogas recetadas también pueden aumentar su sensibilidad a la luz del sol, incluidos los antihistamínicos, antibióticos y las drogas antiinflamatorias no esteroideas, como el ibuprofeno. Afortunadamente, no todas las personas que toman estos medicamentos tendrán una reacción — eso depende de la cada individuo.

Los efectos a corto plazo de la fotosensibilización incluyen leves reacciones alérgicas, urticarias, erupciones, quemaduras en los ojos y un aumento en la susceptibilidad a las quemaduras de sol. La exposición de largo plazo a los fotosensibilizadores puede causar reacciones alérgicas más graves, envejecimiento prematuro de la piel, cáncer de piel y debilitamiento del sistema inmunológico, así como un aumento en el riesgo de sufrir cataratas.

Debido a los posibles efectos colaterales graves, averigüe si alguna droga o algún suplemento que esté tomando pueda ser un fotosensibilizador antes de salir al aire libre. Y, si bien los expertos no están seguros de si los filtros solares y los anteojos de sol pueden prevenir dichos efectos colaterales, es siempre una buena idea protegerse de los nocivos rayos del sol.

RESFRÍO Y GRIPE

Prepare su cuerpo para combatir la gripe

La influenzano es una enfermedad menor. Hasta 300,000 personas por año terminan en el hospital a causa de esta enfermedad. Aún más atemorizante, hasta 40,000 de ellas mueren.

Si usted es una persona mayor, tiene una cardiopatía o afección pulmonar graves, presenta mayores riesgos de contraer un peligroso caso de gripe. Esto se debe a que su sistema inmunológico podría no estar lo suficientemente fuerte como para resguardarse de la infección. Pero como un boxeador de peso pesado en entrenamiento, usted puede poner su cuerpo en condiciones óptimas para combatir la gripe. Comience por fortalecer su sistema inmunológico con estos consejos de entrenamiento, luego mate las bacterias antes de que lo puedan atacar.

Realice ejercicios para estar más saludable. Un estilo de vida saludable es una de las maneras más simples de protegerse de la gripe y otras infecciones. Realice ejercicios y siga una dieta equilibrada, y su sistema inmunológico podría atestar el puñetazo de George Foreman.

Resguárdese con selenio. El selenio, que se encuentra en carnes, trigo, arroz y otros cereales, forma parte de un antioxidante que ayuda al cuerpo a combatir las infecciones. Por lo tanto, una deficiencia de selenio podría debilitar su sistema inmunológico y causar un caso más grave de gripe. Las deficiencias de ciertos nutrientes como el selenio también podrían causar mutaciones en las bacterias de la gripe y otros virus, y crear gérmenes aún más nocivos.

La mayoría de las personas no necesita preocuparse por consumir suficiente selenio. Pero si no sigue una dieta equilibrada o si sufre una cardiopatía crónica o afección pulmonar, podría encontrarse en riesgo. Consulte con su médico sobre los suplementos.

Calme sus resfríos con la echinácea. La echinácea podría ser la manera de curarse de un resfrío. Los expertos están de acuerdo — en que la hierba puede disminuir el tiempo en que se encuentra enfermo y reducir la gravedad de los síntomas. Si está consumiendo extracto de echinácea, la dosis recomendada es de 300 miligramos (mg) tres veces por día. En el caso de los suplementos de la hierba entera, tome entre 1 y 2 gramos tres veces por día.

Independientemente de la clase que consuma, comience apenas se sienta resfriado y estornude, y continúe tomándola durante una o dos semanas. Pero tenga cuidado — la echinácea es buena para el alivio a corto plazo, pero no lo es para la prevención a largo plazo. El consumo de la echinácea en forma regular durante un período prolongado en realidad puede debilitar el sistema inmunológico.

¿Qué es?

Los resfríos y la influenza (gripe) son infecciones virales altamente contagiosas del sistema respiratorio. Un resfrío es una infección menor que afecta la nariz y la garganta. La gripe es más grave y puede conducir a otros problemas, tales como la neumonía.

Síntomas, resfrío:
- nariz tapada o goteante
- dolor de garganta
- estornudos
- tos

Síntomas, gripe:
- síntomas del resfrío
- fatiga
- dolor de cabeza
- dolor en los muslos
- fiebre, escalofríos

Lávese. Si bien lavarse las manos podría ser la mejor manera de deshacerse de esas bacterias antes de que lo ataquen, no compre jabones antibacterianos especiales para realizar esa tarea. Debido a que los virus causan resfríos y gripe, el químico antibacteriano que se encuentra en esos jabones no tendrá ningún efecto en ellos de cualquier manera. Si sólo quiere limpiarse, el jabón simple y conocido lo hará — es en realidad el movimiento del lavado lo que elimina la mayoría de las bacterias. Además, el jabón antibacteriano realmente puede causar más daños que otorgar beneficios. Probablemente mate tantas bacterias buenas como malas y cree super bacterias resistentes a los antibióticos en el proceso.

Dígale no al moho. Un hogar húmedo no es realmente bueno para sus pulmones. Los hongos y el moho pueden causar inflamaciones en su sistema respiratorio y volverlo más vulnerable a los resfríos.

Busque las hierbas más seguras

Tomar un remedio a base de hierbas para el resfrío es natural pero no siempre es seguro. De acuerdo con una reciente investigación, las bacterias peligrosas y los hongos contaminan muchas hierbas favoritas, como la echinácea, la hierba de San Juan y el kava kava. Si se encuentra gravemente enfermo y su sistema inmunológico está debilitado, estos pasajeros clandestinos alojados en las hierbas pueden ser especialmente peligrosos.

La mayor parte del tiempo, los bichos se introducen en las hierbas adquiridas en "cantidad", como podrá encontrarlas en barriles en las tiendas de alimentos naturales o cooperativas orgánicas. Pero incluso las cápsulas de hierbas cultivadas orgánicamente pueden contener bacterias, quizás provenientes de fertilizantes naturales.

El problema — la falta de regulación. Los investigadores compararon las hierbas con las drogas reguladas que las autoridades de salud controlan, como la aspirina y el acetaminofeno. Estos medicamentos de venta libre se encontraban completamente libres de contaminantes.

Para la mayoría de las personas saludables, las bacterias y los hongos presentan un riesgo reducido. Aún así, si desea evitarlos, los expertos recomiendan realizar la tarea y comprar sólo extractos de hierbas estandarizados de compañías confiables.

Los mayores riesgos son las manchas de hongos que puede llegar a ver. No sólo lo pondrán en riesgo de contraer más infecciones virales, también debilitarán su resistencia contra la bronquitis, la neumonía y las alergias. Eso es suficiente para que realice limpiezas profundas en primavera, verano, otoño e invierno.

Elimine los gérmenes con el té. Eliminar los virus puede ser tan simple como disfrutar un refrescante té helado en un día de verano. Si bien los investigadores no han probado aún su teoría en animales ni humanos, éstos consideran que ciertas variedades de té pueden eliminar los virus con el sólo contacto.

El té negro parecía funcionar mejor que las variedades de té verde y el té helado adquirido en las tiendas funcionaba tan bien como la clase preparada en el hogar.

Inyecte más energía a la vacuna contra la gripe

Su próximo ataque de influenza puede ser más que un inconveniente — puede ser mortal. Si bien la época de la gripe afecta a todas las personas, ataca especialmente a las personas mayores. Si tiene más de 65 años, sus probabilidades de enfermarse gravemente — o incluso de morir — por la gripe aumentan rápidamente.

Al recibir la vacuna contra la gripe recibe la mejor protección y los médicos recomiendan hacerlo en forma anual a todas las personas mayores de 50 años. Intente vacunarse entre mediados de octubre y mediados de noviembre, aunque puede hacerlo en cualquier momento entre septiembre y marzo. Los expertos estiman que si todas las personas se vacunan contra la gripe como se sugiere, se podría prevenir el 70% de las hospitalizaciones y el 80% de las muertes relacionadas con la gripe.

Al tomar algunas medidas adicionales, puede protegerse aún más. Aquí encontrará cómo obtener el máximo provecho de la vacuna contra la gripe.

Consuma ginseng. Un reciente estudio descubrió que el consumo de 100 miligramos de este suplemento a base de hierbas dos veces al día durante cuatro meses mejoró la fuerza de la vacuna contra la gripe. Al estimular su sistema inmunológico, el ginseng refuerza la batalla de su cuerpo contra la gripe.

Relájese. Si se encuentra bajo estrés continuo, su cuerpo no responderá adecuadamente a la vacuna contra la gripe. Los estudios demuestran que el estrés crónico trabaja en contra del sistema inmunológico. Por lo tanto, encuentre maneras de sobrellevar sus ansiedades. Pruebe un ejercicio sencillo, encuentre alguien con quien conversar sobre sus problemas o simplemente meditar. Quizás hasta pueda tomar clases de control del estrés. Recuerde que al reducir su estrés podría reducir sus posibilidades de contraer gripe.

Sea un viajero cauteloso. A diferencia de los Estados Unidos, los países del hemisferio sur padecen la época de gripe de abril a septiembre. En algunas áreas tropicales, la época de la gripe tiene lugar todo el año Pero aún si no visita ninguno de esos lugares, otras personas que se encuentren en el grupo de excursión, en el avión o en el crucero podrían infectarlo. Los expertos aconsejan vacunarse contra la gripe antes de viajar. Si la vacuna actual aún no está disponible, consulte con su médico sobre algún medicamento antiviral que pueda llevar en caso de enfermarse durante el viaje.

Tome las pastillas en forma adecuada

Extraño, pero real. No incline hacia atrás la cabeza al tragar una pastilla. En su lugar, lleve la frente hacia adelante para que el mentón prácticamente toque su pecho.

Con este método, no hay peligro de que la pastilla se desplace por el tubo incorrecto y se aloje en la tráquea. También estará menos propenso a tener arcadas.

Y siempre tómese su tiempo. Aún si tiene que tomar varios medicamentos y tiene otras cosas que hacer, quédese quieto, concéntrese en lo que está haciendo y trague una pastilla por vez. Es posible que le lleve más tiempo, pero probablemente le salve la vida.

Aumente las probabilidades de mantenerse saludable

Durante los meses de invierno, usted pasa de un resfrío a otro. Justo cuando cree que se curó, vuelve a engriparse nuevamente. Se siente mal, actúa en forma malhumorada y siente que la vida es injusta. ¿Por qué su vecino, su compañero de trabajo y hasta su pareja nunca se suenan la nariz?

No necesariamente sea por genes más fuertes, mejor higiene o una forma de vida más ordenada. Nuevas investigaciones sugieren que su salud podría ser el resultado de sus propias elecciones — ¿estaría usted alegre y sano o enojado y enfermo?

Escoja la alegría. Tener una personalidad negativa en realidad lo expone a un mayor riesgo de sufrir resfríos.

En un estudio realizado durante todo un año en una universidad de España, los investigadores realizaron el seguimiento de más de 1,000 personas y registraron la cantidad de resfríos que éstas sufrieron. Tal como se esperaba, las personas bajo estrés se enfermaban más. Aquellas personas con personalidad negativa — a menudo llamadas pesimistas — se encontraban más sensibles al estrés y tres veces más propensas a contagiarse los resfríos en comparación con las personas positivas y optimistas.

Si tiende a ser negativo, observe cómo actúan las personas positivas y estudie cómo reaccionan ante la vida. Luego, intente actuar con actitud positiva siempre que sea posible. Considere la terapia en caso de que simplemente no consiga desterrar los patrones negativos. A cualquier edad, puede aprender nuevas maneras de responder al estrés en su vida.

Encuentre un trabajo adecuado. El estrés que causa un trabajo que no se adapta a su personalidad puede provocar que se enferme con mayor frecuencia. Supongamos que tiene un trabajo que le permite tomar decisiones y tiene la auto confianza para tomar dichas decisiones. Los expertos afirman que se encuentra menos propenso a sufrir infecciones, como resfríos y gripe. Dicho de otro modo, si usted se encuentra mentalmente preparado para sobrellevar el estrés adicional de mayor cantidad de trabajo y responsabilidad, resguardará su sistema inmunológico.

Por otra parte, las personas que tienden a culparse a sí mismas por los errores se encuentran mejor en un trabajo que no requiere demasiada toma de decisiones.

Ya sea que se encuentre buscando una nueva ocupación o trabajo como voluntario, consulte en los libros que ofrecen pruebas de personalidad para encontrar ocupaciones que coincidan con su personalidad. Encuentre un trabajo que coincida con su personalidad y disfrutará una mejor salud.

Perdone. Guardar rencores, según un experto en psicología, tiene un costo emocional y un costo físico.

Charlotte Van Oyen Witvliet, Profesora adjunta de psicología en Hope College de Michigan, recientemente solicitó a las personas que piensen con enfado en alguien que los haya dañado en el pasado. Su frecuencia cardíaca, presión arterial y transpiración aumentaron casi de inmediato — signos típicos del estrés.

"Esas respuestas imperdonables", afirma Witvliet, "causan emociones negativas, reducen el control alcanzado y causan estrés físico".

Pero cuando ésta les solicitó que comprendan y perdonen a las personas que las dañaron, los niveles de estrés se redujeron considerablemente. "Las personas informaron mayores niveles de emociones positivas y control alcanzado, y experimentaron menor estrés psicológico".

Una vida llena de enojos y amarguras puede desgastar su resistencia natural a las infecciones y a las enfermedades. Si bien no puede cambiar el pasado, Witvliet lo alienta a cambiar su forma de pensar sobre éste — por el bien de su salud

La gran estrella de la cocina vence los resfríos

Déle la espalda a la congestión, al dolor de garganta y a la comida sosa con un diente de ajo. Éste no sólo otorgará vivacidad a su comida, también reforzará su sistema inmunológico — gracias a la alicina. Este compuesto natural, liberado al triturar los dientes de ajo, es el que otorga al ajo su sabor y aroma. La alicina funciona para combatir resfríos, gripes y otras infecciones al descomponerse en químicos más

Tome una granada para curar el resfrío

Las personas que viven en el Medio Oriente saben qué hacer cuando los ataca un desagradable resfrío — tomar una granada.

Por fuera, esta fruta se asemeja un poco al cuero viejo. Pero por dentro es otra historia. Corte una granada y encontrará una fruta color rojo brillante y deliciosa rica en vitamina C — justo lo que necesita para el resfrío.

Comience a beber jugo de granada dulce al primer síntoma de resfrío y comenzará a tratar el dolor de garganta, la tos y la congestión. Es también una deliciosa manera de mantener elevado el nivel de líquidos.

La vitamina C es una absoluta maravilla. Además de ayudarlo con los resfríos, es importante para mantener la agudeza visual y los huesos y piel saludables. Usted la necesita para el crecimiento celular activo y la reproducción. Si eso no es suficiente para una sola vitamina, los investigadores consideran que puede protegerlo de la artritis, el cáncer, las cardiopatías, la pérdida de memoria, el síndrome de dificultad respiratoria, las enfermedades hepáticas, la diabetes y el mal de Parkinson.

reducidos llamados compuestos de sulfuro. Éstos hacen arrancar su sistema inmunológico y ayudan a su cuerpo a deshacerse de las toxinas y los microorganismos nocivos en forma natural.

Y lo que es más importante, la alicina actúa como un antibiótico. Se la ha llamado "penicilina rusa" por su capacidad para ayudar al cuerpo a combatir infecciones, particularmente respiratorias y digestivas. Los estudios militares de la Segunda Guerra Mundial demostraron que los soldados que consumían mayor cantidad de ajo fueron los que presentaron menores casos de disentería.

Sólo nombre un tipo de infección y la alicina que se encuentra en el ajo pareciera eliminarla — bacterias, hongos, virus, candidiasis y otros parásitos. Algunas de sus víctimas incluyen *H. pylori*, la bacteria que causa las úlceras estomacales, así como la *Salmonella* y *E. coli*.

Picar en trocitos el ajo fresco pareciera ser la mejor forma de obtener todos los beneficios de la alicina. Los expertos recomiendan consumir entre medio y tres dientes de ajo por día. También puede probar el ajo en polvo o los suplementos. Independientemente del tipo que considere utilizar, consulte con su médico si está consumiendo medicamentos anticoagulantes como la warfarina.

Cinco formas de combatir las súper bacterias

La resistencia a los antibióticos se está convirtiendo en un problema principal para la atención médica. Los Centros para el Control y la Prevención de Enfermedades (CDC) estiman que probablemente una proporción de hasta la mitad de los 235 millones de dosis de antibióticos que se toman cada año sean innecesarios. Esto permite a las bacterias desarrollar nuevas variedades resistentes a dichas drogas.

Puede ayudar a combatir estas poderosas súper bacterias siguiendo algunas pautas:

- No solicite a su médico que le recete un antibiótico para el resfrío o la gripe. Los antibióticos no tienen efecto contra las infecciones virales. Muchos médicos afirman que recetan un antibiótico porque sus pacientes lo esperan o lo solicitan.

✎ Si su médico le receta un antibiótico, hágale preguntas. Asegúrese de que necesita tomar esa droga.

✎ Siga las indicaciones de su médico o farmacéutico en forma precisa. Tome su medicamento en el momento indicado y cumpla con la receta completa. No deje de tomarlo sólo porque se siente mejor. Es posible que no haya eliminado todas las bacterias.

✎ Lave siempre sus manos a fondo y manipule los alimentos adecuadamente para evitar diseminar las bacterias en primer lugar.

✎ Nunca guarde los medicamentos para dárselos a otra persona más adelante.

Cura casera

La sopa de pollo como remedio para los resfríos se remonta en el tiempo hasta la época de su abuela — o incluso de su bisabuela. En el año 60 d. C., un cirujano del ejército del emperador romano Nerón escribió sobre ésta en su diario. Miles de años más tarde, otro médico afirmó, "La sopa de pollo ... está recomendada como un excelente alimento y medicamento".

ESTREÑIMIENTO

Ayuda de los expertos para el estreñimiento

Es el momento de realizar algunos cambios si el estreñimiento lo acompaña permanente. La irregularidad puede ponerlo incómodo, malhumorado y desanimado, pero el estreñimiento crónico puede causar dolorosas hemorroides, diverticulosis y ciertas clases de cáncer.

Pero no deje que eso lo alarme al punto de tomar un laxante al primer signo de estreñimiento. Puede volverse dependiente de esos medicamentos y luego éstos perderán su efectividad si los utiliza con frecuencia. El uso excesivo puede causar calambres, diarrea y deshidratación. Aquellos que contienen magnesio pueden incluso tener efectos colaterales más graves, como dificultad para respirar, ritmo cardíaco irregular e incluso el coma.

La mejor manera de controlar el estreñimiento es hacerlo naturalmente. Aquí encontrará cómo obtener alivio:

Consuma más fibra. "Es definitivamente inteligente", afirma la Dra. Ruth Peters, investigadora científica y profesora de medicina preventiva de la Universidad del Sur de California, "para cualquier persona que sufra estreñimiento agregar fibra a la dieta". El consumo de frutas, verduras y granos integrales — todos ricos en fibra — agrega volumen a las heces y ayuda a alcanzar una deposición más rápida a través del tracto digestivo.

¿Qué es?

Si sufre estreñimiento, su movimiento intestinal es poco frecuente y las heces son generalmente duras y difíciles de expulsar. Algunas personas naturalmente tienen menor movimiento intestinal que otras por lo tanto, lo que es poco frecuente para una persona podría ser perfectamente normal para otra. Sin embargo, si tiene menos de dos movimientos intestinales por semana, probablemente sufra estreñimiento.

Síntomas:
- movimientos intestinales poco frecuentes
- heces duras y secas difíciles de expulsar
- tensión durante los movimientos intestinales
- hinchazón abdominal y molestias

Desde la década de los años 70, los expertos han recomendado la fibra no sólo para el estreñimiento, sino también para reducir el riesgo de sufrir cáncer de colon. Recientemente, se ha observado una gran controversia respecto de este tema ya que algunos estudios no han determinado si la fibra reduce tal riesgo.

"En mi propio estudio de control de casos sobre cáncer de colon, no descubrimos una fuerte relación entre el consumo de fibra dietaria y el riesgo de sufrir cáncer de colon", afirma Peters. "Pero en un estudio anterior, observamos una marcada relación entre las hemorroides graves y el riesgo de sufrir cáncer — anal, y el consumo de fibra es un tratamiento recomendado para las hemorroides".

El Dr. Robert Goodlad del Fondo Imperial para la Investigación del Cáncer en Londres, quien ha señalado con mayor fuerza la falta de peso en la relación con el cáncer de colon, afirma, "Aún defiendo el consumo de gran cantidad de alimentos ricos en fibra y defendería a las frutas y verduras por encima de la fibra cereal".

Sin embargo, Goodlad recomienda evitar los suplementos de fibra, que están hechos con la cáscara exterior de las semillas. Éstos quizás no aporten la protección que usted necesita en caso de que algún componente diferente de la fibra, que se encuentra en la dieta rica en fibras, lo proteja contra el cáncer de colon.

Si su consumo reciente de fibra no ha sido abundante, auméntelo gradualmente para que su sistema pueda ajustarse a éste. De lo contrario, es probable que sufra diarrea, calambres o hinchazón. Intente mantener el consumo de fibras dentro del límite recomendado de 20 a 35 gramos por día. Algunas investigaciones sugieren que el exceso de fibra, especialmente proveniente de suplementos, podría incluso aumentar su riesgo de sufrir cáncer de colon, en vez de reducirlo.

Mueva su cuerpo para mover los intestinos. Es probable que no considere la práctica de ejercicios como una solución para el problema de estreñimiento, pero la actividad física regular — tan simple como una enérgica caminata diaria alrededor de la manzana — puede ayudar a su sistema digestivo a trabajar sin complicaciones.

Libere los desechos. "Beber grandes cantidades de agua todos los días es también una buena idea", afirma Peters. Los líquidos mantienen las heces blandas y esto favorece una deposición más sencilla a través de su tracto digestivo. Beba al menos seis vasos de 8 onzas diariamente, en especial al consumir mayor cantidad de fibra, para evitar un bloqueo intestinal.

Tenga en cuenta que el café y el té son diuréticos, provocan que el cuerpo libere agua. Y la leche puede provocar estreñimiento en algunas personas.

Mantenga el hábito regular de ir al baño. El destinar tiempo luego del desayuno o la cena para el movimiento intestinal normal lo ayudará a mantener la regularidad. Escuche a su cuerpo y destine tiempo para ir al baño cuando la naturaleza así lo indica.

Es probable que en ocasiones necesite un laxante, incluso si sigue estas prácticas. Un laxante suave, de vez en cuando, no le hará ningún daño. Pero si lo necesita en forma regular, o durante más de siete días seguidos, consulte con su médico para curar el bloqueo o cualquier otra afección grave.

Alivio en base a hierbas para la irregularidad

Más de 4 millones de personas afirman sentir estreñimiento la mayor parte del tiempo. No es sorprendente que sólo los estadounidenses gasten aproximadamente $750 millones de dólares en laxantes. Antes de continuar gastando dinero, vaya a los hechos. Todos los laxantes prometen lo mismo, pero no todos pueden proporcionarlo.

La próxima vez que sienta estreñimiento, consulte las tablas de los remedios naturales comprobados. Estos laxantes a base de hierbas deberían venderse en su tienda local de hierbas o de alimentos naturales en forma de té, cápsulas, pastillas o en polvo. También podrá conseguir muchos de éstos en medicamentos de venta libre. Simplemente busque sus nombres — tales como sena, psilio o aceite de castor — en los "ingredientes activos" de la etiqueta del producto.

Las tablas de las páginas 70-71 están divididas en dos tipos principales de laxantes — la clase que actúa como la fibra y aumenta el volumen de las heces y la clase que hace que los músculos de su tracto

Productos para aumentar el volumen

Beneficios:

✎ conocidos como los más seguros

✎ efectos leves a moderados

✎ se acumulan y ablandan las heces

✎ facilitan y aceleran el pasaje a través de sus sistema

Advertencias:

✎ Consulte con su médico antes de utilizarlos si es diabético, está embarazada o toma algún medicamento

✎ Beba gran cantidad de agua y otros líquidos al utilizarlos

Ingrediente a base de hierbas	Lo que podrá encontrar en la tienda	Instrucciones de uso del ingrediente puro a base de hierbas
Lino	Cápsulas, aceite o semillas	1 cucharada de semillas (enteras o molidas) con media taza de líquido dos a tres veces por día
Glucomannan	Cápsulas	Siga las indicaciones del paquete
Psilio	Semillas o cascarillas en polvo	2 cucharadas colmadas de semillas o 1 cucharada de cascarillas, mezcladas en un vaso de líquido, seguido de mayor cantidad de líquido

Estimulantes

Beneficios:

ఈ efectos moderados a fuertes

ఈ activan los suaves músculos de sus intestinos

ఈ brindan alivio en un corto tiempo de dos horas

Advertencias:

ఈ inseguro durante más de 10 días ya que puede dañar sus intestinos y volverlo dependiente de los laxantes

ఈ puede causar calambres, diarrea, deshidratación y pérdida de electrolitos, como el potasio

Ingrediente a base de hierbas	Lo que podrá encontrar en la tienda	Instrucciones de uso del ingrediente puro a base de hierbas
Cáscara sagrada	Polvo, líquido, comprimidos o cápsulas	1/2 cucharada de corteza en polvo por taza de agua, tomada antes de ir a dormir o en la mañana
Aceite de castor	Cápsulas, líquido o aceite	3 a 4 cucharadas, tomadas durante el día (no a la noche)
Ruibarbo chino	Polvo o líquido	1/2 a 2 cucharadas de polvo agregadas a una taza de agua, dos veces por día
Fo-ti	Gotas, cápsulas, polvo, líquido o comprimidos	Siga las indicaciones del paquete
Sena	Polvo, cápsulas o líquido	1/2 a 1 cucharada en una taza de agua, una vez por día

digestivo realicen la acción de empujar. No todos los laxantes efectivos se encuentran en la lista. Algunos, como la raíz de diente de león, la achicoria y la flor de saúco, son alternativas seguras y suaves, pero podrían no realizar el trabajo tan rápidamente y sin complicaciones.

Todos los laxantes a base de hierbas enumerados en dichos cuadros pueden causar efectos colaterales incómodos y graves. Antes de automedicarse con una de esas hierbas, recuerde que — lo natural no necesariamente significa suave. Lea las etiquetas, incluidas las advertencias, y siga las direcciones cuidadosamente.

La mejor manera de combatir el estreñimiento es comer más verduras, frutas, granos integrales y legumbres, y realizar ejercicio regular. Si dichos cambios en el estilo de vida no funcionan, consulte con su médico. El estreñimiento grave podría ser un signo de algo más serio, como un bloqueo intestinal. En la mayoría de los casos, su médico podrá recomendarle uno de esos consagrados laxantes a base de hierbas.

Cómo escoger un cereal rico en fibras

Cuando está buscando alivio para el estreñimiento, inspeccione su despensa. La información impresa en una caja de cereales le dirá exactamente lo que necesita saber para resolver el problema — en forma natural.

Comprenda las etiquetas. Un cereal rico en fibra de salvado insoluble ayuda a que los alimentos que consume se trasladen más rápidamente a través de su sistema digestivo. Ésta no sólo es una solución natural para la irregularidad, puede incluso ayudar a prevenir la diverticulosis y algunos tipos de cáncer.

El nombre en el frente de la caja de cereal puede ser confuso; por lo tanto, necesitará leer más para descubrir lo que realmente hay dentro. La información nutricional en el panel lateral le informará, por ejemplo, que el salvado de trigo completo de Kellogg's Complete Wheat Bran tiene sólo 4 gramos de fibra insoluble por porción. El producto 100% salvado de Post contiene aproximadamente 7 gramos. Sin embargo, en una porción de similar tamaño de Fiber One de General Millsun encontrará unos sorprendentes 12 gramos.

Cuanto más azúcar tiene el cereal, menor cantidad de fibra tendrá. Consulte las etiquetas incluso de los cereales diseñados para atraer a los adultos — como los multicereales Smart Start y Sunrise, hechos con cereales orgánicos. Onza por onza, éstos contienen más azúcar que los Frosted Mini-Wheats azucarados.

Tampoco asuma que todas las variedades de una marca son iguales. Una porción de Cheerios regular contiene 3 gramos de fibra y 1 gramo de azúcar. Pero sólo consumirá 1 gramo de fibra y 13 gramos de azúcar — más de 3 cucharadas — en la misma cantidad de Cheerios de manzana con canela.

Algunos cereales, como Cocoa Puffs, ni siquiera tienen el listado de fibras. Eso se debe a que no contienen fibra, y conforme a la ley, el fabricante no necesita brindar el detalle. Podrá ver las palabras "No contiene una fuente significativa de fibra dietaria" en letras más pequeñas.

Considere los demás nutrientes. El salvado es sólo la cáscara fibrosa exterior del cereal. Para encontrar el cereal más nutritivo, escoja uno que esté hecho con granos integrales. Lea las etiquetas para ver qué otros nutrientes ofrece, pero no reemplace la fibra por vitaminas y minerales adicionales. Fácilmente obtendrá éstos a través de un suplemento diario

Algunos cereales tienen vitaminas y minerales rociados en la parte exterior. Para obtener los beneficios de esos nutrientes, tome toda la leche que vierte sobre los cereales. No los deje disueltos en la leche en la base del tazón.

Mastique con mayor crujido. Los cereales de salvado con pasas lo ayudan a mantener la regularidad ya que el salvado y las pasas tienen fibra. Algunas personas sienten que no se mantienen crujientes ya que la humedad de las pasas ablanda los copos. Para mantenerlos crujientes, ¿por qué no compra un cereal de salvado común rico en fibras y le agrega las pasas al tazón en forma separada?

Los expertos recomiendan consumir de 20 a 35 gramos de fibra por día. Si no ha estado consumiendo esa cantidad, agregue una cantidad adicional gradualmente para evitar los desagradables efectos colaterales, como la diarrea, los gases y el bloqueo. Es probable que desee mezclar un cereal rico en fibras con un favorito reducido en fibras por un tiempo. De esta forma, su sistema digestivo puede ajustarse gradualmente a la fibra adicional y sus papilas gustativas podrán acostumbrarse al gusto diferente. También es importante que consuma mayor cantidad de líquidos para reducir los efectos colaterales y ayudar a la fibra a realizar su trabajo.

Las fuentes 'inocentes' pueden provocar el estreñimiento

Está realizando ejercicios regularmente, consume gran cantidad de fibras y de agua. Por lo tanto, ¿por qué aún experimenta problemas de estreñimiento? Quizás una de las siguientes causas poco conocidas sea la culpable.

Hierro. Si toma un complemento multivitamínico en forma diaria, escoja uno sin hierro. Este mineral no sólo es una causa principal del estreñimiento, también puede aumentar su riesgo de sufrir cáncer colorrectal. Si usted es mujer y ha llegado a la menopausia, u hombre, probablemente no necesite el hierro adicional.

Calcio. Si toma suplementos de carbonato de calcio , pruebe tomarlo en dos dosis más reducidas en vez de una sola y tómelas con las comidas. Es menos probable que éstas le causen estreñimiento y además, su cuerpo absorberá mejor el calcio.

Viajes. Cuando se encuentra fuera del hogar, no se sienta tentado a vivir a hamburguesas y papas fritas. La mayoría de los restaurantes de comidas rápidas ofrecen varias opciones saludables. Comer gran cantidad de frutas, verduras y cereales — además de beber gran cantidad de agua — mantendrá alejado el estreñimiento.

También se vuelve difícil mantener el cronograma usual para ir al baño cuando está de viaje. Sin embargo, es importante que dedique tiempo al movimiento intestinal regular, siempre que sea posible, para cumplir con la urgencia del llamado de la naturaleza.

Y no olvide realizar ejercicios. Ya sea que se encuentre a cargo de los negocios o en unas relajantes vacaciones, programe actividades regulares, como caminar o bailar.

Medicamentos. Los analgésicos, antidepresivos, tranquilizantes, diuréticos y antiácidos que contienen aluminio o calcio son algunas de las drogas que pueden causar estreñimiento. Consulte con su médico o farmacéutico para saber si algún medicamento que está tomando podría causar la irregularidad. Quizás existe otro medicamento para su afección que no le causará ese efecto colateral.

Afecciones para la salud. Es posible que el estreñimiento sea una preocupación si tiene ciertos problemas de salud — como el lupus, el mal de Parkinson o esclerosis múltiple. Consulte con su médico para obtener ayuda y siga sus indicaciones.

No debería ignorar el estreñimiento, pero no cree un problema donde no lo hay. No todas las personas realizan el movimiento intestinal en forma diaria. Confíe en su sistema para encontrar la frecuencia adecuada para usted.

Cura casera

La próxima vez que la naturaleza no realice su llamado, pruebe este antiguo remedio natural para el estreñimiento. Mezcle una a tres cucharadas de miel en un vaso de agua tibia y bébalo. Sabe bien y no correrá el riesgo de volverse dependiente de los cargosos laxantes.

DEPRESIÓN

Levante su ánimo con la comida

Los alimentos que consume afectan su apariencia. Usted lo sabe y es por eso que evita las hamburguesas de queso doble y las malteadas de chocolate. Pero estar delgado no lo es todo. Al intentar conseguir un cuerpo delgado, puede estar sacrificando una mente saludable. Su cerebro, que regula sus estados de ánimo y procesa una asombrosa cantidad de información cada segundo, necesita una buena fuente de energía. Lo que come puede hacer funcionar su cerebro sin problemas o hacerlo farfullar y descomponerse.

Si es mujer y tiene antecedentes de depresión, puede encontrarse en riesgo de sufrir una reincidencia en caso de reducir demasiadas calorías. Cuando se encuentra a dieta, los niveles del aminoácido triptófano disminuyen. La mayoría de las personas pueden ajustarse a un nivel inferior de triptófano, pero un estudio demostró que algunas mujeres que se habían recuperado de una depresión mayor no consiguieron hacerlo. En el caso de aquellas mujeres, los niveles reducidos de triptófano produjeron nuevos síntomas de depresión. Consulte con su médico antes de comenzar una dieta si alguna vez sufrió una depresión mayor.

Si usted es como la mayoría de las personas, comer suficiente cantidad de los siguientes alimentos esenciales lo mantendrá silbando una melodía alegre en vez de hacerlo cantar un blues.

Consuma gran cantidad de folato. Este miembro de la familia de la vitamina B generalmente se encuentra en cantidades reducidas en las personas que sufren depresión. Los nutricionistas recomiendan a los adultos consumir aproximadamente 400 microgramos (mcg) de folato diariamente mediante el consumo de gran cantidad de frutas, verduras y lentejas. Agregue una porción de una taza de jugo de naranja de concentrado congelado a su desayuno y agregará 109 mcg de folato. Otras buenas fuentes incluyen espinaca, espárragos y aguacate.

Elimine la depresión. Las mujeres premenopáusicas y las personas que deben consumir medicamentos antiinflamatorios no esteroideos (AINES) presentan un mayor riesgo de sufrir anemia ferropénica. Si tiene la piel muy pálida, se encuentra muy cansado y tiene problemas de concentración, es probable que tenga una deficiencia de hierro. Algunas mujeres evitan las carnes ricas en hierro para reducir calorías. Si no come carne, debe reemplazar el hierro faltante con otros alimentos como las legumbres, cereales fortificados y gran cantidad de verduras de hojas verdes. Y asegúrese de consumir gran cantidad de vitamina C ya que ésta lo ayuda a absorber mejor el hierro.

Escoja el selenio. No fue sino hasta la década de los años 50 que los investigadores descubrieron que el selenio es un nutriente esencial para los humanos. Desde entonces, los científicos notaron que las personas que presentan mayor cantidad de este mineral traza tienden a ser más alegres y confiadas que las personas con menores cantidades. El selenio también tiene la capacidad de hacerlo sentir más alerta y menos ansioso, especialmente si sus niveles de energía son reducidos.

¿Qué es?

Más que sólo un estado de ánimo decaído, la depresión es una enfermedad mental que inunda de tristeza cada aspecto de su vida. Usted no puede simplemente "salir" de la depresión, pero obtener el tratamiento y el apoyo adecuados lo ayudarán a vencerla.

Síntomas:
- pérdida de energía e interés por la vida
- cambio en los hábitos de sueño y alimentarios
- problemas para concentrarse o pensar
- angustia, desesperanza o ansiedad profundas
- autoestima baja
- pensamientos sobre la muerte o el suicidio

Pero hacer reír a la gente es sólo una mínima parte del trabajo del selenio. También se duplica como antioxidante y parece brindar protección contra el cáncer, las cataratas, los problemas cardíacos y la artritis. En los Estados Unidos, las personas obtienen la mayor parte del selenio de la carne vacuna, pero los niveles que se encuentran en el ganado varían según el lugar donde viva. Si usted es lo suficientemente afortunado como para vivir en las Planicies del Norte, podrá obtener más selenio que sus amigos del sur. En promedio, una hamburguesa contiene aproximadamente un tercio del selenio que necesita por día pero puede reforzar sus niveles con mariscos, carnes de ave, hongos, vegetales de mar y harina integral.

Manténgase alejado de los suplementos, salvo que tenga cuidado en la cantidad que consume. En altas cantidades, el selenio puede ser tóxico. Los expertos recomiendan no consumir más de 400-450 mcg por día.

No pase por alto los omega 3. Como una máquina, su cerebro necesita aceite — en forma de ácidos grasos omega 3 y omega 6 — para funcionar sin problemas. Desafortunadamente, la dieta promedio generalmente no contiene el equilibrio adecuado de estos ácidos grasos. Si consume una dieta moderna típica, probablemente obtenga gran cantidad de aceites omega 6 a través del maíz, la soja y otros aceites de alimentos procesados. Pero los aceites omega 3, que son tan importantes como los otros, generalmente están ausentes. Asimismo, es probable que esté reduciendo demasiada cantidad de grasas en un esfuerzo por perder peso.

En su libro *La Dieta Omega*, la Dra. Artemis P. Simopoulos explica por qué la grasa es tan importante para el cerebro. "… Su cerebro está compuesto principalmente de grasa, incluidas las neuronas, las células que transmiten mensajes eléctricos; si usted no consume una cantidad suficiente de las clases de grasas adecuadas, está privando a su cerebro de un nutriente básico y se arriesga a ser presa de la depresión y otros problemas mentales".

Las mejores fuentes de omega 3 son los pescados grasosos como el salmón o la caballa, el aceite de canola, la linaza, las nueces y las verduras de hojas verdes. Use mayonesa y aderezos para ensalada hechos con aceite de canola e intente consumir pescado algunas veces por semana. Diga "no" a los bocadillos envasados y "sí" a las ensaladas con verduras verde oscuro para ayudar a recuperar el equilibrio de ácidos grasos.

Ejercicio: una manera exitosa de equilibrar su vida

Realice una caminata larga cuando se sienta triste y podrá levantar su ánimo. Las investigaciones demuestran que el mantenerse físicamente activo mejora su salud mental así como su salud física. ¿No le sientan las caminatas largas? No hay problema. Cualquier ejercicio será apropiado — incluso una caminata diaria alrededor de su barrio.

Los científicos no están seguros el motivo por el cual poner en movimiento su cuerpo mejora su estado de ánimo. Es posible que le otorgue una sensación de control o quizás provoque la liberación de ciertas hormonas que levantan su estado de ánimo. Si usted ejercita en un ambiente grupal, la interacción social también podrá ayudarlo a evitar la depresión. La realidad es que el ejercicio le hace bien. Aquí encontrará algunas formas en que éste lo ayuda a equilibrar su estado de ánimo — y su vida.

Estimula su bienestar mental. Un estudio reciente descubrió que las personas entre 55 y 75 años que estaban más delgadas y en mejor estado físico se encontraban menos propensas a deprimirse o a informar problemas de tensión, ansiedad y enfado. Éstas tampoco seguían un plan de ejercicio regular — es posible que simplemente llevaran una vida más activa diariamente.

Pueden reemplazar los antidepresivos. El ejercicio regular incluso puede ser tan efectivo como las drogas antidepresivas. Un estudio reciente del Centro Médico de la Universidad Duke dividió 150 personas con depresión mayor en tres grupos. Un grupo tomó medicamentos antidepresivos, otro grupo realizó ejercicios tres veces por semana, y el otro grupo realizó ejercicios y tomó medicamentos. Luego de cuatro meses, los tres grupos mejoraron aproximadamente al mismo nivel.

Mejora su sueño. A más de la mitad de las personas que consultan con sus médicos por el insomnio se les encuentra una afección mental, con mayor frecuencia depresión. El insomnio puede ser un síntoma y también una causa de la depresión — no puede dormir porque está deprimido y la falta de sueño provoca una depresión aún más grave. Al realizar una caminata diaria, nadar o andar en bicicleta podría interrumpir este ciclo que lo tira hacia abajo.

Si descubre que está durmiendo demasiado, particularmente durante el invierno, es posible que sufra un trastorno afectivo estacional (TAE). El ejercicio también beneficia a las personas con TEA pero puede ser una buena idea ejercitar en las primera horas de la mañana para ayudar a regular su ritmo circadiano. *(Consulte Aporte información sobre el TAE (Trastorno Afectivo Estacional)).*

Por extraño que parezca, los médicos en ocasiones tratan la depresión con la privación del sueño. Probablemente recuerde la sensación de mareo y la risa tonta que experimentaba luego de quedarse toda la noche con sus amigos. Los médicos han descubierto que esa estrategia en ocasiones funciona con las personas deprimidas, aunque su efecto es temporario — generalmente sólo dura un día. Pero éstos consideran que puede ayudar a iniciar un tratamiento médico para la depresión grave. Sin embargo, no dormir lo suficiente puede causar otros problemas; por lo tanto, asegúrese de consultar con su médico antes de limitar sus horas de sueño en forma deliberada.

Estar más activo puede levantar su estado de ánimo, mejorar sus patrones de sueño y ayudar a alcanzar una perspectiva más prometedora de la vida sin los efectos colaterales que la mayoría de las drogas recetadas pueden causar. Sin embargo, para mantener los efectos positivos del ejercicio, debe mantener el ritmo. Las personas que suspenden la actividad física al envejecer están más propensas a deprimirse. En vez de abandonar la actividad física por completo, es probable que tenga que cambiar la actividad — quizás practicar natación en vez de trotar para aliviar sus articulaciones.

Afortunadamente, los efectos que tienen los ejercicios para levantar el ánimo funcionan incluso en los ex teleadictos; por lo tanto, nunca es tarde para comenzar a moverse y despojarse de la tristeza. Simplemente asegúrese de consultar con su médico antes de comenzar un programa de ejercicios extenuantes, particularmente si ha estado inactivo la mayor parte de su vida.

Combata la depresión con nuevos amigos

A los 87 años, Clara Strickland decidió que era el momento de mudarse a una "residencia de ancianos". Su familia no estaba de acuerdo, temerosa de que el abandonar el hogar donde había vivido durante más de 50 años podría sumir a Clara en la depresión. Su hija le preguntó sobre antiguos vecinos o amigos de la iglesia, pensando en que la transición sería más fácil si Clara se juntaba con alguien que ya conociera.

"No", contestó Clara. "Pero, cariño, no lleva mucho tiempo hacerse nuevos amigos".

Aún en el caso de que Clara no lo supiera, esta iniciativa por desarrollar una sólida red de apoyo de familiares y amigos es el secreto para aumentar la autoconfianza y reducir el riesgo de sufrir depresión.

Si bien usted probablemente ya tenga buenos amigos y la afectuosa atención de su familia, como en el caso de Clara, aún podrá beneficiarse al establecer nuevas relaciones. Las investigaciones demuestran que las personas que se relacionan con diferentes grupos viven más, en general, que aquellas que sólo se relacionan con dos o tres. (También sufren menores resfríos). La depresión también triplica su riesgo de morir durante el año posterior a un ataque cardíaco. Incluso si está deprimido, contar con un apoyo social sólido equilibra sus probabilidades de supervivencia.

Por lo tanto, consulte las sugerencias a continuación para atraer más personas a su vida.

Acérquese más a sus vecinos. Conozca a las personas que viven al lado de su casa llevándoles una canasta de frutillas caseras. La jardinería puede brindar un enérgico ejercicio, alimentos nutritivos y una buena excusa para compartir. Hierbas frescas, verduras, frutas o incluso un ramo de flores realmente pueden alimentar el espíritu de la amistad.

Sea voluntario. Haga algo por los demás y se sentirá bien con usted mismo. También conocerá otras personas con valores similares a los suyos — una buena base para una amistad duradera. ¿Sabía que las personas que realizan trabajos voluntarios tienden a vivir más que aquellos que no lo hacen?

Por lo tanto, no espere. La Cruz Roja Americana podría necesitar ayuda con una recaudación de sangre. Habitat for Humanity podría utilizar otro martillo. O consulte con otras instituciones de caridad para ver qué puede hacer.

Únase a un grupo. Salga de la rutina y aprenda algo nuevo — una forma comprobada de mantener activo su cerebro, aumentar su autoconfianza y ayudar a evitar el mal de Alzheimer. Regístrese para tomar clases de bridge, tai-chi o quizás carpintería. Únase a un coro y pronto estará cantando nuevas canciones con nuevos amigos. Participe en una clase para dejar de fumar o en un grupo para bajar de peso. Sus nuevos amigos lo impulsarán a los hábitos saludables.

Vuelve a establecer la conexión. Si ha perdido contacto con viejos amigos, ¿por qué no hacer un esfuerzo por volver a encontrarlos? Quizás conozca a los familiares o conocidos en común que puedan ayudar.

Familiarícese con el lenguaje corporal

¿Listo para hacer nuevos amigos pero es tímido para conversar con extraños? Deje que su cuerpo inicie la conversación.

- Muévase con confianza. Mantenga los hombros hacia atrás y los ojos fijos hacia adelante. Al arrastrar los pies o mirar hacia abajo podrá atraer simpatía, pero no nuevos amigos.
- Deje que su rostro muestre cordialidad. Haga contacto visual y sonría, aún si se siente incómodo. El sólo hecho de hacer algo en la forma debida puede activar una emoción positiva. Sonreír con el rostro completo puede elevar su ánimo e invitar una respuesta amigable.
- Diga hola con un apretón de manos. Si es mujer, un apretón de manos firme muestra confianza y sinceridad. Sin embargo, si es hombre un apretón de manos más suave puede indicar que puede conversarse con usted en forma sencilla.

Busque la amistad honesta y sincera en el lenguaje corporal de las personas que conoce.

- Mantenga el contacto visual. La parte superior del rostro le brinda la mejor respuesta acerca de las emociones reales de la otra persona. Durante una conversación, la mayoría de las personas se focalizan en los labios, la nariz y las mejillas, pero la verdad se encuentra en los ojos.
- Observe la nariz. Cuando alguien que conoce se rasca la nariz inflamada, no crea todo lo que ésta le dice. Si una mentira lo hace sentir culpable, la sangre puede correr hacia su nariz y liberar histaminas que causan una leve inflamación y comezón. Sin embargo, esos también son síntomas de la alergia; por lo tanto, no lo juzgue demasiado rápido.

Quizás pueda utilizar Internet para localizarlos. Considere asistir a una reunión para volver a relacionarse con los antiguos compañeros de clase.

Anótese en un gimnasio. Aún si realiza ejercicios por su cuenta, brindará oxígeno adicional a su cerebro, levantará su estado de ánimo y agregará años a su vida. Pero realizar actividad física con otras personas puede ser más divertido y ofrecer una buena oportunidad para conocer nuevas personas. Si el ejercicio aeróbico y el levantamiento de pesas no son su estilo, pruebe un grupo de caminata, baile o natación.

Sin embargo, no piense que el sólo hecho de tener gente alrededor combatirá la depresión. En un estudio de la Universidad de Michigan, los investigadores descubrieron que las personas que no tenían la sensación de pertenencia estaban más propensas a sentirse deprimidas que las personas que estaban solas, sin un apoyo social o tenían problemas para relacionarse con los demás.

R. A. Williams, profesor adjunto de enfermería y coautor del estudio, considera que debe trabajar en las relaciones si desea mantener una sensación de pertenencia. "Una de las cosas que ocurren con la depresión", afirma, "es que las personas piensan que nadie se interesa por ellas y que pueden ocultar su depresión a las personas que las rodean".

Deje que las personas que forman parte de su vida sepan cómo se siente y busque los signos de depresión en usted y en los demás. Los síntomas incluyen la tristeza que dura más de dos semanas, la sensación de no valer nada y estar indefenso, la fatiga, la falta de interés por el sexo u otras actividades que alguna vez disfrutó, pérdida o aumento de peso, insomnio o dormir demasiado, y dificultad para concentrarse o tomar decisiones.

Aporte información sobre el TAE (Trastorno Afectivo Estacional)

"Levantarse y brillar" no es sólo una frase molesta para hacerlo levantar de la cama. Podría ser un consejo serio para superar el Trastorno Afectivo Estacional (TAE).

Si sufre TAE, se siente deprimido durante los meses de otoño e invierno, cuando hay menos luz natural. Usted duerme mucho, come excesivamente, se siente perezoso y aumenta de peso. Sin embargo, al llegar la primavera y el verano, vuelve a la normalidad.

Una estrategia común para enfrentar el TAE es la fototerapia. La exposición a la luz brillante ayuda a inducir a su cerebro a pensar que es primavera o verano para que la depresión se desvanezca. Si ya probó la fototerapia anteriormente y no notó ninguna mejoría, probablemente sea el momento — como adivinó — de levantarse y brillar.

Aproveche al máximo la mañana. Los estudios recientes sugieren que el tiempo que practica la fototerapia incide en los resultados tanto como el brillo de la luz o la cantidad de tiempo que está expuesto a ésta. El mejor momento pareciera ser temprano en la mañana — o precisamente dos horas y media después del punto medio de su sueño. Por ejemplo, si normalmente duerme de 11 p. m. a 7 a. m., el punto medio sería a las 3 a. m. y su horario ideal para la fototerapia sería a las 5:30 a. m.

Mantenga el ritmo. La fototerapia trabaja a través del restablecimiento del reloj interno de su cuerpo, también llamado ritmo circadiano. Su cuerpo funciona bajo este reloj interno las 24 horas, que le indica cuándo debe dormir y cuándo debe despertarse. En el invierno, las personas con TAE generalmente duermen más de ocho horas porque el reloj de su cuerpo está fuera de servicio. La fototerapia en las primeras horas de la mañana soluciona el problema ya que adelanta su ciclo de sueño.

Continúe practicándola. Convierta a la fototerapia en las primeras horas de la mañana en parte regular de su rutina durante el invierno. Si la suspende, incluso durante unos días, es probable que regrese a la depresión. Aquí encontrará unos consejos para obtener el mayor beneficio de su tratamiento.

- No mire directamente a la luz. Es mejor que se proteja de la luz con una pantalla y eche un vistazo de vez en cuando.

- En cuanto a la exposición a la luz, al pasar más tiempo bajo la luz brillante se volverá más alegre. Por ejemplo, dos horas de exposición ayudarán más que una.

- Si no puede dedicarle tanto tiempo, intente aumentar el brillo de la luz. Debería obtener resultados similares en menor tiempo.

- Consulte con un especialista en salud mental antes de comenzar la fototerapia. Ésta podrá determinar si obtendrá beneficios con este tratamiento y podrá supervisar su progreso.

Flores: una forma natural de levantar el ánimo

¿Qué escogería — una canasta de frutas y dulces, un ramo de flores o algún otro obsequio — para hacer sonreír a alguien querido? Los investigadores de la Universidad de Rutgers consideraron que la canasta de frutas sería la mejor forma de levantar el ánimo, pero se encontraron con una sorpresa.

Resultó que las flores atrajeron sonrisas más auténticas — y más abrazos y besos — que los demás obsequios, según la encargada de la dirección de la investigación, la Dra. Jeannette Haviland-Jones.

"El sentido común indica que las flores nos alegran", afirma Haviland-Jones. "Ahora, la ciencia demuestra que éstas tienen fuertes efectos positivos en nuestro bienestar emocional".

A las mujeres que participaron en el estudio se les dijo que recibirían un obsequio, pero no se les dijo qué sería. Se les realizó una entrevista en los días previos para determinar su estado de ánimo general. Los investigadores registraron las reacciones de las personas al recibir los obsequios, todos del mismo valor y con similares envoltorios.

Luego, los investigadores realizaron un seguimiento algunos días posteriores para conocer la duración del impacto que tuvieron los obsequios, en caso de haber habido alguno. Si bien todas las mujeres apreciaron sus obsequios y mostraron una reducción en la depresión luego de recibirlos, las flores tuvieron el efecto más fuerte y duradero sobre la felicidad. Las mujeres informaron sentirse menos deprimidas, ansiosas y agitadas, y más satisfechas con la vida. Los resultados fueron los mismos para las mujeres de todas las edades.

Los investigadores observaron que las mujeres interactuaron más con sus familiares y amigos luego de recibir los arreglos florales. Tendían a colocarlos en un lugar donde los pudieran compartir con otras personas — en vestíbulos, salas de estar y comedores.

Quizás esta respuesta de las mujeres no lo sorprenda; pero con los hombres, podrá usted decir, es otra historia. Haviland-Jones no piensa así. "A la hora de recibir flores, los hombres y las mujeres se encuentran en el mismo campo de juego", afirma, haciendo mención a un estudio de Holly Hale, uno de sus estudiantes graduados de Rutgers.

Hale descubrió que los hombres igualaban a las mujeres en la expresión de regocijo y el aumento de las interacciones sociales con los investigadores que les obsequiaron las flores. De hecho, los hombres que no recibieron flores mientras otros sí lo hicieron, demostraron una respuesta más negativa que las mujeres que pasaron por la misma situación.

Haviland-Jones, que está realizando un estudio de seguimiento sobre los efectos de las flores en personas mayores, está impresionada por el impacto que tienen las flores en las vidas de las personas. Pueden ser una forma saludable y natural de controlar sus estados de ánimo día a día e intensificar la forma en que disfruta la vida, afirma.

"Ahora ciertamente envío más ramos de flores que antes", prosigue.

Noticias sorprendentes para los adeptos a la hierba de San Juan

La hierba de San Juan probablemente no sea el antidepresivo milagroso que todas las personas creen que es, de acuerdo con un reciente estudio de la *Revista de la Asociación Médica Estadounidense*. Puede funcionar sólo en casos de depresión leve — pero no en auténticos casos de depresión. Éstas son sorprendentes noticias para millones de personas que toman suplementos hechos con la floreciente hierba para aliviar los síntomas de la depresión.

El último estudio contradice los hallazgos de prácticamente 30 estudios anteriores, que informaban que la hierba de San Juan combatía la depresión y la ansiedad. Pero de acuerdo con los investigadores de la Universidad de Vanderbilt en Nashville, los estudios anteriores eran imprecisos y las pruebas de la hierba se realizaron en forma deficiente.

El estudio Vanderbilt fue el primer estudio estadounidense de gran escala que se realizó sobre el suplemento popular realizado a base de la hierba. Durante ocho semanas, los investigadores realizaron el seguimiento de 200 personas en 11 clínicas alrededor de los Estados Unidos. Todos los sujetos sufrían depresión grave que afectaba su vida diaria. Para saber si la hierba de San Juan podía ayudar, los científicos suministraron el suplemento a base de la hierba aproximadamente a la mitad de los sujetos, mientras que los demás recibieron placebo, un sustituto inofensivo.

De acuerdo con los investigadores, la hierba de San Juan no pasó la prueba. Si bien un cuarto de los sujetos que tomaron la hierba mejoraron, también lo hizo el 19% de los sujetos que tomaron placebo. La diferencia entre los dos grupos no fue significativa. Los investigadores concluyeron que la hierba de San Juan no es un remedio efectivo para la depresión.

El Dr. P. Murali Doraiswamy del Centro Médico de la Universidad Duke no está de acuerdo. "Un estudio negativo no tiene gran importancia en este campo", afirma. "La hierba de San Juan probablemente sea una versión ligeramente atenuada y más suave de las drogas antidepresivas; por lo tanto, tiene sentido que quizás funcione para algunas personas pero no para tantas como un medicamento recetado más fuerte".

El estudio Vanderbilt no comparaba los efectos para levantar el ánimo de la hierba de San Juan con aquellos de los antidepresivos recetados. Pero un nuevo estudio de los Institutos Nacionales de Salud observará la efectividad de ambos remedios y s espera que aporte mayor información sobre la forma en que funciona esta hierba popular.

Doraiswamy está de acuerdo en que no debería automedicarse con la hierba de San Juan si no está gravemente deprimido. Los signos de la depresión mayor incluyen malhumor continuo o la pérdida de interés por sus pasatiempos o actividades favoritas junto con problemas para dormir, comer y concentrarse. Si estos síntomas perduran por más de dos semanas, necesita consultar con su médico para obtener el diagnóstico y el tratamiento apropiados.

Pero para la depresión leve, la hierba de San Juan puede ser más útil que no hacer nada en absoluto, afirma Doraiswamy. Y si no ayuda, podría indicar que el cambio en su estado de ánimo está causado por otras cosas, como problemas de tiroides o deficiencias nutricionales, especialmente si es mayor. En ese caso, éste afirma, debería consultarlo con su médico.

Mientras tanto, considere otros remedios para los momentos difíciles de la vida además de tomar una pastilla, sugiere Doraiswamy. Recomienda hacer ejercicios, obtener una dosis segura de luz solar y un estilo de vida saludable por completo.

"No hay evidencia de que la hierba de San Juan venza a éstos", concluye.

La combinación de hierbas/medicamentos activa el doble de problemas

Es probable que piense que la hierba de San Juan en combinación con su antidepresivo recetado pueda brindarle el doble de probabilidades de sentirse bien. En realidad, podría causarle el doble de problemas.

La hierba de San Juan actúa como los antidepresivos Prozac o Zoloft, drogas clasificadas como inhibidores selectivos de recaptación de serotonina. Al utilizar esas drogas junto con la hierba de San Juan podrá causar el llamado síndrome de serotonina. Podría sentirse confundido, sofocado, sudoroso e impaciente y experimentar dolores de cabeza, dolores de estómago, espasmos musculares o convulsiones. Los síndromes de serotonina son especialmente peligrosos para las personas mayores.

Otros tipos de antidepresivos, como los inhibidores de la monoaminooxidasa (IMAO) o los antidepresivos tricíclicos también presentan posibles amenazas para su salud al tomarse conjuntamente con la hierba de San Juan.

Desafortunadamente, el riesgo no termina aquí. Este suplemento popular a base de la hierba también debilita el poder de casi la mitad de todos los medicamentos recetados, incluidas las drogas que combaten las cardiopatías y el SIDA. Esto puede ser peligroso ya que no obtendrá todo el poder del medicamento que necesita — aunque tome la dosis indicada.

Aquí encontrará algunas drogas recetadas que se ven afectadas comúnmente por la hierba de San Juan.

- ✌ Digoxina, medicamento para el corazón
- ✌ Warfarina, anticoagulante
- ✌ Ciclosporina, droga suministrada a los pacientes de transplante de órganos
- ✌ Antibióticos
- ✌ Sedantes
- ✌ Pastillas anticonceptivas
- ✌ Drogas para reducir el colesterol
- ✌ Antipsicóticos
- ✌ Teofilina, utilizada para tratar el asma
- ✌ Inhibidores de proteasa, suministrados a los pacientes con SIDA

Siempre informe a su médico si toma la hierba de San Juan o cualquier otro suplemento a base de hierbas. Por ejemplo, el kava-kava, otro suplemento para controlar la ansiedad, también puede tener efectos peligrosos al tomarse conjuntamente con ciertas drogas recetadas, tales como sedantes o medicamentos anticoagulantes.

No necesita abandonar la hierba de San Juan. Pero recuerde que el hecho de que pueda comprarla sin receta no significa que sea segura. Su mejor opción es consultar con su médico para saber si es seguro tomar la hierba de San Juan junto con sus drogas recetadas.

Cura casera

¿Se siente un poco decaído últimamente? Pruebe un tónico reconstituyente que sólo cuesta centavos — el café. Un estudio demostró que las mujeres saludables que bebían dos o tres tazas de café diariamente demostraron bajos índices de depresión. Por lo tanto, déle una oportunidad al café, pero no se exceda o podría estar despierto toda la noche.

DIABETES

Llegue al 'centro' de la prevención de la diabetes

La mayoría de las personas que sufren diabetes mueren por alguna clase de cardiopatía. De hecho, la Asociación Estadounidense del Corazón (AHA) afirma que la relación entre estas dos afecciones es tan importante que consideran que la diabetes ES una enfermedad cardiovascular.

La buena noticia es que puede tomar medidas para protegerse — si conoce los factores de riesgo y lo que puede hacer al respecto.

Reduzca su colesterol. Aún si sus cifras de colesterol se encuentran dentro del rango saludable, como diabético no puede relajarse. La Asociación Americana de Diabetes (ADA) sugiere que mantenga el colesterol LDL (malo) por debajo de los 100 miligramos por decilitro (mg/dl) y el colesterol HDL (bueno) por encima de 45 mg/dl para los hombres y 55 mg/dl para las mujeres. Estas pautas son más estrictas que las recomendadas para la población general. Sin embargo, las investigaciones indican que si trabaja más duro para reducir su colesterol LDL, disminuirá su riesgo de sufrir complicaciones por cardiopatías.

Mantenga dichas cifras de colesterol, realice ejercicios y siga una dieta saludable que incluya gran cantidad de frutas, verduras y granos integrales. Reduzca el consumo de carnes y otras fuentes de grasas saturadas.

Un arma secreta en esta batalla podría ser el jugo de tomate. En un estudio clínico, el consumo de aproximadamente 17 onzas por día durante un mes evitó que el colesterol se oxide y se adhiera a las paredes arteriales — un proceso que endurece y bloquea sus arterias. Asimismo, esta cantidad de jugo de tomate prácticamente triplicó los niveles de licopeno, un carotenoide comprobado que brinda protección contra los ataques cardíacos.

Reduzca la cantidad. Llevar une rueda de auxilio en el baúl significa que está preparado para una emergencia. Sin embargo, el anillo de grasa que rodea su cintura, significa que está en riesgo de tener una.

Ciertamente, la obesidad es un factor de riesgo clásico y mortal para las cardiopatías y los accidentes cerebro-vasculares. Asimismo, demasiadas grasas en el abdomen pueden hacer que su hígado produzca mucha glucosa. Esto cambiará la forma en que su cuerpo procesa el azúcar y puede conducir a la resistencia a la insulina, un signo temprano de la diabetes. Ya que el 80% de los diabéticos tipo 2 tienen sobrepeso, esto debería alertar a muchas personas.

Afortunadamente, la solución es simple y ayuda a los diabéticos de muchas maneras — realizar ejercicios. Perderá peso, mejorará su control glicémico y sensibilidad a la insulina, y reducirá su presión arterial y colesterol. Una caminata enérgica de 30 minutos todos los días puede funcionar.

Aún si mantiene un peso saludable, el ejercicio aún es importante. Un estudio reciente que mide el estado físico de los hombres con diabetes tipo 2 descubrió que los hombres que no se encontraban en forma presentaban el doble de probabilidades de morir de cualquier causa, incluidas las cardiopatías, en comparación con los hombres que estaban en forma. Por lo tanto, estar físicamente en forma ayudó a los diabéticos de peso normal tanto como a los que tenían sobrepeso.

> ### ¿Qué es?
>
> Un nivel excepcionalmente elevado de azúcar en la sangre es el sello distintivo de la diabetes mellitus. Ésta ocurre cuando el cuerpo no puede utilizar el azúcar como debería, ya sea porque el páncreas no logra producir la suficiente insulina (necesita convertir el azúcar en energía) o la insulina que tiene no es efectiva. Existen dos tipos de este trastorno. Tipo 1, también llamada diabetes insulinodependiente, se desarrolla repentinamente y usualmente afecta a las personas menores de 30 años. Tipo 2, también conocida como diabetes mellitus no insulinodependiente (DMNID), es mucho más común. Se desarrolla gradualmente y por lo general afecta a las personas con sobrepeso mayores de 40 años.
>
> Síntomas:
> - micción frecuente
> - sed excesiva
> - aumento del apetito
> - aumento de peso inexplicable
> - visión borrosa

Reduzca la presión. Si es diabético, su riesgo de sufrir presión arterial alta se duplica. Si sufre presión arterial alta, su corazón necesita trabajar con mayor fuerza para bombear sangre a través del cuerpo. El esfuerzo conduce a las cardiopatías. De hecho, la presión arterial alta podría causar que hasta el 75% de todas las enfermedades cardiovasculares terminen en diabetes.

Nuevamente, el ejercicio y la dieta adecuada — baja en carnes rojas, grasas saturadas y sal; y rica en frutas, verduras y granos integrales — son pasos básicos y necesarios para mantener controlada la presión arterial.

Pero para mantener la presión arterial reducida conforme al nuevo objetivo de la ADA de 130/85 es probable que necesite medicamentos. Otra organización, la Asociación Estadounidense del Corazón, considera que los inhibidores de la ECA (enzima convertidora de angiotensina) representan la mejor opción dentro de las drogas para reducir la presión arterial. Las investigaciones demuestran que éstos no sólo reducen la presión arterial, también reducen las enfermedades renales.

Si bien los inhibidores de la ECA podrían ser su primera opción de medicamentos, éstos no son aptos para todas las personas. Aún si brindan ayuda, en varias ocasiones necesitará más de un medicamento para reducir su presión arterial a un nivel seguro. Los betabloqueantes y diuréticos se encuentran entre las demás opciones efectivas. Trabaje junto a su médico para encontrar la mejor opción para usted.

Deje el cigarrillo y el alcohol. Dos sencillas maneras de reducir su riesgo de sufrir cardiopatías — y otros problemas de salud — son dejar de fumar y reducir el consumo de alcohol.

Busque en lugares inesperados. Los factores de riesgo tradicionales como los enumerados anteriormente no explican por completo por qué las personas con diabetes presentan mayores probabilidades de sufrir cardiopatías. La respuesta podría encontrarse en su sangre.

Los investigadores a cargo del estudio de Riesgo de Ateroesclerosis en Comunidades (ARIC) descubrieron que los niveles reducidos de una proteína llamada albúmina y los niveles elevados de varias sustancias coagulantes así como glóbulos blancos aumentaron las probabilidades de sufrir cardiopatías en personas diabéticas. Todas esas cosas pueden indicar inflamación o problemas con las células que recubren los vasos sanguíneos y el corazón.

Su plan de acción podría ser tan simple como tomar una aspirina por día. La ADA ya recomienda la aspirina a todos los diabéticos debido a que ésta evita la coagulación de la sangre. Debido a que la aspirina también tiene efectos antiinflamatorios, puede ser justo lo que necesita para protegerse contra la diabetes y las cardiopatías. Como beneficio adicional, la aspirina también lo ayuda a protegerse contra la retinopatía diabética o la ceguera. Consulte con su médico antes de comenzar la terapia de aspirinas.

Disminuya el riesgo de daños del nervio diabético

Los daños nerviosos causados por la diabetes no tienen que ocurrirle a usted. Una dieta cuidadosa y un programa de ejercicios pueden protegerlo de lo peor de esta enfermedad. De hecho, la Asociación Americana de Diabetes afirma que si logra mantener el azúcar en sangre dentro de los límites normales, podrá reducir al 50% su riesgo de desarrollar una neuropatía.

Consulte sobre el ácido lipoico. Existe un nuevo tratamiento en perspectiva en el que los investigadores se encuentran trabajando tiempo adicional. Es un antioxidante poderoso aunque todavía poco conocido llamado ácido alfa-lipoico. Su cuerpo lo fabrica para ayudar a utilizar la energía pero también se lo encuentra naturalmente en la levadura, la espinaca, la papa, el brócoli, la carne roja y la carne de vísceras como el hígado.

En ensayos clínicos, el ácido lipoico (LA) mejoró los síntomas de las personas con diabetes Asimismo, como antioxidante, éste combate el endurecimiento prematuro de las arterias y así reduce el riesgo de las personas diabéticas de sufrir cardiopatías. Incluso puede ayudar a reducir el azúcar en sangre.

Si bien otros estudios se encuentran en proceso, hasta el momento no se han informado efectos colaterales. Como mínimo, el ácido lipoico parece ser una poderosa manera de combatir el daño de los radicales libres que conlleva a las enfermedades y al envejecimiento. Puede adquirir el ácido lipoico en forma de suplemento pero consulte sobre este antioxidante con su médico antes de tomarlo.

Coma para controlar la enfermedad. Consulte con su médico acerca de un plan dietario para bajar de peso y reducir el azúcar en sangre, y no lo abandone si realmente desea evitar el daño nervioso.

Reduzca las porciones y respete la nueva pirámide alimenticia de la USDA — más granos integrales, frutas y verdura, y menos grasas y dulces. Escoja grasas monoinsaturadas como el aceite de canola y oliva para cocinar, pero úselos en forma moderada. No abuse de las carnes ni los productos lácteos ya que demasiada proteína provoca un esfuerzo adicional a sus riñones que ya trabajan en exceso.

Respételo. Un estudio realizado durante cuatro años en más de 700 personas diabéticas de mediana edad con exceso de peso demostró que muy pocas de éstas completaron un plan dietario. Los expertos afirman que perder sólo un 5% o un 10% del peso corporal puede mejorar la diabetes. Eso se traslada a una mínima cantidad de 10 libras para una persona de 200 libras.

Alíviese realizando ejercicios. El Nurses Health Study, que ha realizado un seguimiento a más de 70,000 enfermeras durante varios años, afirma que el ejercicio moderado — tal como una caminata diaria de una hora — puede reducir su riesgo de sufrir diabetes tipo 2 en un 50%.

Frank Hu, profesor adjunto en nutrición de la Escuela de Salud Pública de Harvard y autor del estudio de la práctica de ejercicios, afirma que los ejercicios lo ayudan de dos maneras. "La actividad física generalmente reduce el peso corporal", afirma. "Sabemos que el sobrepeso se relaciona con un mayor riesgo de sufrir diabetes; por lo tanto, al perder peso reducirá ese riesgo. Segundo, la actividad física mejora la sensibilidad a la insulina y permite al cuerpo utilizar más eficientemente su propia insulina".

Como diabético, con o sin daños nerviosos, recuerde que debe tener cuidado al realizar ejercicios.

- La neuropatía le exige que tenga un cuidado especial con sus pies al realizar ejercicios. Los nervios de sus pies son más largos que los demás nervios del cuerpo y son más vulnerables a sufrir daños. Consulte con su médico si desea practicar natación, ciclismo, remo o ejercicios de silla. Todos esos ejercicios producen menor tensión en sus pies.

- Controle sus pies antes y después de realizar ejercicios, y asegúrese de no tener ampollas ni cortaduras. Utilice siempre calzados cómodos con el ajuste apropiado — ni muy ajustados, ni muy flojos — y medias sin costuras que no le irriten la piel.

✍ Antes de comenzar a realizar ejercicios, asegúrese de que el azúcar en sangre se encuentre dentro de un límite razonable. Lleve consigo un bocadillo en caso de que se encuentre demasiado bajo y conozca las señales de advertencia de los niveles reducidos del azúcar en sangre o hipoglucemia — temblores, ansiedad o transpiración extrema.

✍ Comience con ejercicios de calentamiento y estiramiento. Tome agua durante la práctica de los ejercicios aún si no tiene

Tenga cuidado con la neuropatía

La neuropatía, o daño nervioso por continuos niveles de azúcar en sangre elevados, se manifiesta de tres formas diferentes: sensorial, autónoma y motora.

La neuropatía sensorial — generalmente llamada neuropatía periférica — significa que los nervios que trasladan los sentimientos desde varias partes de su cuerpo a su cerebro están dañados. Al principio, es probable que sienta dolor y entumecimiento o cosquilleo en las manos y los pies. Eventualmente no podrá sentir calor, frío ni incluso dolor en esas partes del cuerpo. Si sufre neuropatía sensorial, podría pararse sobre tachuelas sin siquiera sentirlo.

La neuropatía autónoma afecta los nervios que controlan las funciones involuntarias del cuerpo — particularmente las relacionadas con el corazón, los pulmones, el estómago, los intestinos, la vejiga y los órganos sexuales. Puede volverse difícil vaciar la vejiga o digerir los alimentos. Los hombres pueden volverse impotentes.

La neuropatía motora, que es poco frecuente en los diabéticos, daña los nervios que envían mensajes a los músculos. Podría tener problemas para caminar o mover los dedos.

Consulte con su médico si desarrolla alguno de estos problemas:

✍ náuseas, vómitos, hinchazón, estreñimiento o diarrea
✍ mareos o desmayos causados por la presión arterial baja
✍ problemas en los pies, incluidas las úlceras en los pies o problemas para levantarlos
✍ infecciones urinarias frecuentes
✍ impotencia

sed. Puede deshidratarse antes de darse cuenta. Al finalizar, realice algunos ejercicios de relajación y verifique su azúcar en sangre nuevamente.

Si su médico lo autoriza para realizar ejercicios regulares, programe una rutina de ejercicios del mismo modo que programa las comidas. Realizar ejercicios es tan importante como comer.

Evite el alcohol. Si bien el consumo moderado de alcohol no es malo para la mayoría de las personas, es tóxico para sus nervios y; por lo tanto, es nocivo para los diabéticos. Sólo unos cuantos tragos por semana pueden causar daños nerviosos. Y si ya sufre neuropatías, el alcohol puede empeorar sus síntomas. Con apuestas tan altas, ¿para qué jugar?

Los alimentos especiales estimulan mejor la glucemia

La próxima vez que sufra un caso de niveles reducidos de azúcar en sangre (hipoglucemia) no busque un caramelo, un refresco o un jugo. En su lugar, pruebe los comprimidos de glucosa y los geles. Éstos en ocasiones son un poco más costosos pero son más efectivos para elevar el azúcar en sangre y son más nutritivos.

La hipoglucemia es un riesgo común si es diabético y toma insulina. Los síntomas incluyen transpiración, temblores, cosquilleo en los labios, fatiga, irritabilidad y coordinación deficiente. Puede suceder si no come lo suficiente, toma demasiada insulina o realiza demasiados ejercicios. Su nivel de azúcar en sangre desciende por debajo de 70 miligramos por decilitro (mg/dl), lo deja inconsciente, en coma o algo peor.

La mejor manera de superar una reducción abrupta de la glucosa es tomar productos de glucosa realizados especialmente para las reacciones de la insulina. Estos alimentos enérgicos lo levantaran nuevamente con gran éxito.

Obtenga ayuda rápidamente. Los productos de glucosa son justamente eso — glucosa pura — y la glucosa es el Jesse Owens del mundo del azúcar. En una carrera por ingresar a su torrente sanguíneo, es la más rápida. Eso es lo que usted necesita cuando atraviesa un problema de niveles reducidos de azúcar en sangre. En comparación, los caramelos, la miel y otras fuentes diarias contienen una mezcla de azúcar y en ocasiones grasas. Esto significa que tardan más en ingresar a su sistema y elevar el azúcar en sangre. Por ejemplo, la glucosa pura funciona doblemente mejor que el azúcar de mesa común. Además, muchos caramelos contienen la suficiente grasa como para elevar por las nubes la cuenta de calorías — hasta cuatro veces más que los productos de glucosa.

Piense en ellos como un medicamento. Si usted es como la mayoría de las personas, tiene problemas para evitar consumir ese caramelo reservado para las emergencias En vez de guardarlo solamente para un ataque de hipoglucemia, podría buscarlo y comerlo permanentemente — un hábito poco saludable. Sin embargo, los productos de glucosa tienen una apariencia más similar a la de los medicamentos. Le resultará más sencillo resistir la tentación por los dulces y utilizarlos sólo para las emergencias.

Tome la dosis adecuada. Los expertos recomiendan consumir rápidamente unos 15 gramos de carbohidratos cuando los niveles de azúcar en sangre se encuentran por debajo de 70 mg/dl. Suministre a su cuerpo otra dosis de 15 gramos si aún se encuentra hipoglucémico de 15 a 20 minutos después.

¿Cómo puede saber si está consumiendo la dosis exacta con una barra de chocolate o una barra de caramelo? No podrá saberlo. Pero los geles y comprimidos de glucosa vienen en dosis establecidas; por lo tanto, podrá estar seguro de la cantidad exacta de carbohidratos que consume. Sin embargo, éstos varían según los productos; por lo tanto, lea las etiquetas cuidadosamente.

No haga saltar la banca. Con todos esos beneficios, podría esperar que esos productos de glucosa para emergencias sean costosos. Por el contrario, éstos tienen un precio razonable y en ocasiones económicos. Tres comprimidos de glucosa — suficientes como para combatir un ataque— de hipoglucemia leve pueden costar sólo 35 centavos, aproximadamente el mismo precio que un paquete de goma de mascar. Consulte nuestro cuadro en la página 99.

Si aún desea remedios más tradicionales para los niveles reducidos de azúcar en sangre, continúe consumiendo jarabe, miel, refrescos no dietéticos, barras de caramelo, galletas saladas, jugos, terrones de azúcar o coberturas para torta en gel. Su fuente de azúcar debería ser fácil de utilizar en caso de una emergencia y lo suficientemente pequeño como para llevarlo adonde vaya. Almacene suministros para cuando sea necesario en la cartera, en el auto y en el hogar.

Independientemente de lo que utilice, siempre tenga cuidado de no suministrar alimentos o productos de glucosa a las personas si están inconscientes. En su lugar, suminístreles una inyección de glucagón o llévelas directamente a la sala de emergencias. Si no tiene glucagón, de camino a hospital, pruebe colocar un poco de gel para decorar tortas o del de glucosa dentro de las mejillas y frótelas desde afuera hasta que se disuelva.

La proteína adicional puede ofrecer una protección adicional

La obesidad conduce a la diabetes. Afortunadamente, lo opuesto también es cierto. Si pierde peso, puede reducir su riesgo de sufrir diabetes. Incluso una pérdida de peso modesta puede ayudar. De acuerdo con un estudio, si está excedido de peso y pierde entre 8 y 15 libras — y lo mantiene — presenta un 30% menos de probabilidades de desarrollar diabetes. Pierda más peso y reducirá su riesgo al 50%.

Ciertamente, la pérdida de peso continua es difícil. El enfoque convencional incluye dos principios básicos:

- ↬ Siga una dieta rica en carbohidratos, reducida en grasas, con abundante cantidad de frutas, verduras y granos integrales y reduzca el consumo de carnes y otras fuentes de grasas saturadas.

- ↬ Queme más calorías de las que consume. Dicho de otro modo, coma menos y realice más ejercicios.

Marca	Carbohidratos	Calorías	Sabor	Precio
BD Glucose Tablets (comprimidos de glucosa) (BD)	5 g por comprimido	19	Naranja	$1.29 por 6 comprimidos (Rite-aid)
Dex4 Glucose Tablets (comprimidos de glucosa) (Can-Am Care)	4 g por comprimido	15	Naranja, limón, frambuesas o uva	$4.49 por 50 comprimidos (Rite-aid)
Glutose Tablets (comprimidos de glucosa) (Paddock Laboratories)	5 g por comprimido	20	Limón	$3.00 por 12 comprimidos (Kroger)
Glutose 45 (Paddock Laboratories)	15 g por dosis (gel de 3 dosis por tubo)	60	Limón	$7.99 por tubo (Rite-aid)
Glutose15 (Paddock Laboratories)	15 g por dosis (gel de 1 dosis por tubo)	60	Limón	$7.99 por 3 tubos (Rite-aid)
Insta-Glucose (ICN Pharmaceuticals, Inc.)	24 g por dosis (gel de 1 dosis por tubo)	96	Cereza	$11.99 por 3 tubos (Walgreens)
Monojel Insulin Reaction Gel (gel de reacción a la insulina) (Can-Am Care)	10 g por paquete en gel	46	Naranja	$6.99 por 4 dosis (DiabeticExpress.com)
Marcas genéricas de otras tiendas (Can-Am Care)	4 g por comprimido	15	Varía	$5.99 por 50 comprimidos (Eckerd)

Aquí se encuentra otra estrategia ligeramente más polémica que promete resultados.

Pierda peso con las proteínas. Una dieta rica en proteínas, como la dieta rica en carbohidratos, limita las grasas al 30% de las calorías diarias. Sin embargo, ésta duplica la cantidad de proteínas al tiempo que reduce la cantidad de carbohidratos. Termina con una proporción de carbohidratos por proteínas por grasas de 40-30-30 en vez del porcentaje de 55-15-30 recomendado por la Guía pirámide de alimentos de la USDA.

El Dr. Donald K. Layman, profesor de alimentación y nutrición de la Universidad de Illinois, recientemente condujo un estudio reducido que demostró los beneficios de una dieta rica en proteínas.

En el estudio, 24 mujeres excedidas de peso consumieron una dieta de 1,700 calorías durante 10 semanas. La mitad de éstas siguieron las recomendaciones de la USDA, mientras que la otra mitad consumió la dieta de 40-30-30. Ambos grupos redujeron aproximadamente el mismo peso (alrededor de16 libras), pero el grupo perteneciente a la dieta rica

Obtenga ayuda para los niveles reducidos de azúcar en sangre

Prepárese para da rienda suelta a una nueva y poderosa arma en su batalla contra la diabetes. Este arma lo alerta cuando el nivel de azúcar en sangre es reducido y le acerca el calzado.

De acuerdo con un reciente artículo de la *Revista médica británica*, los perros han demostrado un comportamiento extraño durante los episodios de hipoglucemia de sus dueños. Más sorprendentemente, los perros indicaban que algo malo ocurría incluso antes de sus dueños notaran que el nivel de azúcar en sangre se encontraba reducido. En algunos casos, los perros probablemente hayan salvado vidas despertando a sus dueños durante la noche.

Cómo logran sentir los perros que el nivel de azúcar en sangre se encuentra reducido es un misterio. Pero si tiene perro, preste atención a cualquier comportamiento extraño. Es probable que esté recibiendo alguna clase de comunicación canina.

Si no tiene perro, pero tiene problemas para reconocer los signos de hipoglucemia, experimenta episodios durante la noche y especialmente si vive solo, considere la posibilidad de tener un cachorrito. El mejor amigo del hombre también podría ser su mejor protección.

en proteínas perdió más grasas y menos músculos que el otro grupo. También disminuyeron los triglicéridos, o grasa en la sangre, y aumentaron ligeramente su colesterol HDL (bueno).

"La dieta de proteínas resultó doblemente más efectiva", afirmo el Dr. Layman. "A las mujeres que realizaron la dieta más reducida en proteínas les costó más quemar calorías al finalizar el estudio que cuando éste comenzó. Creemos que éste es el efecto de una mayor cantidad de proteínas, particularmente el aumento en la cantidad de leucina en la dieta".

La leucina, un aminoácido que se encuentra en la proteína, es importante para el metabolismo y el crecimiento normal. También brinda combustible a los músculos y ayuda a mantener el nivel de azúcar en sangre luego de realizar ejercicios.

Controle el azúcar en sangre. Este efecto más favorable de la proteína sobre la glucosa, o el azúcar en sangre, es de especial interés para los diabéticos o aquellas personas en riesgo de sufrir diabetes. Muchos carbohidratos, especialmente los carbohidratos altamente refinados, provocan un aumento importante en la glucosa luego de una comida. Sin suficiente insulina para manejar adecuadamente la glucosa adicional, ésta se absorbe en el cuerpo en forma de grasa. Por el contrario, la proteína no causa este tipo de aumento; por lo tanto, es una opción más inteligente a la hora de comer. Algunas personas incluso recomiendan consumir un poco de proteínas antes de ir a dormir para obtener protección contra los ataques de hipoglucemia durante la noche.

Conozca los riesgos de la proteína. Si bien las dietas ricas en proteínas, como la dieta Atkins, pueden conducir a la pérdida de peso en el corto plazo, éstas tienen algunas desventajas.

- ↪ Muchas dietas encuentran a la dieta aburrida y difícil de seguir. Una vez que vuelve a consumir la cantidad normal de carbohidratos, su peso también vuelve a la normalidad.

- ↪ La carne aporta una gran cantidad de grasa saturada, la clase que causa la acumulación del colesterol en sus arterias. Es probable que pierda peso, pero también aumentará su riesgo de sufrir cardiopatías, accidentes cerebro-vasculares y cáncer.

> ☙ Una dieta rica en proteínas puede afectar el funcionamiento de sus riñones y; por lo tanto, podría ser peligrosa para las personas diabéticas con problemas renales.

> ☙ Si bien consume gran cantidad de carne, cerdo, huevos y otros productos prohibidos en las dietas, está limitando gravemente los carbohidratos, incluidos las frutas, algunas verduras y el pan. Su cuerpo debe buscar la energía en otro lugar. Primero utiliza cualquier carbohidrato que haya almacenado, luego busca la proteína almacenada en sus músculos y órganos y, finalmente, la grasa almacenada.

Como en cualquier dieta exitosa, este programa también le indica reducir el total de calorías. Los críticos de la dieta rica en proteínas afirman que la reducción de calorías, y no la mayor cantidad de proteínas, es la responsable de la pérdida de peso.

La mayoría de las fuentes de recomendaciones para la salud, incluida la Asociación Americana de Diabetes, se encuentran a favor de una dieta equilibrada rica en carbohidratos y reducida en grasas. La ADA recomienda que las proteínas no aporten una cantidad superior al 10% o 20% de sus calorías.

Considerando todo lo anterior, asegúrese de conversar con su médico antes de realizar una dieta rica en proteínas.

El pescado combate las grasas peligrosas

¡Adelante! Pida el pescado. Y no se preocupe por el azúcar en sangre.

No es ningún secreto que el aceite de pescado ayuda a reducir los triglicéridos — un factor principal de las cardiopatías. Esto convertiría al pescado en un importante alimento para los diabéticos. Sin embargo, durante algún tiempo, a los expertos les preocupaba que el aceite de pescado aumentara los niveles de glucosa. No obstante, cuando volvieron a analizar más de una docena de estudios, que realizaban un seguimiento a más de 800 diabéticos, notaron que eso no era así.

¿Cuánta proteína es suficiente?

Aquí encontrará una sencilla manera de conocer sus necesidades de proteínas. Si intenta bajar de peso, multiplique su peso actual por 10. Eso le dará la cantidad de calorías que debería consumir cada día. Por ejemplo, una persona de 160 libras que intenta bajar de peso debería consumir 1600 calorías.

Para conocer el porcentaje de dichas calorías que la Asociación Americana de Diabetes afirma que deberían aportar las proteínas, multiplique el total de calorías por el 15%, o por 15. Serían 240 calorías. Ya que cada gramo de proteína tiene 4 calorías, divida este número por 4 para saber cuántos gramos de proteína necesita. Al dividir 240 por 4, obtiene 60 gramos de proteínas.

En la dieta recomendada por el Dr. Layman el 30% de sus calorías proviene de las proteínas en vez del 15%. Si simplemente duplica la cifra recomendada por la ADA, obtiene 120 gramos de proteínas.

Aquí encontrará algunos ejemplos de alimentos ricos en proteínas, incluidos los tamaños por porción y los gramos de proteínas.

	Tamaño de la porción	Proteína
Pechuga de pollo, asada sin piel	6 onzas	53 g
Atún, en lata envasado en aceite	1 taza	42 g
Granos de soja, secos tostados	1/2 taza	34 g
Hamburguesa de carne picada, magra, a la parrilla	4 onzas	32 g
Salmón, a la parrilla o al horno	4 onzas	31 g
Nueces negras, picadas	1 taza	31 g

Los investigadores notaron que el aceite de pescado no causó un aumento significativo en la glucosa en sangre.

Los pescados grasosos como el salmón, la caballa, la trucha, el atún y las sardinas son ricos en ácidos grasos omega 3 — un tipo de grasa poliinsaturada que reduce los triglicéridos. Recuerde, ésta es una clase de grasa que se encuentra en el torrente sanguíneo y proviene de las grasas de los alimentos que consume y del exceso de carbohidratos. Un nivel elevado de triglicéridos es un indicador bastante convincente del riesgo de sufrir cardiopatías. Muchas personas piensan que el aceite de pescado funciona interfiriendo en la capacidad del hígado para transformar los carbohidratos en triglicéridos.

El suplemento de aceite de pescado es una manera de obtener tales importantes ácidos grasos omega 3. Sin embargo, los investigadores aún están trabajando para aportar información sobre la cantidad de aceite de pescado que aporta mayores beneficios. En estudios anteriores, las cantidades comprobadas iban de 3 a 18 gramos por día.

Reemplace cierta cantidad de carnes rojas en su dieta por pescado para reducir las grasas saturadas que elevan los triglicéridos. Y evite los alimentos procesados, la margarina y los productos horneados — todos cargados de ácidos grasos trans, otro factor de la diabetes tipo 2. El consumo de pescados grasosos varias veces por semana es una forma inteligente y saludable de reducir si riesgo de sufrir diabetes y cardiopatías.

Los diabéticos se defienden con antiguas hierbas

Ya lo ha probado con el curry — ahora pruebe nuevamente esta especia para relamerse los labios y vea por qué los diabéticos están observando al fenogreco con mayor detenimiento.

Esta legumbre de sabor amargo ha sido usada por miles de años en Asia, África y partes de Europa para tratar una variedad de dolencias — calmar los gases estomacales, mejorar el apetito, aumentar la producción de leche de las madres y aliviar la piel inflamada. Ahora, la medicina occidental sabe que el fenogreco puede ayudar a los diabéticos de dos importantes maneras.

Combata los altos niveles de azúcar en sangre. Cuando las personas con diabetes leve tipo 2 tomaron fenogreco, sus niveles de azúcar en sangre disminuyeron notablemente. Es importante observar que las personas saludables no notaron cambios y las personas con diabetes grave experimentaron apenas una ligera disminución.

Tome medidas drásticas contra el colesterol. Como diabético, se encuentra en riesgo de sufrir cardiopatías y debe ser especialmente cuidadoso de sus niveles de colesterol. Las investigaciones demuestran que al tomar fenogreco todos los días puede reducir el colesterol LDL (malo).

Los expertos no están seguros exactamente cómo el fenogreco reduce el azúcar en sangre y el colesterol, pero creen que su fibra soluble y sus esteroides vegetales, llamados saponinas, podrían ser la respuesta.

Puede adquirir el fenogreco en varios almacenes de alimentos naturales y en mercados especializados en alimentos de la India. Las personas diabéticas que participaron en este estudio tomaron aproximadamente media cucharada (2.5 gramos) de fenogreco dos veces por día durante tres meses para obtener tales resultados para preservar la salud.

Asegúrese de consultar con su médico antes de consumir fenogreco si está tomando medicamentos para la diabetes. Asimismo, si está embarazada, evite esta cura casera por completo. Algunas culturas utilizan el fenogreco para inducir el parto.

Tenga cuidado de los peligros ocultos de la diabetes

Si es diabético, ya se encuentra agobiado por las advertencias — no consuma demasiados carbohidratos, controle los dulces reduzca las grasas. Desafortunadamente, mientras se preocupa por estos riesgos principales, algún peligro menor podría tenderle una emboscada.

No abuse de la glucosamina. Este suplemento, usado para tratar la artritis, puede reducir la respuesta de su cuerpo a la insulina y dificultar el

Las presiones de la vida pueden provocar la diabetes

Si está sobrellevando la pérdida de un ser querido o planeando mudarse, prepárese para la posibilidad de enfrentarse a otro evento que le cambiará la vida — la diabetes.

Un estudio holandés de más de 2,000 personas de mediana edad descubrió una relación entre los eventos de estrés principales dentro de los últimos cinco años y un aumento en el riesgo de sufrir diabetes.

Los investigadores sugieren que e experimentar eventos como la muerte de un hijo, problemas financieros graves o la finalización de una relación pueden alterar la capacidad del cuerpo para regular el equilibrio de ciertas hormonas.

Las personas que participaron en el estudio y presentaban las mayores cifras de eventos estresantes tenían un 60% más de probabilidades de desarrollar diabetes que aquellas con menor cantidad de eventos.

Si está atravesando incidentes traumáticos, busque ayuda profesional para obtener formas de controlar el estrés.

control del azúcar en sangre. Esta afección, llamada resistencia elevada a la insulina, generalmente conduce a la diabetes tipo 2.

No necesita abandonar la glucosamina por completo. Simplemente tenga en cuenta que el suplemento podría tener un efecto perjudicial si tiene diabetes o se encuentra en riesgo de sufrirla. Mida su azúcar en sangre frecuentemente e informe a su médico si está tomando glucosamina.

Controle el consumo de leche. La leche no actúa según las reglas. Tiene un índice glicémico (IG) reducido, lo que significa que no elevará su nivel de azúcar en sangre. Pero a diferencia de otros alimentos con IG reducido, la leche y los lácteos tienen un índice insulinémico (II) elevado. Esto significa que provocan un aumento en su nivel de insulina — un posible problema para los diabéticos. Si bien los investigadores continúan explorando este acertijo, podría ser una buena idea consultar con su médico sobre la reducción del consumo de leche.

Tenga cuidado con el melón amargo. Uno de los remedios naturales utilizados con mayor frecuencia para la diabetes, el melón amargo, parece reducir los niveles de azúcar en sangre. Si bien se encuentra en muchas fórmulas a base de hierbas y generalmente se lo considera seguro, el melón amargo tiene algunas desventajas.

- Puede ser tóxico para los niños y provocar hemorragias y contracciones en las mujeres embarazadas.

- La fruta fresca contiene un químico levemente tóxico en las semillas y la corteza; por lo tanto, tenga cuidado al manipularlo.

- No hay evidencia concreta de que sea exitoso. Hasta el momento, las investigaciones científicas han sido imperfectas y poco convincentes.

- De ser exitoso, debería reducir sus niveles de azúcar en sangre inmediatamente. Luego de utilizarlo durante cuatro semanas, si no observa ningún cambio, deje de utilizarlo.

- Existe la preocupación sobre si puede reducir su nivel de glucosa a niveles peligrosos si lo consume junto con otros medicamentos para reducir el azúcar en sangre. Por lo tanto, asegúrese de comunicarle a su médico que está consumiendo melón amargo.

Cura casera

Simplemente un cuarto de cucharada de canela todos los días podría ser suficiente para ayudar a controlar el azúcar en sangre y evitar la diabetes. La canela puede ayudar a reorganizar las células y responder mejor a la insulina — un proceso que se descontrola con la diabetes. Agregue canela a los cereales en el desayuno, las bebidas y los postres, y siga siempre una dieta equilibrada. Una pizca podría reducir esta moderna plaga de nuestros días.

DIARREA

Secretos para evitar la venganza de Moctezuma

Podrá reírse de algunos de los originales nombres para la diarrea — del viajero tales como Aztec two-step, Delhi belly y Turkey trots. Por otra parte, esta calamidad durante las vacaciones no resulta para nada graciosa. Y es exactamente así como podrá llamar a su próximo viaje si sufre esa dolencia.

Las formas estándar de prevenir la diarrea del viajero incluyen no tomar agua y evitar las frutas y verduras frescas. Pero aquí encontrará algunos consejos más que lo ayudarán a que sus viajes sigan su curso, aún en los países del tercer mundo.

Empaque algunos artículos por prevención. Si se aventurará más allá de las grandes ciudades, es probable que no encuentre estos útiles artículos. Por lo tanto, empaque una buena provisión antes de partir.

- Utilice sorbetes para no colocar la boca directamente en las latas de gaseosas, las botellas de jugo u otro recipiente que pueda estar contaminado.

- Lávese las manos frecuentemente para evitar las bacterias que causan la mayoría de las diarreas del viajero. Los desinfectantes para manos y las toallitas húmedas en paquete serán de utilidad cuando no se disponga de agua limpia y jabón.

- Resulta difícil cambiar los hábitos del hogar. Una cinta de color brillante atada alrededor del grifo puede recordarle no tomar agua del grifo ni lavarse los dientes con ésta.

Resguárdese de la diarrea en su lugar de destino. Una vez que su avión aterrice, no deje que su emoción lo haga olvidar estas prácticas seguras.

- ⮞ Beba únicamente agua purificada envasada. A menos que pueda hervir el agua para esterilizarla usted mismo, ésta es la opción más segura. Sin embargo, revise cuidadosamente la botella para asegurarse de que esté sellada. La recarga de botellas con agua del grifo es una práctica común en algunos lugares.

- ⮞ La carbonatación mata algunas bacterias; por lo tanto, la soda y las gaseosas ofrecen protección adicional. Bébalas de las botellas o latas originales en vez de hacerlo en un vaso u otro envase sin sellar.

- ⮞ Lávese los dientes con agua estéril. Conserve una botella justo al lado del lavamanos como recordatorio. Si no consigue una, el agua caliente del grifo es más segura que la fría.

- ⮞ No coloque hielo en sus bebidas a menos que esté seguro de que está hecho con agua purificada. Incluso en bebidas combinadas, el alcohol no es lo suficientemente fuerte como para matar las bacterias.

- ⮞ Algunas pocas bebidas alcohólicas podrían permitirle echar una cana al aire. Establezca los límites para estar seguro de lo que se debe y lo que no se debe hacer.

- ⮞ Las piscinas pueden no estar correctamente tratadas con cloro. No se sumerja ni trague el agua de ninguna piscina. El agua del mar también puede estar contaminada, especialmente cerca de áreas habitadas o cañerías de aguas residuales.

¿Qué es?

Este trastorno intestinal dura generalmente sólo un día o dos y luego desaparece por sí mismo. Si su diarrea dura más de 48 horas, puede sufrir deshidratación — su cuerpo perderá líquidos rápidamente y su torrente sanguíneo no tendrá tiempo para absorber vitaminas y minerales de la comida. Consulte con un médico para evitar complicaciones por la deshidratación y para descartar la posibilidad de intoxicación con comida, infección, enfermedad intestinal o una reacción alérgica a un alimento o a una droga.

Síntomas:
- ⮞ Necesidad urgente de hacer sus necesidades
- ⮞ Heces blandas y acuosas al menos tres veces por día
- ⮞ Calambres y dolor abdominal
- ⮞ Hinchazón
- ⮞ Náuseas
- ⮞ Fiebre

Administre su menú. Utilice este cuadro para ayudarse a tomar decisiones inteligentes sobre los alimentos al viajar.

Escoja	Evite
Alimentos calientes, bien cocidos	La mayoría de los alimentos fríos
Alimentos procesados/envasados	Queso fresco suave
Frutas y verduras crudas lavadas en agua limpia y peladas con un cuchillo limpio.	Huevos, carne, pescado y carne de aves poco cocidas; mariscos crudos
Panes frescos	Frambuesas, frutillas, uvas, tomates
La mayoría de los alimentos desecados	Comida buffet servida a temperatura ambiente; barras de ensaladas
Agua envasada purificada y sellada	Leche no pasteurizada y manteca
Leche irradiada	Agua del grifo, hielo hecho con agua del grifo
Bebidas carbonatadas	Alcohol en exceso
Café y té hechos con agua hervida	Comida y bebida provenientes de vendedores en la calle

El asombroso alivio de los fármacos de venta libre (FVL) detiene la diarrea

Ya sea que se encuentre en su hogar o de vacaciones, la diarrea puede complicarle la vida. Con estos remedios fáciles de conseguir pero poco comunes, puede tratar o incluso prevenir el próximo ataque.

Diga 'nunca más' con la nicotina. No necesita ser fumador para aprovechar las ventajas del parche de nicotina. También puede ayudarlo si sufre diarrea debido a la colitis. En un estudio reciente, las personas que utilizaban el parche presentaban una probabilidad cuatro veces mayor de obtener alivio que aquellas que utilizaban el parche sin nicotina. Aún así, los expertos recalcan que sólo debería utilizar el parche luego de haber probado todos los demás tratamientos para la colitis y de haberlo hablado con su médico.

Derrótela con bismuto. Empacar comprimidos masticables de subsalicilato de bismuto (Pepto-Bismol) al viajar no es una idea nueva. Lo novedoso es cómo puede utilizarlos. No confíe simplemente en este milagro de venta libre para curar su descompostura de estómago — utilícela para prevenir la diarrea del viajero. Los expertos afirman que si mastica dos comprimidos cuatro veces al día durante su viaje, podría evitar la venganza de Moctezuma.

Mezcle algunos minerales. La diarrea es lo suficientemente grave en sí misma; pero junto con ella, tiene que preocuparse por uno de sus efectos colaterales más peligrosos — la deshidratación. Esto ocurre cuando su cuerpo pierde líquidos vitales. Algunas veces, beber agua y otros líquidos claros simplemente no es suficiente. Coloque un paquete de mezcla para la "rehidratación oral" en el agua envasada y obtendrá nuevamente el equilibrio de esos importantes minerales llamados electrolitos. Busque estos cómodos paquetes en su farmacia local.

Pruebe la bromelina. Su historial ya es impresionante — combate el cáncer, promueve la digestión, cicatriza las heridas — y ahora puede agregarse el bloqueo de la diarrea a la lista. La bromelina, que se encuentra naturalmente en las piñas, es una enzima que puede brindar protección contra la bacteria llamada *Escherichia coli*. La intoxicación con comida por *E. coli* se está convirtiendo rápidamente en una de las formas más comunes y peligrosas de contraer diarrea. Puede contraer *E. coli* al ingerir carnes crudas, así como frutas y verduras sin lavar.

Para prevenirlo, los expertos sugieren ingerir de 750 a 1,000 miligramos de bromelina por día, divididos en cuatro dosis. Podrá conseguir comprimidos de venta libre en su farmacia local o en las tiendas de alimentos naturales.

El jugo de piña y la piña en latas no contienen bromelina activa; por lo tanto, desafortunadamente, éste es un ejemplo donde el alimento al natural no es mejor que el suplemento.

Trate la diarrea en forma natural

Si pareciera que pasa más tiempo dentro que fuera del baño, busque alivio justo en su despensa. Mate las bacterias que causan la diarrea mezclando tres cucharadas de miel con 10 onzas de agua. Aliviará su estómago y desterrará esa sensación de hinchazón y calambre.

Reponga las sales y los líquidos perdidos con otros remedios caseros simples — como bebidas deportivas, jugos frescos, gaseosas, sopas, caldos o galletas saladas. Otros alimentos apropiados para la diarrea incluyen papas, fideos, arroz, banana, compota de manzana y verduras cocidas.

Estas curas caseras combatirán la deshidratación que el ataque de diarrea puede causar.

- ✤ Mezcle media cucharada de jarabe de miel o de maíz con una pizca de sal en un vaso de 8 onzas de jugo de naranja, manzana u otra fruta. Luego, mezcle un cuarto de cucharada de bicarbonato de sodio en otro vaso de agua de 8 onzas. Ingiera ambas bebidas en forma alternada hasta terminarlas.

- ✤ Otra cura casera para la diarrea incluye beber té negro únicamente, con o sin miel, hasta que no tenga ningún síntoma durante al menos dos horas. Luego, ingiera un par de cucharadas de yogur cada pocas horas mientras continúa bebiendo té. Esta estrategia también ayuda a detener los vómitos.

La miel puede parecer un "medicamento milagroso" para la diarrea, pero no es sólo eso lo que puede curar. Verifique estas otras terapias de la miel.

- ✧ Perfecta para cortaduras menores, quemaduras y emergencias de primeros auxilios, un poco de miel puede protegerlo de las infecciones, las cicatrices y la hinchazón.

- ✧ Para aliviar los estornudos y el jadeo de las alergias y el asma, pruebe ingerir una cucharada diaria de miel de producción local. Su sistema inmunológico se acostumbrará al polen local incluido en ésta y se pondrá a trabajar a toda marcha.

- ✧ Si sufre de insomnio, la miel estimula un químico en su cerebro que lo calma y le permite dormir.

Cura casera

En ocasiones contrae diarrea por bacterias "nocivas" en su intestino. Para protegerse, consuma gran cantidad de yogur natural con cultivos activos. Dichos cultivos son bacterias beneficiosas que exterminan a las bacterias que lo enferman.

FATIGA VISUAL

Vista más aguda sin anteojos

Para transformar un cuerpo débil en uno musculoso, debe realizar ejercicios en forma regular. Si nota que reemplaza frecuentemente sus anteojos viejos por unos más fuertes, quizás también debería ejercitar la vista.

"Del mismo modo en que puede desarrollar el buen estado físico," afirma el Dr. Robert-Michael Kaplan, autor de *Seeing Without Glasses (Ver sin Anteojos)*, "también puede mejorar el estado físico de sus ojos — la manera en que trabajan juntos, la resistencia y la interacción con su cerebro".

La vista tiende a deteriorarse con la edad, pero Kaplan cree que usted puede actuar para detener el deterioro. "Los músculos de sus ojos pueden ejercitarse," afirma éste. "La conexión nerviosa entre el cerebro y sus ojos puede estimularse. El flujo sanguíneo que se dirige a sus ojos puede aumentarse".

No necesita ir al gimnasio para realizar estos ejercicios para la vista. Puede realizarlos en cualquier lugar donde esté.

Piense en el parpadeo. La simple acción de parpadear humedece sus ojos, estira los músculos de sus ojos, masajea los globos oculares y fuerza a sus pupilas a dilatarse y contraerse. Pero si usted es como la mayoría de las personas, probablemente no parpadee tan a menudo como debería — especialmente al leer, conducir, mirar televisión o trabajar en la computadora. Kaplan recomienda parpadear cada tres segundos.

Practique el ejercicio aeróbico ocular. Seis músculos se conectan con cada uno de sus globos oculares y los ayudan a moverse hacia arriba y abajo, a los costados, y hacia adentro y afuera. Aquí encontrará un ejercicio que puede fortalecerlos y mejorar la coordinación de sus ojos.

Siéntese con los pies fijos en el piso, las manos en la falda o apoyadas en los brazos de la silla. Con lo ojos abiertos o cerrados y la cara hacia adelante, respire hondo unas pocas veces y relaje el cuello y los hombros.

Extienda los ojos hacia arriba tan alto como puedan llegar cómodamente mientras inhala. Mantenga la respiración durante unos momentos y luego extiéndalos hacia abajo tanto como pueda sin esforzarse mientras exhala. Repítalo tres veces.

A continuación, extienda los ojos hacia los costados para la derecha y luego hacia arriba a la derecha. Luego extiéndalos hacia abajo a la izquierda, arriba a la izquierda y abajo a la derecha. Recuerde mantenerse relajado al realizar estos ejercicios.

Descanse la parte inferior de las palmas. Luego de realizar los ejercicios de estiramiento, asegúrese de "tranquilizarse" como lo haría luego de realizar cualquier ejercicio.

¿Qué es?

La fatiga visual es una sensibilidad o fatiga temporaria de los músculos de los ojos, generalmente provocada por el uso excesivo. Es probable que desarrolle esta afección si pasa mucho tiempo trabajando sin descansos. La luz deficiente, el resplandor y el permanente reenfoque pueden contribuir a la fatiga visual. La mayoría de los expertos están de acuerdo en que la fatiga visual nodebilita la vista ni causa problemas oculares permanentes.

Síntomas:
- Ojos cansados
- Dolor de cabeza
- Ojos irritados

Primero, caliente las palmas frotándolas enérgicamente. Enganche sus dedos sobre la frente con las palmas ahuecadas sobre los ojos, sin dejar pasar la luz. Descanse los ojos en la cálida oscuridad durante unos minutos mientras respira entre 20 y 50 veces.

"Al retirar las palmas," afirma Kaplan, "observará que los colores son mucho más brillantes, verá un mayor contraste y disfrutará de una maravillosa sensación de relajación en los ojos y los músculos de las cejas".

Esta técnica, llamada palmeo, también es una buena manera de tomar un descanso al mirar televisión o usar la computadora.

Empápese de luz solar. Kaplan afirma que la luz natural es buena para los ojos. Éste recomienda salir temprano en la mañana antes de las 10:00 a.m., y tarde durante la tarde, luego de las 4:00 p.m.

Para descansar los ojos, ciérrelos y mire hacia el sol, dejando que éste caliente sus párpados. Gire su cabeza suavemente de lado a lado durante cinco minutos aproximadamente.

Evite los horarios del día de luz más brillante y nunca mire directamente al sol. Cuando no pueda utilizar la luz natural del sol, puede reemplazarla por la luz de una lámpara incandescente.

Mire con ambos lados de su cerebro. Sus ojos solamente no pueden ofrecerle la visión. De hecho, un porcentaje de hasta el 90% de lo que permite que la visión sea posible puede llevarse a cabo en su cerebro.

La parte derecha de su cerebro controla el lado izquierdo de su cuerpo — incluido el ojo izquierdo — y la parte izquierda de su cerebro controla el lado derecho del cuerpo. Necesita utilizar ambos lados para permitir que sus ojos trabajen en forma conjunta.

Este ejercicio, llamado movimiento rápido del pulgar, es una buena manera de saber si está utilizando ambos lados de su cerebro. Comience por sentarse cómodamente en una silla donde pueda apoyar la espalda. Mire fijamente un objeto ubicado a una distancia de cinco a 20 pies. Lentamente traiga el pulgar hacia su campo visual, aproximadamente a 8 pulgadas frente a su rostro. Si está utilizando ambos ojos, verá dos pulgares.

Si sólo ve un pulgar, o uno se ve más claro que el otro, significa que no está utilizando los ojos de igual manera. Respirar hondo, parpadear y palmear sus ojos podrá ayudar a fortalecer la vista con todo su cerebro.

Mejore su enfoque. Sus antiguos ancestros probablemente hayan tenido una vista aguda. Como cazadores y recolectores, pasaban la mayor parte de su tiempo al exterior, sus ojos se movían rápidamente de un lado al otro, siempre alerta para conseguir comida o por algún peligro. Al reenfocar constantemente en primer plano, al lanzar una piedra, y hacia lo lejos, ejercitaban la vista permanentemente.

Sin embargo, en la actualidad, es más probable que pase los días adentro del hogar mirando una superficie plana, como la pantalla del televisor o de la computadora. Para evitar los ojos del teleadicto y mejorar su enfoque, pruebe con estos ejercicios.

- Aparte la vista de la pantalla con frecuencia y enfoque rápidamente un objeto distante.

- Extienda su pulgar como en el ejercicio de movimiento rápido del pulgar. Cambie el enfoque desde su pulgar hacia un objeto distante y de regreso a su pulgar nuevamente.

- Con el cuello y los hombros relajados, practique cruzar los ojos. (No se preocupe, no se quedarán así). Enfóquese en su pulgar, manteniéndolo a unas pocas pulgadas de su rostro. Sígalo mientras lo lleva tan cerca como para tocar su nariz. Debe sentir que los músculos se esfuerzan un poco al girar los ojos.

- Al conducir, cambie su enfoque frecuentemente — del tránsito que viene en dirección contraria hacia el tablero, el espejo lateral, el espejo retrovisor. Mire hacia un lado de la carretera y luego hacia el otro. Lea la patente del auto ubicado adelante del suyo y las señales a lo lejos.

Además de estos ejercicios, Kaplan también brinda recomendaciones sobre nutrición, actitud y ejercicios con todo el cuerpo. Podrá aprender más en su sitio Web <www.beyond2020vision.com>.

Encienda su computadora y reanime su vista

Si pasa tiempo frente a la computadora — enviando correos electrónicos a sus nietos, localizando a sus viejos amigos en Internet o rastreando su historia familiar, es posible que tarde o temprano note problemas de vista.

Del mismo modo que al mirar fijamente la carretera cuando conduce, mirar fijamente la pantalla de la computadora puede provocar fatiga visual. El peligro es ciertamente inferior. No chocará contra otra computadora. Pero la fatiga visual puede irritarle los ojos, nublarle la visión e incluso causarle dolores de cabeza.

Los oftalmólogos llaman a esta afección síndrome de visión por computadora, o SVC Afortunadamente, no causará ningún daño permanente, pero aquí encontrará algunos consejos para evitar las molestias que provoca.

Parpadee. La tendencia a mirar fijamente la pantalla de la computadora sin parpadear provoca que los ojos se sequen. Pegue un recordatorio en su monitor para parpadear con mayor frecuencia. De esta manera lubricará sus ojos con lágrimas calmantes naturales.

De ser necesario, puede utilizar gotas oculares lubricantes o lágrimas artificiales para ojos secos o irritados. Pero consulte con su médico si las necesita durante más de 72 horas. Los ojos secos pueden ser un síntoma del síndrome de Sjögren, una enfermedad del sistema inmunológico que requiere cuidado especial.

Tómese un descanso. Aproximadamente cada una hora, mire algo que se encuentre a 20 pies de distancia más o menos. De esta manera, dará a sus ojos un provechoso descanso.

Ajuste su pantalla. Con suerte, tendrá un monitor que se inclina, gira y tiene control de brillo y contraste. Con éstos, podrá experimentar hasta encontrar una posición cómoda. Una silla regulable también lo ayudará a tener todo a la altura adecuada. La pantalla debe ubicarse a una distancia de 4 a 9 pulgadas por debajo de la altura de los ojos y de 20 a 26 pulgadas de su rostro. Las letras oscuras en una pantalla clara son más fáciles de leer.

Alivie sus ojos con anteojos. Si usa anteojos o lentes de contacto — especialmente si tiene lentes bifocales o progresivas — podrá mantener su cabeza en un ángulo extraño o inclinarse hacia la pantalla. Consulte con su oftalmólogo sobre cómo ajustar su pantalla para obtener una visión más saludable. Los anteojos especiales para computadora también podrán ayudarlo a ver mejor y evitar la fatiga visual.

Disminuya el cambio de enfoque. Si, por ejemplo, está reescribiendo recetas para enviarlas a un amigo, no coloque la hoja del original en su escritorio. Tendrá que girar su cabeza, cambiar el enfoque y volver a enfocar sus ojos entre el papel y la pantalla. En vez de hacer esto, utilice un soporte para documentos y colóquelo tan cerca del monitor de su computadora como sea posible. Para evitar la fatiga visual, ambos deberían encontrarse a la misma distancia de sus ojos.

Deshágase del resplandor. Cambie de lugar las lámparas, cierre las persianas o utilice un filtro en su pantalla para reducir el resplandor. Limpie su pantalla regularmente con agua y un trapo limpio.

Controle sus medicamentos. Consulte con su médico acerca de los medicamentos que está tomando. Un estudio de investigación descubrió que los medicamentos causaban aproximadamente dos de cada tres casos de boca y ojos secos en personas de entre 65 y 84 años de edad.

Cura casera

Qué le gustaría que coma su piloto antes de despegar — mirtillo. Se descubrió que esta variedad europea de arándanos agudiza la visión y brinda ayuda para la ceguera nocturna. Cuenta una leyenda que los miembros de la Fuerza Aérea Real británica consumían mermelada de mirtillo como parte de su dieta durante la Segunda Guerra Mundial por su poder para mejorar la vista.

INTOXICACIÓN CON COMIDA

Sorprendentes fuentes de intoxicación con comida

Descansar en la piscina en un día soleado de verano, comer una saludable hamburguesa de atún, llevar a los niños a un zoológico en contacto con los animales — todas éstas son actividades divertidas y seguras — ¿no es cierto? En realidad, todas ellas representan formas comprobadas de contraer algún virus estomacal. Es probable que ya haya contraído algún virus estomacal a través una de esas formas y ni siquiera lo haya notado. Según los expertos, los síntomas de un virus estomacal de 24 horas son similares a los de la intoxicación con comida. Es importante conocer los síntomas de la intoxicación con comida y obtener asistencia médica si los tiene.

Los siguientes alimentos pueden parecer seguros, pero en realidad son lugares donde pueden encontrarse bacterias causantes de problemas.

Hamburguesas de atún. Puede parecer una comida saludable, pero una hamburguesa de atún es en realidad una invitación a la intoxicación por histamina, un tipo de intoxicación con comida. Ya que no puede oler ni sentir las bacterias, podría ingerir un trozo de atún infectado sin siquiera notarlo — hasta que sea demasiado tarde. En cuestión de minutos, podría comenzar a sentir gran cantidad de síntomas nocivos — hormigueo en la boca, garganta cerrada, gusto picante o metálico en la boca, náuseas, diarrea y erupciones. Si sufre asma o cardiopatías, la intoxicación por histamina puede ser fatal.

En el centro del problema se ubica la refrigeración deficiente. Las bacterias que causan la intoxicación por histamina no resisten las temperaturas frías. Pero si el pescado infectado no se manipula adecuadamente y queda afuera a temperatura ambiente, esas bacterias se reproducen como un fuego sin control. Contaminan el pescado con un químico llamado histamina, que provoca una intoxicación con comida similar a la alergia. Una vez que la histamina se encuentra en el pescado, nada puede quitarla — ni siquiera la cocción.

Podrá pensar que el problema está fuera de su control, pero hay cosas que puede hacer. En los restaurantes, sea cauteloso con las hamburguesas de atún, que parecen infectarse con mayor frecuencia que los filetes y los bifes de atún. El atún en lata es también una buena opción ya parece que el proceso de enlatado mata las bacterias.

Usted también tiene el control del pescado que trae a su hogar. Al almacenarlo en la parte más fría del refrigerador y comerlo al otro día de haberlo comprado, podrá prevenir la intoxicación por histamina en su hogar.

Papas. No consuma papas verdes a menos que desee quedar blanco como el papel. Los tubérculos podrían contener glicoalcaloides, sustancias naturales que protegen a las papas de los hongos y los insectos. Principalmente, estos químicos se forman en lugares que usted normalmente no comería, como los tallos, los brotes y las hojas de la papa. Pero también podrían aparecer en el normalmente delicioso y comestible tubérculo — luego de estar expuesto a la luz, dañarse o descomponerse. Una vez que estos químicos comienzan a formarse, no hay forma de deshacerse de ellos. Incluso la cocción en grasa caliente no lo soluciona. La ingesta de glicoalcaloides puede causarle descompostura de estómago o algo peor; por lo tanto, siga estos pasos para evitarlo:

¿Qué es?

Además de los nutrientes que alimentan su cuerpo, algunos alimentos pueden contener diferentes tipos de sustancias nocivas — pesticidas, bacterias de *E. coli*, incluso metales pesados. Cualquiera de ellos podría provocarle una enfermedad importante. También puede intoxicarse con comida por consumir alimentos que hayan comenzado a descomponerse. Los síntomas generalmente comienzan en pocas horas y cualquier persona que ingiera los mismos alimentos probablemente también se enfermará.

Síntomas:
- ⮡ Diarrea
- ⮡ Vómitos
- ⮡ Fiebre
- ⮡ Escalofríos
- ⮡ Calambres abdominales

⊷ No compre ni consuma la papa si tiene signos de estar verde, descompuesta o si presenta daños físicos.

⊷ Compre las papas más viejas para almacenarlas a largo plazo ya que tienen la piel más gruesa y duran más. Si compra papas nuevas, cómalas lo antes posible.

⊷ Conserve las papas en bolsas de papel o en la oscuridad, en lugares ventilados, como por ejemplo el fondo de la alacena. No las refrigere.

⊷ Tenga especial cuidado con las papas de piel roja. Debajo de la piel pueden esconderse zonas verdes.

Barras de ensaladas vegetarianas. Se sorprenderá de saber que las barras de ensaladas son causantes de más del 35% de todos los casos de intoxicación con comida. Junto con los mariscos y el queso, los frutos causan el 85% de todas las intoxicaciones con comida de los Estados Unidos. Para evitar la intoxicación con comida por las barras de ensaladas, pruebe realizar sus propias ensaladas en el hogar utilizando verduras previamente envasadas. Éstas normalmente se limpian previamente con un agente antibacterial.

Alubias. Solamente cuatro o cinco alubias con forma de riñón podrían postrarlo con un ataque de intoxicación por alubias rojas con forma de riñón que es mucho peor que el efecto colateral más conocido de las alubias. Comparados con otros tipos, las alubias con forma de riñón contienen una cantidad mucho mayor de una proteína llamada fitohemaglutinina. Este compuesto difícil de pronunciar podría causarle problemas si ingiere alubias crudas o poco cocidas. En cuestión de horas, podría estar luchando contra las náuseas, los vómitos y la diarrea.

Ni siquiera cocinar las alubias en una olla o cacerola de barro funcionará para deshacerse de la proteína. Y, créalo o no, cocinar las alubias a una temperatura muy elevada podría incluso volverlas más nocivas. Tranquilícese, existe una manera adecuada y sencilla de cocinar las alubias en forma de riñón. Simplemente ponga en remojo las alubias en forma de riñón en una olla con agua durante al menos cinco horas. Cuélelas y luego hierva las alubias en agua dulce durante 10 minutos.

También podrá tener contacto con las bacterias muertas de varias formas que lo sorprenderían.

Zoológicos de contacto con los animales. Si lleva a sus nietos a un zoológico de contacto con los animales, granja de contacto con los animales o feria del condado, tiene más de que preocuparse que por las manos que huelen a corral. Los expertos de los Centros para el Control y la Prevención de Enfermedades (CDC) afirman que podría tener un peligroso caso de intoxicación por *E. coli* en sus manos. Sugieren seguir estos pasos para protegerse la próxima vez que vaya a la granja.

- ↪ Lave bien las manos luego de tocar los animales. Ayude a sus pequeños a lavarse las manos para asegurarse de que lo hagan correctamente.

- ↪ Mantenga las manos alejadas de la boca. Eso implica no comer, beber, fumar, chuparse el dedo ni comerse las uñas al estar cerca de los animales. Espere hasta haberse lavado las manos y alejado de los animales.

- ↪ Considere no tocarlos en lo absoluto. Si usted presenta alto riesgo de *E. coli* — los niños, las personas mayores y las personas con enfermedades crónicas — que toquen animales pueden ser altamente peligrosas, independientemente de lo bonitos que sean.

Agregue productos que exterminen la *E. coli* de su comida

Si le preocupa que la peligrosa *E. coli* ingrese a sus alimentos, puede hacer algo más además de preocuparse. Además de cocinar la carne completamente y evitar los jugos no pasteurizados, puede mezclar muchos alimentos con productos naturales que eliminan las bacterias. Agregar una cucharada de puré de ciruelas a cada libra de carne de hamburguesas puede exterminar más del 90% de cualquier bacteria de *E. coli* presente. De dos a cinco cucharadas de dientes de ajo también funcionarán.

Otros especias conocidas para exterminar la *E. coli* son canela, orégano, clavo de olor y salvia. Condimente la carne con éstos para brindar mayor sabor y protección pero no olvide cocinar la carne hasta que el jugo esté claro.

Uñas acrílicas. Si está cuidando a una persona querida que se encuentra enferma, es posible que quiera abandonar esas largas y hermosas uñas acrílicas. Un estudio reciente demostró que los empleados del hospital que usaban uñas acrílicas transportaban gérmenes peligrosos en sus uñas con mayor frecuencia que los empleados con uñas naturales. Incluso luego de lavarse las manos, los empleados que seguían la moda aún llevaban las bacterias en sus manos. Por otra parte, sus compañeros de trabajo con uñas naturales evitaban la mayoría de las bacterias.

Piscinas. Aún si se siente deshidratado después de nadar 100 largos en la piscina, no beba ni una gota de agua. Tan sólo un trago de agua de la piscina podría infectarlo con un resistente microbio llamado *Criptosporidio*, que puede vivir hasta siete días incluso en agua correctamente tratada. Esta bacteria y una gran cantidad de amigos igualmente peligrosos ingresan a escondidas en las piscinas debido a la higiene deficiente de los nadadores. Para evitar esto, el CDC recomienda seguir las siguientes pautas de seguridad.

- Lávese luego de ir al baño y antes de volver a ingresar a la piscina.

- No nade si tiene diarrea ni deje que los pequeños lo hagan.

- Lleve a los más pequeñitos al baño con frecuencia — antes de que comiencen a saltar para arriba y abajo y digan que realmente necesitan ir. Esto reducirá los accidentes en la piscina.

- Cambie los pañales en el baño — nunca lo haga al costado de la pileta.

- Lave a los niños de pies a cabeza, especialmente la cola, con agua y jabón antes de que se dirijan a cualquier lugar cerca de la piscina.

Proteja a los vegetarianos de los 'invitados' no deseados

Las chuletas de cerdo podrían haber matado a Wolfgang Amadeus Mozart. Es posible que su celoso rival, Antonio Salieri, no haya tenido nada que ver con la muerte del famoso compositor. En su lugar, la triquinosis, intoxicación con comida provocada por lombrices, podría haber causado el colapso de Mozart.

Gracias a la preparación de la comida y a la medicina moderna, no necesita preocuparse por la triquinosis ni por otras enfermedades causadas por la carne de la manera en que lo hacían las personas hace muchos años. Sorprendentemente, ahora tiene que preocuparse más por contraer una infección bacteriana proveniente de sus frutos. Las frutas y verduras representan un excelente hogar para algunos de los peores huéspedes, como la *E. coli, la Salmonella* y *la Listeria.*

Si usted es una persona mayor, es especialmente importante que tenga cuidado con los venenos de estos frutos. Debido al proceso natural de envejecimiento, a una cirugía o una enfermedad grave, es probable que su sistema inmunológico no funcione como lo hacía anteriormente. Es probable que haya podido librarse de una bacteria en el pasado, pero ahora el mismo bicho puede poner en riesgo su vida.

Trate de variar. Ciertamente, el temor a contraer una infección no es motivo para dejar de comer frutas y verduras. En su lugar, haga lo contrario — coma una mayor cantidad. Según aconseja Christina Stark, Especialista en Nutrición de la Universidad de Cornell, "Yo recomendaría a las personas que se concentren en consumir al menos cinco porciones por día de una gran variedad de frutas y verduras. Cuanto mayor sea la variedad de frutas y verduras que uno consuma, menores serán las probabilidades de estar sobreexpuesto a un riesgo provocado por un tipo de fruto en particular — esto es simple sentido común".

Por ejemplo, algunas frutas y verduras son más propensas a alojar bacterias peligrosas. Las frutas y verduras que crecen cerca de la tierra — como el melón, la lechuga, la zanahoria, las frutillas y la papa — se encuentran contaminadas con mayor frecuencia ya que entran en contacto con el abono o el suelo contaminado.

A pesar de ello, Stark afirma, "No me preocuparía por intentar evitar ningún producto en particular". Simplemente no coma una fruta o verdura particular todo el tiempo.

Enjuague y repítalos. Independientemente del fruto particular que planee comer, Stark sugiere seguir el consejo del gobierno de los Estados Unidos de lavar las frutas y verduras con agua y enjuagarlas completamente. El agua no puede garantizar una victoria 100% exitosa sobre las bacterias, pero es su mejor apuesta. También es una buena idea lavar los frutos que planea cortar ya que el cuchillo puede esparcir las bacterias desde la piel hacia la parte interior de las frutas y verduras.

Cepíllelas para mayor seguridad. Si desea quitar una mayor cantidad de suciedad y bacterias, refriegue suavemente los frutos con un cepillo para verduras u hongos. En el caso de las frutas y verduras con piel gruesa, como los melones, evite hacerlo en la parte tierna.

Asimismo, antes de lavarlos y cepillarlos, pele y descarte las hojas externas de la lechuga y otras verduras. Es allí donde parecen esconderse las bacterias con mayor frecuencia.

Manipúlelos con cuidado. Sólo para estar seguro, siga las pautas más recientes de la Administración de Drogas y Alimentos de los Estados Unidos (FDA).

- Compre frutos que no presenten magulladuras ni daños o quite esas partes antes de comerlos.

- Coloque los frutos frescos en el refrigerador tan pronto llegue al hogar al regresar de la tienda.

- Conserve las frutas o verduras cortadas en hielo al transportarlas.

- Tire cualquier fruto cortado que haya permanecido sin refrigerar durante más de dos horas.

- Lávese las manos antes y después de tocar las frutas y verduras.

Desinfecte las superficies de corte. Lave la tabla de corte y los utensilios con agua caliente con jabón antes y después de utilizarlos para cortar los frutos. Para la limpieza final, rocíe las tablas de corte y las mesadas con vinagre y luego rocíe con un 3% de peróxido de hidrógeno. Según los investigadores de la Universidad de Nebraska, esta combinación desinfecta mejor que cualquiera de los dos productos por sí solos.

Descarte las alternativas. Debería pensarlo dos veces si está considerando utilizar uno de esos nuevos enjuagues para frutos que se encuentran en el mercado. Si bien éstos afirman quitar la suciedad, los pesticidas e incluso las bacterias, la FDA y la Agencia de Protección Ambiental no están convencidas de ello. El agua simple y conocida pareciera funcionar de igual modo.

Y con respecto al jabón, Stark afirma que tampoco debería usarse. "La utilización del jabón en los frutos no está aprobada," afirma. Ya que el jabón no es un alimento, no tiene sentido ingerirlo. También está de más decirle que — mantenga los frutos alejados de químicos más fuertes, como la lejía y los detergentes.

Pueden hacerse milagros con el vinagre. Una alternativa para el agua que puede funcionar es el vinagre. Donna Scott, especialista en seguridad de los alimentos en Cornell, afirma que un baño de vinagre puede matar muchas de las bacterias de los frutos, es económico y puede usarse en forma segura. Para obtener los mejores resultados, ponga los frutos en remojo con vinagre durante aproximadamente 15 minutos. Pero piénselo dos veces antes de poner en remojo los frutos con pequeños poros y pelos, como la frutilla y el durazno. Éstos podrían absorber parte del vinagre y su sabor podría verse afectado.

Disfrute de los beneficios del pescado sin peligro

Los mariscos tóxicos provocan más del 4% de todos los casos conocidos de intoxicación con comida, según las recientes estadísticas del gobierno de los Estados Unidos. Del mismo modo, los expertos en nutrición recomiendan comer al menos dos porciones de pescado por semana. Esto puede parecer una receta para el desastre, pero no necesita serlo. Ya sea que obtenga su propio pescado, en restaurantes o tiendas de alimentos, siga estos consejos y obtendrá los beneficios para la salud del pescado sin convertirse en una estadística de intoxicación con comida.

Tenga cuidado con Charlie el atún

Si generalmente come un sándwich de atún en el almuerzo, es probable que desee considerar cambiar su menú. Un estudio de *Consumer Reports* descubrió que el atún contiene suficiente mercurio como para poner en riesgo a algunas mujeres y niños.

El mercurio en grandes cantidades puede provocar daños nerviosos y cerebrales. Es particularmente peligroso en los fetos y los niños menores ya que puede obstaculizar su desarrollo.

Ya sea a través de las fábricas o de fuentes naturales, el mercurio se dirige hacia las masas de agua — y al pescado. Cuanto mayor es el pescado, más mercurio contiene. Esto se debe a que el pescado creció al comer otros pescados, que también contenían mercurio. Por ejemplo, el atún albacora blanco contiene una proporción doble de niveles de mercurio que el atún claro, que proviene de pescados más pequeños.

La mayoría de las personas no consume suficiente pescado como para encontrarse en riesgo de sufrir intoxicación con mercurio pero las mujeres embarazadas o que amamantan y los niños menores de 5 años deberían tener cuidado.

Para asegurarse, según las pautas de la Agencia de Protección Ambiental, una mujer de 132 libras debería limitar su consumo a una lata de atún blanco o dos latas de atún claro por semana. Un niño de 44 libras debería consumir sólo un sándwich de atún por semana.

Aléjese de las barras de alimentos crudos. Si usted es un gran adepto de las ostras y almejas crudas, es probable que no le agrade este consejo de los expertos — manténgase alejado de los mariscos crudos. Las bacterias y los virus peligrosos, como la hepatitis, pueden esconderse en su próximo balde de ostras. Si simplemente no puede dejarlas, al menos siga esta única precaución — no consuma antiácidos antes ni después del banquete. Los antiácidos reducen el nivel de ácidos de su estómago y le quitan a su cuerpo las defensas naturales contra el *Vibrio vulnificus*, una de las bacterias más venenosas que se encuentran en las ostras y almejas crudas. Si esta fuente ingresa a su cuerpo, puede causarle náuseas, vómitos, diarrea y hasta incluso la muerte.

Realice las compras en forma adecuada. Deje el pescado para el final en su lista de alimentos. Si lo compra muy temprano, su pescado podría convertirse en un hogar para los microbios lejos del hogar. Por lo tanto, cuando tenga su carro lleno con todas las demás cosas que necesita, diríjase al mostrador de pescados y siga estos consejos de *Consumer Reports*.

- ✧ **Sea curioso.** El mostrador de pescados tiene que pasar la prueba del olor antes de que usted compre cualquier producto. Si el lugar tiene mal olor como un viejo barco pesquero, tire del ancla y compre en otra tienda. De lo contrario, continúe el examen con la vista. Verifique si exhiben el pescado sobre el hielo. Las piezas individuales no deberían estar en contacto unas con otras y las etiquetas de los precios no deberían sobresalir de los filetes ni de los bifes. A continuación, asegúrese de que los empleados usen guantes al manipular el pescado, otro importante signo de una tienda segura.

- ✧ **Escoja una pieza extraordinaria.** Cuando el mostrador haya pasado todas sus pruebas, es el turno de inspeccionar el pescado. La carne de un filete o bife de pescado fresco será firme, sin ninguna hendidura. Si el pescado con cabeza está fresco, los ojos serán brillosos y las branquias rojas. Evite cualquier pescado con partes de carne pegajosa o seca, manchas de sangre u otras marcas poco atractivas.

- ✧ **Olfatee.** Como última precaución, solicite oler el pescado que haya elegido cuando el empleado lo saque del exhibidor. Sin pegar su nariz, huélalo ligeramente para descubrir cualquier olor fuerte o desagradable. Si lo percibe, tire el pescado por la borda.

- ✧ **Cúbralo de hielo.** Es importante que mantenga el pescado fresco una vez que finalmente haya conseguido la pesca del día. Solicite al empleado que coloque un poco de hielo triturado en la bolsa con el pescado, especialmente en días calurosos. Una solución más simple — traiga su propia bolsa. Tenga una conservadora de hielo o paquetes de gel congelado esperando en el auto.

Quite la grasa. Los pescadores de caña deben tener cuidado. El pescado que saca del agua puede estar lleno de contaminantes, como mercurio, dioxina y PCB, escondidos en la grasa. Esto no significa que debería devolverlos. Para asegurarse, quíteles la grasa antes de cocinarlos. Asimismo, cocine su pescado de modo que la grasa se escurra. Podría perder algunos de los ácidos grasos saludables de los que tanto ha escuchado, pero a la larga, el cambio será bueno.

Sepa dónde pescarlos. Una pizca de prevención podría conducirlo a un delicioso filete de 8 onzas que podrá comer en forma segura. Una buena manera de evitar el pescado contaminado es conocer bien los ríos y lagos que se encuentran contaminados y las masas de agua que se encuentran limpias. Luego podrá planear un viaje de pesca libre de toxinas. Póngase en contacto con la Agencia de Protección Ambiental para obtener las advertencias más recientes sobre contaminación:

U.S. Environmental Protection Agency
Fish and Wildlife Contamination Program
1200 Pennsylvania Ave., NW (4305)
Washington, DC 20460
<www.epa.gov/ost/fish>

O contáctese con sus funcionarios de caza locales o estatales para obtener las advertencias actualizadas.

Tráigalo al hogar. Ya sea que haya obtenido el pescado en un estanque o en un supermercado, diríjase directamente al hogar luego de llenarlo de hielo. Por otra parte, hacer uno o dos mandados dará tiempo suficiente para que las bacterias se desarrollen.

Almacénelo en forma segura. Siempre coloque el pescado en la parte más fría de su refrigerador. Pruebe colocar el pescado en un recipiente con hielo para estar más seguro. Y si no planea utilizar el pescado el mismo día, olvídese del refrigerador y colóquelo directamente en el congelador. Envuelto en forma adecuada, el pescado congelado puede durar entre tres y seis meses.

Descongélelo. Hablando de pescado congelado, existe una forma correcta y una incorrecta de descongelarlo. No se lo debería dejar en la mesada. En vez de hacerlo, coloque el pescado en su refrigerador o en el microondas. Si lo descongela en el microondas, asegúrese de cocinarlo inmediatamente luego de hacerlo.

Lávese. Antes y después de tocar pescado crudo, busque agua y jabón para lavarse las manos.

Saboréelo sin miedo. La marinada es imprescindible para que el filete sea sabroso pero marinar el pescado en el refrigerador es imprescindible si desea comerlo en forma segura. Incluso si la marinada tiene un base ácida — con jugo de limón o vinagre — las bacterias pueden crecer en el pescado si la marinada se realiza a temperatura ambiente. Asimismo, no rocíe los alimentos cocinados con una marinada que haya utilizado para el pescado crudo, a menos que la cocine antes de volver a utilizarla. Una vez que haya finalizado la marinada, descártela.

Termínelo en forma adecuada. Cocinar el pescado en forma apropiada es el último paso para rcalizar una cena de mariscos segura. Simplemente espere hasta que la carne del pescado esté opaca y pruébela con un tenedor para ver si se desmenuza con facilidad. Y una vez que lo haya hecho, almacene el sobrante de regreso en el refrigerador dentro de las dos horas.

Cura casera

Si usted no está absolutamente seguro de algo que comió en un país extranjero — como una ensalada o una bebida con hielo — no espere hasta que la intoxicación con comida lo ataque. Intente impedirle el paso. Sírvase un vaso grande de agua mineral y agregue 2 cucharadas de vinagre de manzana. El vinagre puede matar las bacterias antes de que sea demasiado tarde.

GINGIVITIS

Estrategias inteligentes para tener encías saludables

Más del 50% de todos los adultos de los Estados Unidos presenta encías inflamadas, o gingivitis, alrededor de al menos tres de sus dientes. Aproximadamente un tercio presenta enfermedades periodontales, la peor de las clases de problemas de encías. Aún más alarmante— más de un cuarto de los adultos de más de 70 años ha perdido todos sus dientes.

Si desea evitar tener un problema dental, necesita cuidar sus dientes y encías ahora. No es sólo su boca la que sufrirá cualquiera de ellos. Si usted sufre una enfermedad periodontal, tiene el doble de probabilidades de padecer un accidente cerebro-vascular causado por un vaso sanguíneo bloqueado. Su riesgo de contraer cardiopatías se eleva también debido a que las bacterias que causan caries y problemas de encías pueden ingresar a su torrente sanguíneo y dañar las paredes de sus vasos. Y si usted tiene diabetes, trastornos pulmonares u otras afecciones graves, la enfermedad de las encías puede complicar aún más sus problemas.

Una forma de protegerse es conocer los principales riesgos de la enfermedad de las encías. Si coincide con uno de esos factores de riesgo, sabrá que debe prestar atención adicional a su boca.

- **Raíces familiares.** Hasta un 30% de las personas podría tener los genes que los convierten en blanco fácil de enfermedades de encías. Los padres también podrían transmitir los gérmenes de las enfermedades de encías a sus hijos con los años al compartir los vasos y besarlos. Según los expertos, el contacto de corto plazo no es suficiente para contraer la bacteria; por lo tanto, no se preocupe por contagiarse de amigos o extraños.

- **Enfermedades crónicas.** La diabetes, artritis reumatoide, obesidad y algunas cardiopatías y enfermedades sanguíneas parecieran poner la boca de una persona en riesgo de contraer problemas de encías. Por ejemplo, la Asociación Odontológica Estadounidense afirma que el 95% de las personas diabéticas padece gingivitis en comparación con el 50% de la población general.

- **Fumar.** De acuerdo con un estudio reciente, el 40% de los fumadores pierde todos sus dientes hacia el fin de sus vidas. Esto se debe a que el cigarrillo por sí mismo destruye las encías y los maxilares.

- **Sexo.** Aproximadamente el 75% de todas las visitas al consultorio del periodontista las realizan las mujeres y esto no se debe a que olvidan limpiarse los dientes con hilo dental. Las investigaciones sugieren que las mujeres parecen tener mejores hábitos dentales que los hombres, pero sus hormonas pueden afectar la salud de sus encías. Los picos mensuales en los niveles de progesterona ponen a algunas mujeres en mayor riesgo de contraer gingivitis. Los cambios hormonales durante el embarazo y la menopausia también aumentan el riesgo de contraer enfermedades periodontales.

- **Medicamentos.** Ciertos medicamentos recetados, como algunos antidepresivos y medicamentos para el corazón, pueden poner en riesgo su boca. Converse con su médico sobre el cambio a un medicamento que se encuentre en mejores términos con su sonrisa si lo necesita.

Ya sea que se encuentre en uno de esos grupos de alto riesgo o no, no necesita ser sabio en cuestiones dentales para saber que la higiene bucal adecuada es la clave para prevenir las enfermedades de encías. Por lo tanto, siga estas sugerencias y dará a su boca motivos para sonreír.

Cepíllese los dientes dos veces. Un estudio reciente descubrió que se podrían reducir los depósitos de placas en un 67% y el sangrado de encías en un 50% — simplemente al cepillar en seco sus dientes durante un minuto y medio antes de usar la pasta de dientes. Comience por la parte interior de sus dientes inferiores y luego continúe hacia la parte interior de los dientes superiores. Luego, continúe con el frente de sus dientes y las superficies planas de las muelas grandes. Asegúrese de cepillar la línea de las encías a un ángulo de 45 grados para que las cerdas froten debajo de sus encías.

Después del cepillado en seco, agregue pasta de dientes y vuelva a cepillar los dientes, luego cepíllese la lengua durante 30 segundos. Una vez que haya finalizado, lave su cepillo de dientes por completo y golpéelo ligeramente al menos cinco veces en el lavamanos para desprender cualquier residuo que contenga bacterias.

Haga gárgaras frecuentemente. Aún si no puede cepillarse los dientes luego de una comida, disminuya las bacterias de su boca en un 30% simplemente enjuagándola con agua. Los expertos también sugieren tomar al menos siete vasos de agua durante todo el día. El agua ayudará a su cuerpo a producir saliva y la saliva sacude las toxinas bacterianas que causan la enfermedad periodontal. Esto es aún más importante si usted es una persona adulta mayor ya que su boca produce una menor cantidad de saliva que la que solía producir.

Límpiese con hilo dental frecuentemente. Si quiere escapar de la enfermedad de encías, necesita limpiarse con hilo dental al menos una vez al día. El hilo dental encerado o no encerado funcionará adecuadamente siempre que no se rasgue ni se rompa. Si sus dientes están particularmente juntos, pruebe el hilo dental hecho con plástico Gore-Tex. Y si tiene coronas, puentes u otros arreglos dentales, pruebe los enhebradores de hilo dental, que funcionan como una aguja para deslizar el hilo dental a través de sus arreglos dentales. Un pequeño cepillo de dientes llamado Proxabrush también puede ayudar ya que es lo suficientemente pequeño como para ingresar en todos los rincones donde los cepillos más grandes no pueden hacerlo.

Solicite un turno con un odontólogo. El cepillado y la limpieza con hilo dental pueden hacer milagros, pero para garantizar una boca libre de enfermedades de encías, necesita subirse al sillón del odontólogo al menos dos veces al año. Él puede quitar la placa blanda antes de que se convierta en cálculo — depósito sólido de bacterias también llamado sarro. La próxima vez que visite a su odontólogo, pregúntele acerca de la Exploración y registro periodontal (PSR). Anteriormente, sólo los periodontistas podían realizarle esta prueba, pero ahora su odontólogo también puede hacerla. Esto es bueno ya que una PSR puede informarle sobre la salud de sus encías.

Escoja sus cerdas. Los expertos recomiendan cambiar el cepillo de dientes todos los meses; de lo contrario, éste se convertirá en un corral de bacterias. Pero no crea que necesita comprarse un cepillo de dientes de lujo. Cualquier cepillo simple con cuatro o cinco hileras de cerdas será adecuado. Simplemente asegúrese de que sea suave y tenga el sello de aprobación de la Asociación Odontológica Estadounidense. Si tiene problemas para usar el cepillo alrededor de esos lugares estrechos en su boca, es posible que desee probar la alta tecnología. El mercado actual ofrece cepillos de dientes sacados directamente de una película de ciencia ficción — que giran 4,200 veces por minuto, utilizan ondas acústicas para disparar contra las bacterias e incluso uno que se ilumina cuando cepilla con mucha fuerza.

Reduzca la ingesta de azúcar. Las bacterias de su boca que provocan las caries y la gingivitis se alimentan de azúcar común como la que se encuentra en caramelos, refrescos, yogures comerciales y más alimentos que los que le gustaría pensar. Al reducir la cantidad de estos azúcares de su dieta, podría hacer morir de hambre a las bacterias malas de su boca.

Quite la placa. No todos los enjuagues bucales funcionan a la hora de prevenir las enfermedades de encías. Consulte a su odontólogo acerca de enjuagues recetados con un ingrediente llamado clorhexidina. El Listerine que puede comprar en su supermercado también funciona.

Tómese un descanso del trabajo diario. El estrés puede ponerlo en riesgo de contraer enfermedades de encías, según los expertos. Éste agota la energía de su sistema inmunológico y lo pone en mayor riesgo de contraer las bacterias que invaden su boca. El estrés también puede hacerle rechinar los dientes por la noche, un mal hábito que afecta sus dientes, encías y maxilares.

Siga una dieta saludable. Las personas que no ingieren suficientes frutas, verduras y productos lácteos reducidos en grasas podrían presentar el doble de probabilidades de contraer enfermedades periodontales. La vitamina C y el calcio de dichos alimentos fortalecen sus dientes y su sistema inmunológico. Por lo tanto, ingiera al menos tres porciones de alimentos ricos en calcio por día, como leche, queso y yogur; y al menos cinco porciones de frutas y verduras como naranjas, frutillas y tomates.

Cura casera

Si las dolorosas encías inflamadas le hacen doler la boca, pruebe este económico remedio casero para obtener alivio. Coloque un saquito de té caliente y húmedo contra sus encías durante 15 minutos, cuatro veces por día durante tres o cuatro días. Esta cataplasma natural debería reducir el dolor y la hinchazón, y permitirle sonreír nuevamente en poco tiempo.

DOLORES DE CABEZA

Ingeniosos remedios naturales para el dolor de cabeza

Tomar pastillas cada vez que tiene dolor de cabeza puede ser un dolor de cabeza por sí mismo. La próxima vez que su cabeza lata con fuerza y sienta como si alguien hiciera un nudo con su cuero cabelludo, pruebe una de estas curas naturales. Transmitidas de generación en generación, estas curas caseras son soluciones confiables para los dolores de cabeza causados por el estrés.

Ataque doblemente el dolor. Mientras se da un baño de vapor, coloque una bolsa de hielo en su cabeza. La combinación de calor y frío alivia el dolor de cabeza ya que extrae sangre de su cabeza y estrecha los vasos sanguíneos de su cuero cabelludo.

Póngale un fin. Pruebe atar un pañuelo para la cabeza o un pañuelo común alrededor de su cabeza, justo sobre las cejas. Esto podría reducir el flujo sanguíneo en su cuero cabelludo y quitar los latidos de su cabeza.

Trate sus pies. Con sólo una cucharada de mostaza en polvo o jengibre, puede convertir una palangana plástica de agua caliente en una rápida cura para el dolor de cabeza. Simplemente mezcle el polvo en agua tan caliente como pueda soportar. Luego tome su silla favorita, siéntese de brazos cruzados y ponga sus pies en remojo durante 15 minutos. Es importante cubrir la palangana con una toalla pesada para conservar el calor. Mantenga los ojos cerrados y los músculos relajados para obtener el efecto completo. Su dolor de cabeza debería desaparecer para cuando el agua se enfríe.

Brinde alivio. Para ganar el punto del partido contra su dolor de cabeza, envuelva dos pelotas de tenis en una media no elástica. Luego acuéstese y coloque las pelotas debajo de su cuello, una de cada lado. Éstas relajarán los músculos de su cuello y liberarán las tensiones que causan el dolor de cabeza.

¿Qué es?

Los dolores de cabeza por tensión están causados por contracciones musculares en el cuello y la cabeza. Están generalmente asociados con el estrés, el agotamiento o el enojo reprimido.

Los cambios en los vasos sanguíneos de su cerebro también pueden causar dolores de cabeza. Las migrañas y los dolores de cabeza en racimo son ejemplos. Pueden estar causados por el ejercicio, el consumo de ciertos alimentos o una resaca.

Otros dolores de cabeza son síntomas de algo más, como fatiga visual, sinusitis, presión arterial alta, o, raras veces, tumor cerebral. Incluso el uso excesivo de medicamentos para el dolor de cabeza, especialmente en combinación con la cafeína, puede conducir al llamado dolor de cabeza de rebote.

Síntomas:
- Dolor sordo, sostenido o punzante
- Tensión o presión

Elimine la tensión. Siéntese en su silla favorita con los ojos cerrados. Comience masajeando sus sienes y frente, luego vaya hacia abajo al cuello y los hombros. Respire lenta y profundamente y enfóquese en relajar todo el cuerpo.

Quite el dolor. Para realizar una compresa caliente manual, caliente sal en una cacerola seca hasta que esté tibia pero no demasiado caliente. Vuelque la sal en un paño de cocina delgado y átelo. Para el dolor en la parte delantera de su cabeza, mantenga la compresa en la parte de atrás de su cabeza y realice masajes. El calor seco de la sal puede quitar el dolor.

Detenga su dolor de cabeza en frío. Para obtener una compresa helada, tome unas medias viejas. Mójelas y séllelas en una bolsa de cierre hermético en su congelador. Utilice la media entera si lo desea o corte la parte inferior y use sólo la parte superior.

Obtenga usted mismo el alivio para la migraña

Las migrañas implican sufrimiento. Pero no es sólo el dolor agonizante o las náuseas lo que tiene que atacar. Generalmente, las migrañas afectan la forma en que ve su vida por completo.

De acuerdo con el Dr. Richard B. Lipton, profesor de la Facultad de Medicina Albert Einstein en el Bronx, N.Y., las personas que sufren migrañas presentan una proporción tres veces mayor de sentir depresión que las personas que no sufren migrañas.

"La migraña y la depresión se encuentran estrechamente relacionadas", afirma Lipton. "La migraña y la depresión en forma separada reducen la productividad e interfieren notablemente con la calidad de vida. Cuando los trastornos ocurren en forma conjunta, producen efectos aún mayores que cualquiera de ellos en forma independiente".

Con una afección tan potencialmente devastadora, ¿por qué tener un enfoque pasivo? Juegue un rol activo en el tratamiento de su migraña. Recientemente, el Consorcio del Dolor de Cabeza de los Estados Unidos, un panel de expertos en dolores de cabeza, estableció una serie de pautas para ayudar a las personas que sufren migrañas. Aquí encontrará los 10 pasos que recomiendan.

Comprenda su dolor de cabeza. Intente comprender cuándo ocurren sus dolores de cabeza y qué los puede provocar. Lo ayudará llevar un diario del dolor de cabeza donde podrá registrar todos los detalles que rodean al dolor de cabeza, tales como su estado de ánimo, los alimentos que come, sus patrones de sueño y cualquier otra cosa que pueda estar relacionada. Una vez que el médico diagnostique su problema, asegúrese de comprender el significado del diagnóstico. No tenga miedo de hacer preguntas.

Trabaje en equipo con un médico comprensivo. Busque un médico que comprenda los dolores de cabeza y esté dispuesto a trabajar con usted para encontrar el mejor tratamiento.

Comparta sus problemas. Infórmele a su médico todos sus síntomas. Conocer la frecuencia y la gravedad con la que éstos desestabilizan su vida ayudará a su médico a decidir el tratamiento adecuado.

Desencadenantes del malestar. Su diario del dolor de cabeza lo ayudará a conocer los factores que pueden causar sus dolores de cabeza. Su trabajo es evitar dichos desencadenantes. Los desencadenantes comunes del dolor de cabeza incluyen queso, vino tinto, carnes procesadas, nueces, cafeína, yogur y chocolate. Nuevas investigaciones revelan otra posible fuente — el trigo. Algunas personas son sensibles al gluten, una proteína que se encuentra en los productos del trigo. Cuando estas personas cambian a una dieta libre de gluten, sus dolores de cabeza desaparecen.

Descubra lo que funciona para usted. En ocasiones, los medicamentos de venta libre lo liberarán del dolor de cabeza. Por ejemplo, Excedrin, Advil y Motrin fabrican productos especialmente para las migrañas. Incluso el acetaminofeno, el ingrediente activo del Tylenol, puede ayudar. Si bien el acetaminofeno no se había considerado como un remedio efectivo para las migrañas, un estudio reciente demostró que ayuda a algunas personas a vencer su sensibilidad a la luz y al ruido durante una migraña. Sea cuidadoso si toma el medicamento anticoagulante warfarina, de todos modos, ya que tomar ambos medicamentos en forma conjunta puede causar hemorragias internas.

Tenga un plan alternativo. Hasta los planificadores más confiados tienen un plan B. Solicite a su médico que le recete un medicamento de "rescate" que usted pueda tomar si el medicamento habitual no funciona. Esto reducirá las visitas a la sala de emergencias. "El mayor avance en el tratamiento de las migrañas durante la última década fue el desarrollo de los triptanes", afirma Lipton. Puede tomar triptanes en forma de comprimidos, pastillas, pulverizadores nasales e inyecciones.

No se sobreexceda. Demasiados medicamentos pueden volverlo dependiente. Su uso excesivo también puede causar dolores de cabeza de rebote que ocurren tan pronto como se va el efecto del medicamento.

Déle una oportunidad a su medicamento. Pruebe el tratamiento tres veces antes de abandonarlo. Si, luego de su tercer dolor de cabeza, no alivia el dolor, solicite a su médico un nuevo medicamento.

Detenga los dolores de cabeza antes de que comiencen. Si sufre de migrañas varias veces a la semana, es posible que desee solicitar a su médico un medicamento preventivo. Si lo toma en forma regular, reducirá la cantidad de dolores de cabeza que usted padece.

Deshágase de las drogas. En ocasiones, los medicamentos no son la respuesta. Si usted es alérgico, está embarazada o amamantando, las drogas pueden ser peligrosas. O quizás simplemente no desee depender de los medicamentos. En vez de las drogas, pruebe terapias alternativas como entrenamiento en relajación, biorretroalimentación o control del estrés. Quizás sean la solución.

Si bien los dolores de cabeza de las migrañas no pueden curarse, pueden tratarse en forma efectiva, afirma Lipton. Tomar el control de su tratamiento es la mejor manera de asegurar que encontrará algo que funcione.

"Conozca su diagnóstico. Conózcase usted mismo", sugiere el doctor. "Desarrolle una estrategia para prevenir el dolor de cabeza y tratarlo en forma efectiva si se presenta uno". Utilice profesionales de atención médica, agrega, como recurso para desarrollar las herramientas que necesita.

Algo nuevo y antiguo para los dolores por migraña

En cuanto a las migrañas, no existe algo así como un remedio seguro. Un tratamiento que funciona para una persona puede no funcionar para otra. Incluso su medicamento de confianza habitual no siempre funciona y tiene que recurrir a un medicamento de "rescate".

Es por ello que nunca debe tener demasiadas opciones. Afortunadamente para las personas que sufren de migrañas, los nuevos remedios pueden estar al alcance de la mano. Aquí encontrará una vista previa de dos posibles soluciones para el futuro así como un informe detallado de algunos frenos comprobados y verdaderos contra las migrañas.

Mire hacia el horizonte. Las investigaciones recientes sugieren que los siguientes tratamientos poco comunes pueden ayudar.

- **Parche de lidocaína.** La droga anestésica lidocaína se probó en forma de crema — y funciona. Pronto podrá comprar un parche de lidocaína. Adherido a su frente, el parche similar a las curitas libera lidocaína en su cabeza y alivia el dolor de cabeza. Actualmente existe un parche de lidocaína que libera lentamente la sustancia contra el dolor durante el transcurso del día pero los investigadores están trabajando en el desarrollo de un parche de liberación rápida más útil para las dolorosas migrañas.

- **Inyecciones de Botox.** La toxina A del botulismo, comúnmente llamada Botox, es muy peligrosa en altas dosis. De hecho, pertenece a la misma familia de las bacterias que causan el tétanos. Pero en dosis reducidas, puede inyectarse para relajar sus músculos y detener el dolor de cabeza y cuello. Actualmente se la utiliza como método cosmético para alisar las arrugas faciales. Pero puede resultar igualmente efectiva como remedio para el dolor de cabeza.

Esté alerta para éste y otros nuevos tratamientos para las migrañas. Un descubrimiento reciente que indica que las personas que sufren de migrañas generalmente tienen la piel muy sensible durante sus dolores de cabeza podría abrir la puerta a toda una nueva línea de investigaciones — y nuevas soluciones para las migrañas.

Mientras tanto, repase algunos de los antiguos recursos. Pueden no ser avanzados, pero estos remedios comprobados con el tiempo han demostrado funcionar.

Pruebe con hierbas y suplementos. Si está buscando una forma natural de tratar y prevenir las migrañas, pruebe estos suplementos.

- **Tanaceto.** El más exitoso de los remedios a base de hierbas, el tanaceto, ha sido valioso en el combate contra las migrañas desde el año 78 d.C. Puede masticar hojas frescas, liofilizadas o secadas con calor para aprovechar los beneficios de esta hierba. O tome tanaceto en forma de pastillas. Una cápsula o comprimido de 125 miligramos (mg) por día podría ayudar. Asegúrese de que estén estandarizados a 0.2% de parthenolide, el ingrediente principal que reduce el dolor y la frecuencia de las migrañas.

- **Jengibre.** Mezcle un poco de jengibre en polvo en un vaso de agua y bébalo. Este método diario funcionó para una persona de Dinamarca que sufrió migrañas por mucho tiempo y jura que el jengibre alivió el dolor y las náuseas de sus dolores de cabeza. También puede comer jengibre fresco, crudo o cocinarlo para aprovechar sus beneficios.

- **Aceite de pescado.** El ácido graso omega 3 que se obtiene de las cápsulas de aceite de pescado ayuda a detener la inflamación provocada por los dolores de cabeza. Los suplementos del aceite de pescado también han demostrado proteger su corazón. Comer pescados grasosos como atún, salmón o caballa le ofrece una alternativa más sabrosa que las pastillas.

Confíe en las vitaminas y los minerales. Usted sabe que necesita una cierta cantidad de vitaminas y minerales para mantener su cuerpo en funcionamiento sin problemas. Pero un poco más de las siguientes vitaminas y minerales puede marcar la diferencia entre una migraña y la ausencia de dolor.

La verdad acerca de los dolores de cabeza del seno

Usted sufre dolores de cabeza del seno constantemente, pero los analgésicos de venta libre no lo ayudan en absoluto. Si éste es su caso, considere que — su dolor de cabeza del "seno" podría ser en realidad una migraña. Eso podría explicar por qué los fármacos de venta libre (FVL) no lo ayudan, ya que las migrañas generalmente requieren medicamentos mucho más fuertes.

Para saber si podría encontrarse dentro de una de las millones de personas que sufren migrañas, hágase tres preguntas. ¿Padece con frecuencia dolores de cabeza del "seno"? ¿Interfieren con su vida diaria los dolores de cabeza? ¿Empeoran con el tiempo sus dolores de cabeza? Si respondió sí, sí y no, sus misteriosos dolores de cabeza podrían ser migrañas. Controle otros síntomas también, como la sensibilidad, el dolor de un lado de la cabeza, las náuseas o el dolor punzante.

Visite a su médico si estos síntomas le suenan muy familiares. Luego puede comenzar el tratamiento adecuado para sus dolores de cabeza.

↬ **Vitamina D y calcio.** Este dúo dinámico ha ayudado a las mujeres que tienen migrañas junto con el período. Un estudio demostró que las mujeres no sólo tenían menores dolores de cabeza, también tenían menos síntomas del síndrome premenstrual (SPM). La misma combinación también alivió el dolor de las migrañas en mujeres posmenopáusicas. Beba leche fortificada con vitamina D para obtener una dosis doble de protección.

↬ **Magnesio.** Una deficiencia de este mineral puede contribuir a las migrañas. Los estudios demuestran que altas dosis de suplementos de magnesio pueden reducir la cantidad y la gravedad de estos desagradables dolores de cabeza. También puede encontrar magnesio en la avena, la batata, el arroz integral, el brócoli, las arvejas, los camarones y la leche descremada.

↬ **Riboflavina.** Tomar 400 mg de esta vitamina B diariamente podría disminuir a la mitad la cantidad de migrañas que sufre. Se ha demostrado que alivia el dolor de cabeza tan efectivamente como la aspirina — sin efectos colaterales. Obtenga riboflavina adicional en su dieta al tomar leche y comer huevos, carne, carne de aves, pescado y verduras de hojas verdes.

Considere realizar tratamientos para el comportamiento. Quizás tomar medicamentos — o incluso suplementos dietarios — no sea bueno para usted. Podría vencer las migrañas con los siguientes métodos sugeridos por el Consorcio del Dolor de Cabeza de los Estados Unidos.

- **Entrenamiento de relajación.** Todas las clases de técnicas de relajación pueden ayudarlo a vencer las migrañas. Éstas incluyen aquellas que le enseñan a controlar la tensión muscular así como aquellas, similares a la meditación, que incluyen la visualización y la relajación mental.

- **Terapia cognitiva del comportamiento.** Un nombre elegante para el control del estrés, la terapia cognitiva del comportamiento enseña cómo reconocer el estrés y minimizar su efecto.

- **Biorretroalimentación.** La biorretroalimentación térmica (calentamiento manual) combinada con el entrenamiento de relajación y la biorretroalimentación electromiográfica (EMG) brindan una promesa como terapias para las migrañas.

Si está interesado en el tratamiento para el comportamiento, consulte con su médico para encontrar la técnica que mejor funcione para usted.

Cuando el dolor de cabeza esconde un problema grave

Después de quedarse despierto hasta las 2 a.m. trabajando en sus impuestos, su cabeza comienza a latirle y no para hasta que duerme durante varias horas. Nueve de cada 10 dolores de cabeza son como ése — incómodos, pero sólo pasajeros.

Pero en ocasiones un dolor de cabeza grave lo ataca en forma inesperada o aparece con síntomas preocupantes. Obtenga asistencia médica si su dolor de cabeza parece poco común en algún aspecto, especialmente si usted tiene más de 55 años. Podría ocultar una de las siguientes afecciones más serias:

Meningitis

- Rigidez en el cuello
- Náuseas y vómitos
- Sensibilidad a la luz
- Fiebre

  La meningitis es una infección grave de los tejidos que rodean el cerebro y la médula espinal.

Accidente cerebro-vascular

- Debilidad o incapacidad para mover una parte de su cuerpo
- Confusión
- Adormecimiento

  Si tiene estos síntomas, no se demore en obtener ayuda.

Tumor cerebral

- Pérdida de la visión
- Dificultad para hablar
- Náuseas o vómitos
- Convulsiones

Conmoción cerebral

- Mareos luego de una lesión en la cabeza
- Visión borrosa o tamaño desigual de las pupilas
- Confusión
- Vómitos

Glaucoma

- Dolor sordo alrededor de los ojos
- Una pupila dilatada
- Visión borrosa
- Ojos llorosos

Migraña

- Sensibilidad a la luz o problemas para ver
- Náuseas o vómitos
- Dolor punzante de un lado de la cabeza

Sinusitis

- Presión del seno

- Nariz tapada
- Fiebre

Enfermedad de las alturas

- Problemas de vista/alucinaciones
- Náuseas o vómitos
- Dificultad para respirar
- Tos
- Sangrado en la retina de los ojos
- Debilidad

  Estos síntomas pueden presentarse en altas latitudes, especialmente por encima de los 10,000 pies. Obtenga atención médica inmediatamente. Su cerebro puede comenzar a hincharse.

Si tiene más de 50 años, preste atención a los dolores de cabeza que se inician cuando comienza a hacer ejercicios y se van cuando finaliza. Éste podría ser un signo de cardiopatía, incluso si no tiene otros síntomas. Asegúrese de mencionárselo a su médico.

Cura casera

La próxima vez que sienta que la tensión avanza progresivamente por el cuello y se le instala en la cabeza, pruebe este remedio para el dolor de cabeza. Mezcle aceite de menta, aceite de eucalipto y alcohol de fricción en un pequeño recipiente. Pásese la mezcla aromática suavemente por la frente y las sienes con una esponja y evite la zona de los ojos. Debería sentirse mejor inmediatamente.

ACIDEZ

Descubra las verdades detrás de los mitos de la acidez

Casi todas las personas experimentan acidez de vez en cuando luego de comer. En el caso de algunas personas, la acidez es frecuente o lo suficientemente aguda como para causar problemas más graves y se la considera una enfermedad — la enfermedad por reflujo gastroesofágico o ERG.

Sin dudas, habrá oído muchos mitos acerca de la acidez. Continúe leyendo para diferenciar las verdades de esos mitos comunes de la acidez. La verdad podría sorprenderlo.

Mito: Una dieta alta en grasas es una causa principal de la acidez.

Verdad: El Dr. Roberto Penagini, un investigador italiano, argumenta que las comidas ricas en calorías, no necesariamente aquellas ricas en grasas, son las culpables.

Por otro lado, esto no implica que pueda comer excesivamente. Ya que cada gramo de grasa tiene nueve calorías, comparado con las cuatro calorías por gramo de proteína o carbohidratos, una comida rica en grasas es generalmente igual que una comida rica en calorías. Pero si usted lleva la cuenta de sus calorías en forma cuidadosa, podría disfrutar de algunas comidas grasosas más sin sufrir las consecuencias.

¿Qué es?

La indigestión ácida o acidez es el síntoma más común de la enfermedad por reflujo gastroesofágico (ERG). Ocurre cuando el ácido estomacal regresa al esófago, el tubo que transporta la comida hasta el estómago. Está más propenso a sufrir un ataque de acidez luego de las comidas o mientras está acostado.

Síntomas:
- Dolor intenso en el pecho
- Dolor o presión en el cuello y la garganta
- Sabor ácido o amargo en la boca

Mito: Necesita realizarse una cirugía para solucionar la acidez crónica.

Verdad: Un estudio de seguimiento de largo plazo demostró recientemente que la cirugía no es más efectiva que los medicamentos antiácidos. De hecho, aproximadamente dos tercios de aquellas personas que se realizaron la cirugía anti-reflujo, llamada funduplicatura, aún tomaban antiácidos en forma regular. Las personas que se realizaron la cirugía no tenían menores probabilidades de padecer cáncer esofágico, una gran preocupación para aquellas personas con ERG. Y, por alguna razón desconocida, presentaban probabilidades mucho mayores de morir de cardiopatías.

Si bien la cirugía es aún la mejor opción en algunos casos, tales como cuando los medicamentos no ayudan, es probable que quiera pensarlo dos veces antes de someterse al procedimiento.

Mito: Si padece acidez crónica, no podrá disfrutar del chocolate nunca más.

Verdad: La nueva evidencia indica que una droga común contra las náuseas puede volver su vida más atractiva. Se llama granisetrón y limita el efecto del chocolate en el reflujo ácido. Los investigadores de la Universidad de Michigan descubrieron que el chocolate incita a las células de su intestino a liberar la serotonina química, que relaja la válvula entre su estómago y el esófago, y permite que el ácido retroceda. Los medicamentos contra las náuseas detienen la serotonina en su camino; por lo tanto, la válvula permanece como una puerta de una sola dirección.

Por el momento, si padece ERG, probablemente aún debería evitar el chocolate. Pero esté alerta. Mientras continúa la investigación del granisetrón y el reflujo ácido, esta droga contra las náuseas podría convertirse en un remedio ampliamente utilizado contra la acidez.

Mito: Las personas que sufren acidez durante la noche deben dormir sentadas.

Verdad: El alivio puede ser tan simple como enrollarse hacia su lado izquierdo. Un estudio realizado por el Hospital de Graduados de Filadelfia descubrió que esta posición era la mejor para evitar la dolorosa acidez a la hora de acostarse. Por otra parte, dormir del lado derecho provoca el mayor daño. Si bien dormir boca arriba provoca que el ácido regrese a su esófago con mayor frecuencia, el ácido tarda más en desaparecer cuando duerme sobre su lado derecho.

La mejor estrategia es entrenarse para dormir sobre su lado izquierdo. Utilice una cuña para dormir detrás de la espalda para mantenerse en esa posición de ser necesario. Sus viajes al país de las maravillas no se interrumpirán por las pesadillas de la acidez.

Mito: Todos los síntomas de la acidez crónica son iguales.

Verdad: La acidez y la ERG tienen varios síntomas diferentes. No todas personas que padecen ERG experimentan el ardor habitual en el pecho. Muchos síntomas en realidad involucran la cabeza y el cuello. Esto generalmente dificulta el diagnóstico de la ERG ya que los síntomas se asemejan a otras afecciones, como la laringitis o el asma. Dichos síntomas se están volviendo tan comunes, especialmente en personas mayores, que el médico receta frecuentemente a sus pacientes asmáticos un inhibidor de la bomba a protones, un medicamento de bloqueo de ácidos concentrados.

A diferencia de la acidez tradicional, los síntomas en cabeza y cuello de la ERG ocurren con mayor frecuencia cuando se encuentra parado que cuando está acostado. Éstos están causados por una disfunción de la válvula en el extremo superior del esófago más que en el extremo inferior, cerca del estómago.

Uno de los síntomas más comunes es la sensación de tener un nudo en la garganta. Otros posibles síntomas incluyen sensación de ardor en la boca, dolor en el cuello, tos permanente, sensación de ahogo, problemas para tragar, mal aliento, dolor de garganta y ronquera.

Detenga la acidez. Ahora que está al tanto de estas verdades poco conocidas, aquí encontrará un informe rápido de 11 pasos que puede realizar para prevenir la acidez y la ERG.

- ↝ Pierda peso si tiene sobrepeso.
- ↝ Deje de fumar.
- ↝ Deje el alcohol o reduzca su consumo.

🖎 No use vestimenta ajustada.

🖎 Reduzca la cantidad de comida.

🖎 Evite las comidas picantes y las bebidas cafeinadas.

🖎 Evite otros causantes comunes de la acidez, tales como frutas y jugos cítricos, chocolate, menta, menta verde, ajo, cebolla y comidas a base de tomate.

🖎 No mezcle los alimentos y el agua. Deje pasar al menos una hora entre la comida y la bebida para evitar hincharse.

🖎 Planee comer al menos cuatro horas antes de ir a dormir.

🖎 No se acueste inmediatamente después de comer.

🖎 Levante la cabecera de la cama ubicando bloques debajo de los pilares de la cama.

Controle el ácido para proteger sus dientes

La acidez, como sabe, no daña su corazón. Y probablemente usted asuma que tampoco daña sus dientes. Pero la verdad es que el ácido ardiente que siente cuando tiene indigestión puede realizar agujeros en sus perlados dientes blancos. Los odontólogos llaman a esta afección erosión dental. No es lo mismo que las caries, que están provocadas por las bacterias, pero el daño no puede revertirse en ninguno de los casos.

"Uno de los signos tempranos más frecuentes que descubrí en los pacientes", afirma el Dr. Steven J. Filler de la Facultad de Odontología de la Universidad de Alabama en Birmingham, "fue la sensibilidad generalizada en los dientes". Desafortunadamente, afirma, las personas generalmente esconden la afección utilizando una marca de pasta dental para dientes sensibles y eso parece ayudar. Sin embargo, la erosión de sus dientes continúa.

"Los controles dentales regulares", afirma Filler, "son muy importantes y pueden identificar un problema crónico". Su odontólogo puede recetarle una pasta de dientes en gel con flúor que puede ayudar a reducir la progresión y volver sus dientes menos sensibles. Si espera a que la afección se vuelva realmente grave, puede llegar a necesitar que le extraigan los dientes — o al menos protegerlos mediante procedimientos de fijación o coronas.

Lo más importante, según Filler, es tratar la fuente misma del ácido. Cambiar su dieta, perder peso y hacer ejercicios ayudará a controlarlo pero es probable que también necesite la ayuda de antiácidos como Tums o Rolaids, o bloqueadores H2 como Tagamet o Zantac.

Cura casera

Para la acidez ocasional provocada por comer excesivamente, no utilice antiácidos a menos que su médico le haya aconsejado hacerlo. En su lugar, mastique una barra de goma de mascar durante aproximadamente media hora. Esa sensación de ardor que tiene está provocada por una pérdida de ácido estomacal en el esófago. La goma de mascar toma su flujo de saliva y ayuda a quitar el ácido naturalmente.

CARDIOPATÍA

Aterosclerosis

Coma para vencer la cardiopatía

De la misma forma en que un embotellamiento puede detener una ciudad, la parálisis en los vasos sanguíneos puede causar toda clase de daños en su cuerpo. Si su sangre tiene dificultades para trasladarse por las arterias, usted se encuentra en mayor riesgo de sufrir un ataque cardíaco, un accidente cerebro-vascular, venas varicosas y una gran cantidad de otras enfermedades. Afortunadamente, puede mejorar su circulación naturalmente con una combinación de hierbas y alimentos.

Ginkgo biloba. La aspirina puede volver su sangre menos pegajosa y disminuir la probabilidad de existencia de coágulos sanguíneos y accidentes cerebro-vasculares. Desafortunadamente, la aspirina puede causarle descompostura de estómago y, en ocasiones, hemorragias internas. Pero ahora tiene otra opción. Un suplemento llamado ginkgo biloba, proveniente de un árbol que existía en China antes de la edad de hielo, también puede funcionar.

Los estudios realizados en laboratorios indican que el ginkgo evita la formación de coágulos sanguíneos y eso lo convierte en una buena forma de combatir los accidentes cerebro-vasculares. Si bien trabaja de forma muy similar a la aspirina, los efectos colaterales son poco comunes. (Asegúrese de que su preparación no esté realizada con semillas de ginkgo, que pueden ser tóxicas y causar convulsiones. Consulte el cuadro de advertencia del ginkgo en el capítulo *Pérdida de memoria*.)

El ginkgo también puede aliviar los síntomas de la claudicación intermitente, una afección que causa un dolor agudo en los músculos de la pantorrilla cuando camina debido al suministro deficiente de sangre en sus piernas. Muchas personas sienten que pueden continuar caminando sin dolor cuando toman este suplemento. Asimismo, generalmente presentan efectos colaterales reducidos. Tome de 120 a 160 miligramos (mg) por día con las comidas para obtener alivio.

Castaño de indias. Los estudios indican que este extracto de semillas ayuda a las personas con venas varicosas e insuficiencia venosa crónica, una afección en la que las válvulas de sus venas no funcionan adecuadamente. La sangre presenta dificultades para trasladarse de regreso hacia su corazón por lo que se acumula en la parte inferior de las piernas. Tomar el extracto de semillas de castaño de indias durante dos semanas puede reducir la hinchazón en sus pantorrillas y tobillos, y aliviar otros síntomas tales como dolor en las piernas, comezón y fatiga. Asegúrese de que su extracto contenga de 100 a 150 mg de escina, el ingrediente activo de esta hierba.

Ajo y cebollas. Estos dos miembros de la familia de las aliáceas combaten la circulación deficiente y agregan sabor a sus comidas. Los compuestos de sulfuro en el ajo y la cebolla evitan que sus plaquetas se amontonen y que la sangre se vuelva pegajosa. Sólo un diente de ajo por día ayudará a desobstruir las arterias pero consulte primero con su médico en caso de que esté tomando warfarina u otro medicamento anticoagulante. Escoja las cebollas amarillas o rojas para obtener los mayores beneficios para la salud. Cocine con ajo y cebolla en vez de sal para ayudar a combatir la presión arterial alta, otro gran factor de riesgo para los accidentes cerebro-vasculares.

Jugo de uvas. Después de años de escoger uvas y examinar las partes, los científicos han decidido que las uvas son saludables sólo cuando están — enteras. El extracto de la semilla y el extracto de la piel de la uva, por

---

¿Qué es?

Algunas veces llamada arteriosclerosis o endurecimiento de las arterias, es el estrechamiento y engrosamiento de sus vasos sanguíneos debido a la acumulación de placa con alto contenido de colesterol. Es similar a lo que ocurre cuando vierte grasa constantemente en la pileta de la cocina — la grasa con el tiempo se endurecerá y bloqueará el flujo de agua. Del mismo modo, la placa bloquea su flujo sanguíneo y aumenta su riesgo de sufrir un accidente cerebro-vascular, un ataque cardíaco — incluso la muerte. El colesterol alto, la falta de ejercicio, el cigarrillo, la diabetes y la presión arterial alta lo ponen en riesgo de sufrir esta enfermedad.

Síntomas:
- No se observan síntomas tempranos
- Accidente cerebro-vascular
- Dolor en pecho, brazo, mandíbula o espalda
- Ataque cardíaco

separado, no contribuyen demasiado para evitar la formación de coágulos sanguíneos y el bloqueo de sus arterias. Pero cuando se combinan estas dos sustancias, la mezcla puede reducir el aglutinamiento de las plaquetas en un 91%. Y es por ello que el jugo de uvas hecho con uvas enteras es una opción inteligente para el corazón. Dos vasos de jugo de uvas moradas por día pueden rejuvenecer sus venas y arterias y hacerlo sentir completamente nuevo.

Té. Si sufre cardiopatías, sabe que corre un mayor riesgo de sufrir accidentes cerebro-vasculares. Pero al agregar un simple y relajante hábito, podrá cambiar los números a su favor. Nuevas investigaciones indican que beber té negro puede ayudar a abrir sus vasos sanguíneos, que pueden estar demasiado angostos debido a la cardiopatía.

Cuando los participantes del estudio bebieron cuatro tazas de té por día durante cuatro semanas, sus vasos sanguíneos se expandieron a un tamaño similar al normal. Los cambios se observaron tras unas pocas horas de haber tomado la primera taza de té. Los investigadores sabían que la cafeína no era responsable del cambio ya que las personas que recibieron una pastilla de cafeína no obtuvieron los mismos resultados. Éstos pensaron que los flavonoides — fuertes antioxidantes que se encuentran en el té — fueron probablemente los que realizaron su trabajo. Se necesitan más investigaciones, pero mientras tanto, ¿por qué no tomar té en vez de café? A diferencia de una nueva droga con efectos colaterales desconocidos, siempre se consideró al té como seguro. De hecho, las personas han tomado té negro por siglos sin ningún problema.

Frutos secos y semillas. Ricos tanto en grasas no saturadas como en vitamina E, los alimentos como las nueces, semillas de sésamo y almendras ofrecen un golpe doble contra los ataques cardíacos, los accidentes cerebro-vasculares y otros problemas de circulación.

Las grasas no saturadas ayudan a prevenir los coágulos y a reducir el colesterol, que puede obstruir sus arterias y dificultar el trayecto de la sangre. La vitamina E evita que el LDL, o colesterol malo, se adhiera a las paredes de sus arterias y disminuye su riesgo de ataque cardíaco o accidente cerebro-vascular. En un estudio, las mujeres que tomaron suplementos de vitamina E durante más de dos años presentaron menos ataques cardíacos en un 41%. Los niveles reducidos de esta vitamina antioxidante también están asociados con la diabetes, artritis reumatoide y claudicación intermitente.

Otras fuentes de grasas no saturadas son el pescado y el aceite de oliva. Puede encontrar vitamina E en el germen de trigo, el aceite vegetal y las verduras de hojas verdes.

Frutas y verduras. Estas fuentes nutricionales de energía tienen mucho que ofrecer, incluidas las fibras, las vitaminas y los minerales. Junto con la vitamina E, los beta carotenos antioxidantes (que su cuerpo convierte en vitamina A) y la vitamina C, ayudan a reducir el riesgo de sufrir un accidente cerebro-vascular. La vitamina C fortalece los vasos sanguíneos menores y diluye su sangre para que fluya con mayor facilidad, mientras que la vitamina A rejuvenece los tejidos y el recubrimiento de las células. Ambas también estimulan su sistema inmunológico y eliminan las toxinas de su cuerpo.

Coma zanahorias, ciruelas, tomates y berro para obtener una dosis saludable de estos importantes nutrientes. Pero no se detenga allí. El espárrago, el cantalupo, las alubias pintas y las verduras de hojas verdes brindan ácido fólico y vitamina B que protegen su corazón. Muchos productos de granos de los Estados Unidos ahora están fortificados con ácido fólico ya que los expertos estimaron que si los productores agregaban ácido fólico al pan y otros productos, cada año morirían 50,000 estadounidenses menos.

Lino. Ya sea que esté en forma de aceite de linaza o semillas de linaza, esta planta le brinda una buena cantidad de ácido alfa linolénico, un tipo de ácido graso omega 3 que reduce la presión arterial y el riesgo de sufrir un accidente cerebro-vascular. Este alimento milagroso, que Gandhi elogió una vez, también combate la artritis, las cardiopatías, la diabetes, los trastornos estomacales e incluso los problemas mentales. También brinda protección contra el cáncer de mama, próstata y colon.

Utilice el aceite de linaza para el aderezo de ensaladas, sopas o salsas, o espolvoree semillas de linaza en cereales y ensaladas. Hornee con harina de lino o agregue algunas semillas de linaza para obtener galletas, panes o pasteles crujientes. Pero agregue el lino a su dieta lentamente — demasiado y en forma rápida podría provocarle gases si no está acostumbrado. También podrá encontrar ácido alfa linolénico en las nueces y en el aceite de nuez o de canola.

Alubias. Al ofrecer abundantes proteínas sin grasas saturadas ni colesterol que obstruyen las arterias, las alubias y otras legumbres son maravillosas alternativas para la carne. Si cambia sólo la mitad de su ingesta de proteínas de fuentes de carne por legumbres, podría reducir su colesterol en un 10% o más. Las alubias también son ricas en fibras, que pueden proteger el corazón y reducir su riesgo de sufrir un accidente cerebro-vascular, y han demostrado que pueden reducir el colesterol. Y cuando las proteínas provienen de las alubias y otras verduras en vez de hacerlo siempre de la carne, usted aumenta las probabilidades de evitar el cáncer y los daños en el hígado.

Los lácteos no siempre dan miedo

La Vía Láctea es el nombre de nuestra galaxia pero para usted puede sonar más como el camino hacia un ataque cardíaco. Si abandonó la leche, los huevos y los productos lácteos porque le preocupa el colesterol, es probable que quiera volver a considerarlo. Las investigaciones recientes sugieren que esos artículos pueden no ser tan malos después de todo. Consulte lo que opinan los expertos acerca de algunos de sus alimentos "prohibidos" favoritos. Es posible que sólo lo haga poner los pies sobre la tierra.

Haga lugar para una mayor cantidad de leche. Es probable que su madre lo haya alentado a beber leche y usted haya hecho lo mismo con sus hijos. Pero con todas las advertencias de salud sobre comer mucha grasa animal, es posible que juzgue a su madre — y a usted mismo.

Los investigadores escoceses recientemente descubrieron que las personas que toman leche no son más propensas a morir de un ataque cardíaco ni de un accidente cerebro-vascular que las personas que no toman leche. De hecho, beber entre dos tercios de taza y alrededor de tres tazas de leche al día en realidad disminuye sus probabilidades de morir de cualquier causa. Un posible teoría es que los hombres que tomaron leche probablemente lo hayan hecho cuando fueron niños, lo que los ayudó a crecer en altura. En el estudio escocés, las personas que no tomaron leche tendían a ser más bajas que las que sí lo hicieron. Las piernas largas en la infancia y la estatura en la edad adulta se asocian con un riesgo inferior de morir de problemas coronarios.

Otra explicación es que la leche, a pesar de contener un elevado nivel de grasas saturadas, aporta otros beneficios, como el calcio que combate las cardiopatías. Las mujeres, especialmente, necesitan tomar leche por el calcio, que las protege de la osteoporosis. De acuerdo con un estudio australiano, a pesar de que las mujeres más jóvenes se preocupan más por consumir el calcio suficiente, las mujeres más grandes toman más leche y obtienen mayor cantidad de calcio que las mujeres más jóvenes. Pero tanto las mujeres más jóvenes como las más grandes no consumen la cantidad de calcio diaria ideal.

Su mejor opción es beber más leche, preferentemente descremada o reducida en grasas. De esa forma, obtiene la parte buena sin la grasa. Busque la leche descremada con alto contenido de calcio para obtener aún mayor protección.

Disfrute de los huevos. Los huevos tienen mala reputación por su alto contenido de colesterol, pero algunos críticos les dan su visto bueno a los huevos fritos sólo de un lado. Dos estudios de largo plazo demuestran que comer hasta un huevo por día no lo pone en mayor riesgo de sufrir un ataque cardíaco o un accidente cerebro-vascular (a menos que sea diabético). Los huevos tienen gran contenido de colesterol pero, al igual que a leche, también ofrecen aportes saludables — folato y otras vitaminas B; vitaminas A, D y E; proteína; y grasas no saturadas. Es posible que estas sustancias contrarresten el daño causado por el colesterol.

Por lo tanto, no tenga miedo — coma un huevo si lo desea. Pero tenga cuidado. El estudio sugiere que las personas que comen gran cantidad de huevos también llevan una dieta poco saludable que incluye tocino, carne vacuna, leche entera y una cantidad reducida de frutas y verduras. Dicho de otro modo, los huevos pueden ser seguros pero el resto de su dieta debería cambiar.

Escoja una menor cantidad de queso. De acuerdo con el Centro de Ciencias para el Interés Público (CSPI), los estadounidenses comen un porcentaje tres veces mayor de queso que hace 30 años. Las hamburguesas, los sándwiches, las pizzas y los bocadillos todos cuentan con gran cantidad de queso. Sin duda, esto significa que está consumiendo grandes cantidades de calcio — pero también está consumiendo grandes cantidades de grasas saturadas que obstruirán sus arterias. De hecho, el queso es la fuente número uno de grasas saturadas, por encima incluso de la carne de vaca. Tiene gran cantidad de colesterol y sodio, que auguran malas noticias para su corazón.

No necesita dejar el queso por completo, pero no le hará daño realizar algunos cambios. El CSPI ofrece varias sugerencias para cambiar su dieta por una con menor sabor a queso. La próxima vez que cocine una hamburguesa asada o prepare un sándwich, no les ponga queso. Un delicioso sándwich de jamón sin queso tiene 6 gramos menos de grasas saturadas y 105 calorías menos que uno con queso. Cuando encargue una pizza, pídala con la mitad de la cantidad normal de queso — y a toda costa evite esas pizzas rellenas con queso que se escurre desde el interior de la masa.

Cuando utilice queso, pruebe el queso reducido en grasas o utilice queso parmesano o romano. Esos quesos tienen la misma cantidad de grasa que los demás pero son más sabrosos por lo que podrá usar una menor cantidad. Limítese a consumir una cantidad de hasta 2 onzas de queso regular por semana y limitará su riesgo de sufrir un ataque cardíaco.

Recuerde, el queso y otros productos lácteos brindan calcio, que es muy necesario — pero le hará un favor a su corazón si obtiene el calcio de la leche descremada o reducida en grasas, el yogur reducido en grasas y el queso reducido en grasas.

Aspirinas: ¿amigas o enemigas?

Una aspirina por día evita los ataques cardíacos. Al menos eso es lo que usted probablemente haya oído acerca de esta pequeña pastilla común. La aspirina realmente ayuda a su corazón. El ácido salicílico, el ingrediente activo de la aspirina, evita que las células sanguíneas se amontonen y se adhieran a las paredes de sus arterias. Esto reduce su riesgo de formación de coágulos sanguíneos y de ataques cardíacos.

La aspirina incluso puede ayudarlo a salvar su vida si realmente sufre un ataque cardíaco. Al primer signo de alarma — cuando sienta que el dolor de pecho se extiende hacia su mandíbula, brazo o espalda — los expertos recomiendan llamar al 911, luego tomar 325 miligramos (mg) de aspirina.

Pero las nuevas investigaciones sugieren que la terapia de aspirinas no es para todos. De hecho, para algunas personas, la aspirina puede ser un absoluto dolor de cabeza — sin mencionar el riesgo para la salud.

Aquí encontrará tres razones para ser cuidadoso con la terapia de aspirinas.

El colesterol alto puede implicar una reducción de beneficios. Los investigadores de la Universidadde Maryland descubrieron que la aspirina no funciona igual para las personas con colesterol alto. En su estudio, el 56% de las personas con niveles de colesterol superiores a 220 no respondieron a la terapia diaria de aspirinas. En comparación, sólo el 24% de las personas con niveles de colesterol por debajo de 180 no mostraron respuestas.

Esto podría significar que si tiene colesterol alto necesita tomar más de 325 mg de aspirina por día. O quizás la aspirina no sea el mejor tratamiento y necesite encontrar otras formas de evitar que sus células sanguíneas se amontonen. Incluso entre aquellas personas con niveles normales de colesterol, el estudio demostró que la aspirina sólo funciona el 75% de las veces.

El daño puede pesar más que el beneficio. Ya que la aspirina evita que sus células sanguíneas se amontonen, también dificulta la formación de coágulos en la sangre. Esto significa que si usted está sangrando, el sangrado puede tardar más tiempo en detenerse. Los investigadores británicos explican que para muchas personas el aumento en el riesgo de complicaciones en el sangrado — que incluyen las hemorragias — excede el beneficio de la disminución en el riesgo de sufrir un ataque cardíaco.

Para asegurarse de que se beneficiará de la terapia de aspirinas, los investigadores sugieren que su médico calcule científicamente su riesgo de sufrir un ataque cardíaco usando las tablas del estudio Framingham del corazón. Si tiene un porcentaje de riesgo de 1.5 o mayor por año, entonces tome aspirina. De lo contrario, podría representar más problemas que ser de utilidad.

El riesgo de sufrir un accidente cerebro-vascular puede elevarse. Debido al aumento en el riesgo de sangrado, la aspirina puede elevar su riesgo de sufrir un accidente cerebro-vascular hemorrágico, el tipo causado por el estallido de un vaso sanguíneo en su cerebro o alrededor de éste. Un estudio realizado en Finlandia descubrió que si tiene antecedentes de hemorragia nasal puede encontrarse en mayor riesgo de sufrir este tipo de accidente cerebro-vascular. El peligro aumenta aún más si toma aspirinas. Si usted experimentó hemorragia nasal durante los últimos cinco años, piense en cambiar a un calmante para el dolor diferente de la aspirina.

Recuerde que la aspirina generalmente puede ayudar a reducir el riesgo de sufrir un ataque cardíaco. Pero no tome una aspirina por día simplemente pensando que no le hará daño. Es posible que no tenga ningún efecto en absoluto — o podría causarle problemas de hemorragia o hasta incluso un accidente cerebro-vascular. Consulte con su médico antes de probar una terapia de aspirinas.

Cómo escapar de los ataques cardíacos

Es posible que sienta como si sufriera un ataque cardíaco cuando su avión desciende repentinamente. Pero en realidad, el solo hecho de sentarse en el avión puede ponerlo en riesgo si tiene aterosclerosis u otros problemas cardíacos relacionados.

Los expertos descubrieron recientemente que volar provoca un grave descenso en la cantidad de oxígeno en la sangre, una afección llamada hipoxia. La raíz del problema es la baja presión del aire en la cabina del avión, que puede ser la misma que si estuviera parado en una montaña de 8,000 pies. A tan baja presión, sus pulmones tienen problemas para depurar el oxígeno en el torrente sanguíneo y sus órganos principales reciben un porcentaje de oxígeno hasta un 20% inferior a lo normal. Para intentar compensar la diferencia, su corazón bombea cada vez más rápido y con más fuerza.

En el caso de una persona saludable, esta reacción en cadena puede causarle dolor de cabeza, cansancio y otros síntomas molestos pero inofensivos. En el caso de las personas que sufren problemas de salud graves — como arterias bloqueadas, cardiopatías o afecciones pulmonares — la hipoxia podría provocar un desmayo temporario o algo peor, un ataque cardíaco. La baja humedad de la cabina combinada con su ansiedad, deshidratación y el estar sentado inmóvil durante tanto tiempo, también complementan su riesgo durante un vuelo.

Antes de comenzar a consultar los cronogramas del tren, considere estas breves e interesantes sugerencias de los expertos. Podrán ayudarlo a mantener las alas y la salud.

Proteja su estómago de las descomposturas causadas por las aspirinas

Su médico y usted están de acuerdo en que la — aspirina es una buena opción para usted teniendo en cuenta los riesgos individuales. El único problema es que la aspirina le provoca descompostura de estómago.

Primero, controle la fecha en el envase. Si está tomando comprimidos que estuvieron en el botiquín durante años, deshágase de ellos. Con el tiempo, la aspirina se convierte de nuevo en ácido salicílico, que puede ser particularmente peligroso en su estómago.

Si la aspirina nueva no soluciona el problema, pruebe tomarla con la comida o con un antiácido como Rolaids o Tums. Si esto no calma su estómago, busque aspirinas entéricas, o recubiertas, resistentes al ácido estomacal y que se disuelven en los intestinos.

Coma, beba y no se preocupe. Un reciente estudio japonés descubrió una grandiosa manera de mantener sus niveles de oxígeno por las nubes mientras se encuentra a grandes alturas en el cielo. Simplemente hágase tiempo para un bocadillo y una bebida descafeinada antes de subir al avión.

"Comer y beber algo es el método más simple para las personas que viajan en avión de incrementar el volumen de sangre en circulación", observa el Dr. Makoto Matsumura del Instituto del Corazón de la Escuela Médica Saitama en Japón. En su estudio, las personas que tenían comida en el estómago presentaban un flujo mayor de oxígeno del 50% hacia el cerebro y aproximadamente un 20% más hacia los demás órganos. Sin embargo, no se tire por la borda antes de subir a bordo. El estudio descubrió que llenarse demasiado podría tener el efecto contrario y tensionaría más su corazón.

Visite a su médico antes de despegar. Si sabe que tiene un cardiopatía grave, consulte con su médico antes de realizar cualquier vuelo largo. En el caso de las personas que vuelan con frecuencia y se preguntan si se encuentran en riesgo, aquí encontrará una excusa más para programar un chequeo médico regular.

Practique relajarse. Estar nervioso por el vuelo sólo aumenta los riesgos para la salud durante el vuelo. Por lo tanto, aprender formas de relajarse podría volver su viaje más placentero y más seguro también. Para comenzar, pruebe este ejercicio comprobado para respirar hondo. Afloje cualquier corbata, cinto u otra prenda de vestir ceñida. Luego cierre los ojos. Concéntrese en tensar todos los músculos de su cuerpo. Cuando todo su cuerpo esté tenso, relaje los músculos, un grupo por vez y respire profundamente.

Deje lo malo a un lado. Algunas personas toman unos tragos para relajarse y vencer el miedo a volar. Esa es una de las peores cosas que puede hacer a 30,000 pies. El alcohol hace que para su cuerpo sea doblemente más difícil mantener el oxígeno. Además, lo deshidratará, y la deshidratación es otro factor de riesgo principal para las emergencias de salud en el avión.

El cigarrillo también convierte en una molestia respirar oxígeno. Los cigarrillos causan estragos en las pequeñas arterias que transportan el oxígeno de sus pulmones al torrente sanguíneo. Si fuma antes de subir al avión, ya tiene hipoxia antes de despegar. Finalmente, —abandone la adicción o al menos no encienda el cigarrillo en el aeropuerto.

Impotencia: un importante síntoma de su salud cardíaca

Dicen que la forma de conquistar el corazón de un hombre es a través de su estómago — pero las mujeres siempre sospecharon que el secreto se encuentra un poco más abajo. Resulta que ambas zonas guardan una importante relación con el corazón así como entre ellas.

Siga leyendo para descubrir la relación entre la capa de grasa alrededor de la cintura, la impotencia y la aterosclerosis — y cómo reafirmar sus defensas contra esta afección posiblemente mortal.

Esté atento a la relación de enfermedad entre impotencia y corazón. El viagra les ha dado a muchos hombres una segunda vida. Además de sus obvios beneficios, esta droga contra la impotencia ofrece el beneficio adicional de ayudar a los médicos a descubrir las cardiopatías durante sus ciclos iniciales. Debido a los posibles efectos del viagra en el corazón, los hombres generalmente visitan al cardiólogo para asegurarse de que pueden tomar la droga en forma segura.

El Dr. Marc R. Pritzker de la Fundación del Instituto del Corazón de Minneapolis recientemente realizó pruebas en 50 de esos hombres de entre 40 y 65 años que tenían problemas para lograr o mantener una erección. Un colosal 80% de ellos presentaba más de un factor de riesgo de cardiopatías, incluidos presión arterial alta, colesterol alto, fumar y estilo de vida sedentario. Y un 40% presentaba graves bloqueos en las arterias coronarias.

"Ahora comprendemos que la aterosclerosis que se detecta en un grupo de vasos sanguíneos aumenta notablemente las probabilidades de tener esta clase enfermedad de los vasos sanguíneos en otras partes del cuerpo, incluidos corazón, cerebro, piernas y riñones", explica Pritzker.

"Ya que los vasos sanguíneos que alimentan el pene son más delgados que las arterias que se encuentran en otras partes del cuerpo, la aterosclerosis — el proceso de enfermedad que conduce a los ataques cardíacos y accidentes cerebro-vasculares — puede manifestarse por sí misma como una disfunción eréctil antes de que la enfermedad se manifieste en otras arterias."

Dicho de otro modo, la impotencia puede ser el primer signo de un problema mucho mayor.

Otros estudios han llegado a las mismas conclusiones. Un experimento realizado por el Dr. Kevin Billups de St. Paul, Minnesota, descubrió que el 60% de los 57 hombres impotentes en estudio tenían colesterol alto. De ese grupo, un 91% también demostró signos de cardiopatías luego de experimentar problemas de impotencia.

Ciertamente, el sólo hecho de que tenga impotencia no implica que tenga aterosclerosis. Podría ser un efecto colateral de los medicamentos, de la depresión, el estrés, la fatiga o incluso un problema psicológico. Pero Pritzker estima que la aterosclerosis es la culpable en el 50% de todos los casos de impotencia.

"Un hombre que lleva una actividad sexual regular y experimenta un cambio constante en su función eréctil puede estar manifestando signos de aterosclerosis por la que las arterias se encuentran obstruidas y el músculo del corazón no recibe suficiente sangre", afirma.

"A medida que nos volvemos más exhaustivos al interrogar a los pacientes, es común escuchar que la disfunción eréctil precedió el comienzo de una cardiopatía durante un año o más. Por lo tanto, la disfunción eréctil puede ser un signo de advertencia temprana de posibles cadiopatías".

Si experimenta problemas con las erecciones, es posible que desee concertar una visita al cardiólogo para que éste lo examine para detectar posibles enfermedades en las arterias coronarias.

Abandone la irritabilidad con apoyo emocional

Abandonar el vicio es una buena forma de proteger sus arterias, sin mencionar su vida afectiva. Pero enojarse luego de fumar el último cigarrillo no le aportará ningún punto en el campo afectivo.

Es natural sentir una respuesta emocional mientras su cuerpo se ajusta a la abstinencia física de la nicotina. En cierta forma, es como sentirse afligido por la pérdida de un amigo. Sólo necesita aprender a manejarlo.

Converse con su pareja sobre sus sentimientos y pídale apoyo. Ésta podrá ayudarlo a centrar su atención nuevamente en los beneficios que está obteniendo al dejar el hábito, incluida la energía y la resistencia — una ventaja real en el dormitorio.

Por otra parte, si su malhumor no cesa, eso podrá causar problemas en su relación. En ese caso, es posible que desee unirse a un grupo de apoyo como Nicotina Anónimos Aprender la forma en que otras personas sobrellevan la irritabilidad puede brindarle claves sobre la manera más rápida de regresar a su personalidad bondadosa.

Adelgace el abdomen para reducir su riesgo. Antes de comprar pantalones más grandes, recuerde que su riesgo de impotencia aumenta junto con su cintura.

El profesor de Harvard Eric B. Rimm realizó un estudio recientemente que determinó que el tamaño de la cintura tenía un gran impacto en la disfunción eréctil. Por ejemplo, un hombre con una cintura de 42 pulgadas tenía aproximadamente el doble de posibilidades de experimentar impotencia comparado con un hombre con una cintura de 32 pulgadas. Rimm y sus colegas también descubrieron que los hombres que practicaban ejercicios 30 minutos por día presentaban menores probabilidades de sufrir impotencia en un 41% comparado con aquellos que practicaban ejercicios durante menos tiempo.

Estos resultados son lógicos si se considera que la obesidad y el estilo de vida sedentario también constituyen factores de riesgo de la aterosclerosis. Debería comenzar a ver una relación concreta — un abdomen grande es un factor de riesgo para la impotencia, que puede ser un signo de la aterosclerosis, que puede ser la consecuencia de un abdomen grande.

Si eso suena muy confuso, sólo recuerde que los factores de riesgo para la impotencia y la aterosclerosis son los mismos.

Prevenga los dos problemas haciendo un sólo esfuerzo. Debido a la íntima relación entre la impotencia y la aterosclerosis, los pasos que realice para prevenir una también lo ayudarán a protegerse de la otra.

Aquí encontrará unos cambios simples y saludables en su estilo de vida que podrá realizar para combatir la impotencia y la aterosclerosis.

- ↦ **Ejercicios.** Aún si comienza a hacerlo a una edad mayor, el ejercicio es la manera más efectiva de disminuir su riesgo de impotencia. Por lo tanto, comience a hacerlo.

- ↦ **Siga una dieta saludable.** Reduzca el consumo de carne, grasas saturadas y sal; y consuma más frutas, verduras y granos integrales. Ayudará a controlar su peso, presión arterial y colesterol.

- **Beba en forma moderada.** El estudio de Rimm descubrió que los hombres que bebían uno o dos tragos por día redujeron su riesgo de impotencia en un tercio comparado con aquellos que bebían una mayor cantidad o no bebían en absoluto.

- **Deje de fumar.** Hará milagros para sus arterias — y su salud en general.

En ocasiones, unos pocos cambios es todo lo que se necesita para resguardar su corazón y su vida sexual. Según Pritzker, "La cardiopatía presente en los participantes del estudio podía tratarse y en muchos casos la disfunción eréctil de los hombres desapareció cuando éstos dejaron de fumar o controlaron sus niveles de colesterol".

Cura casera

¿Preocupado por sus arterias? Cómase un caqui. Esta fruta color naranja rojizo proveniente de China puede ayudar a mantener sus arterias desobstruidas y activas. El caqui tiene altos niveles de fibra, potasio, magnesio, calcio y antioxidantes — todas armas poderosas para combatir la aterosclerosis.

Presión arterial alta

Deshágase de sus pastillas para la presión arterial definitivamente

Las drogas para la presión arterial han prevenido sin dudas muchas muertes por cardiopatías y accidentes cerebro-vasculares en los últimos 30 años. Sin embargo, de acuerdo con un estudio reciente, algunas personas podrían continuar bien sin las drogas — si están dispuestas a realizar algunos cambios en su estilo de vida.

En ocasiones los médicos recetan medicamentos a las personas con presión arterial levemente alta simplemente porque saben que la mayoría de las personas no sigue sus consejos sobre la dieta y los ejercicios. Si usted sólo toma una clase drogas pata tratar la presión arterial levemente alta, podrá dejar de comprar esas costosas y pequeñas pastillas. En su lugar, tendrá que realizar cambios en su estilo de vida, como mantener un peso corporal ideal y seguir una dieta reducida en sodio y alcohol.

Ciertamente, no deberá dejar de tomar ninguna droga recetada sin la aprobación de su médico. Pero si quisiera intentar reducir su presión arterial naturalmente, consulte con su médico sobre estos métodos libres de drogas. Luego, con su aprobación, pruébelos.

Cambie a la dieta DASH. Este plan alimentario proviene de un estudio científico llamado Enfoque dietario para detener la

---

¿Qué es?

La presión arterial es la fuerza de la sangre que empuja contra sus arterias. Sufre presión arterial alta cuando su corazón necesita trabajar con mayor fuerza de lo habitual para bombear sangre a través del sistema circulatorio. Esto puede dañar el corazón y las arterias e incrementar su riesgo de sufrir un ataque cardíaco, accidente cerebro-vascular, daño ocular, insuficiencia cardíaca congestiva y aterosclerosis.

El número superior de la lectura de su presión arterial, la presión sistólica, se mide cuando su corazón se contrae. El número inferior, o presión diastólica, se mide cuando su corazón se relaja.

Síntomas:

- No se observan síntomas externos
- Lectura de la presión arterial mayor que 140/90

---

hipertensión. El estudio comparaba tres planes alimentarios diferentes y el plan más efectivo se hizo conocido como la dieta DASH. Éste incluye porciones diarias de cuatro a cinco verduras; cuatro a cinco frutas; siete a ocho cereales; dos a tres productos lácteos reducidos en grasas o sin grasas; dos porciones de carne o menos; y media porción de frutos secos, semillas o alubias.

Para obtener mayor información sobre la dieta DASH, visite el sitio Web del Instituto Nacional del Corazón, los Pulmones y la Sangre <www.nhlbi.nih.gov> o escriba a: NHLBI Health Information Center, P.O. Box 30105, Bethesda, MD 20824-0105.

Descubra el estilo mediterráneo. Coma menos grasa, afirman los expertos. Pero puede mantener su nivel de grasas — dentro de lo razonable — y reducir su presión arterial también si come como lo hacen en Grecia y el sur de Italia. Un estudio reciente descubrió que las personas que reemplazaron parte de las grasas saturadas, por ejemplo crema, manteca y queso, de sus dietas por aceite de oliva extra virgen disminuyeron su presión arterial considerablemente. Algunas personas pudieron reducir el consumo de medicamentos para la presión arterial o abandonarlos completamente.

Pero de acuerdo con el Instituto Americano para la Investigación del Cáncer, el aceite de oliva constituye sólo un porcentaje reducido de la ingesta saludable de esa parte del mundo. Las personas del mediterráneo comen una gran variedad de vegetales — a tal grado que a las personas de Creta antiguamente se las llamaba "mangifolia," que significa "personas que comen hojas". Las personas del mediterráneo comen una cantidad muy reducida de carne y alimentos envasados, gran cantidad de pescado y verduras, y beben una cantidad reducida de vino tinto. Ya que la variedad forma parte importante de su dieta: comen porciones reducidas de muchas comidas todos los días. La abundancia de alimentos vegetales contribuye con una gran cantidad de fibras naturales, que se ha relacionado con un exitosa pérdida de peso y una buena salud. ¿Quién dijo que una dieta saludable para el corazón tiene que ser aburrida?

Coma menos, muévase más. Comer bien es sólo la mitad de la batalla a la hora de reducir la presión arterial. El ejercicio aporta la otra mitad. Un estudio reciente descubrió que un programa de dieta y ejercicios no sólo reducía la presión arterial, también mantenía esa lectura reducida durante las épocas de estrés mental. Perder una cantidad reducida del 3% de su peso corporal puede ayudar a reducir su presión arterial. Si usted pesa 200 libras, podría tener una presión arterial inferior luego de perder sólo seis libras. Pero, ¿por qué detenerse allí? Continúe hasta alcanzar su peso ideal. Una vez que su médico lo autoriza para realizar ejercicios, comience de inmediato. Pruebe caminar en forma enérgica si no ha realizado ejercicios durante un tiempo. A medida que se pone en forma y pierde peso, puede solicitar a su médico practicar natación, ciclismo y otras clases de ejercicio.

Obtenga la mezcla mineral apropiada. Si bien los científicos no están de acuerdo en si una dieta reducida en sodio puede disminuir la presión arterial para todas las personas, probablemente usted esté consumiendo una mayor cantidad de este mineral de lo que necesita. Pruebe reducir la sal durante un tiempo. Si resulta que usted es sensible a la sal, su presión arterial debería disminuir.

Otros minerales, como el calcio, potasio y magnesio, pueden ayudar a reducir la presión arterial. Los productos lácteos reducidos en grasas le ofrecen la mejor fuente de calcio. Para consumir grandes cantidades de potasio, coma grandes cantidades de fruta fresca, incluidos los aguacates, las bananas, los higos, los damascos y los cantalupos. Las alubias, las alubias de cabecita negra, las ostras, los aguacates y las semillas de girasol son buenas fuentes de magnesio.

Libérese de los malos hábitos. Si está preocupado por la presión arterial alta, puede realizar algunos cambios en su estilo de vida para disminuir su riesgo. No fume y, si toma, limite el consumo de alcohol. Esto significa no más de dos tragos por día para el hombre y de un trago por día para la mujer.

Si logra controlar su presión arterial sin drogas, ahorrará dinero y evitará efectos colaterales no deseados. No obstante, si necesita tomar medicamentos, no lo dude. La presión arterial alta puede tener resultados mortales y las nuevas investigaciones demuestran que incluso puede afectar su capacidad para pensar.

Una mente perspicaz depende de un suministro regular de sangre rica en oxígeno. La presión arterial alta que no recibe tratamiento puede dañar el interior de las arterias y obstruir el flujo sanguíneo. Para aumentar su memoria y concentración, mantenga su presión arterial bajo control.

Mineral de múltiples talentos ahora fácil de conseguir

Gracias al anuncio de de la FDA en vísperas del Día de todos los Santos, le resultará más sencillo descubrir los alimentos que se disfrazan de colaboradores cardíacos.

El 31 de octubre de 2000, la FDA comenzó a permitir que los fabricantes de alimentos coloquen la siguiente frase en ciertos productos: "Las dietas que contienen alimentos ricos en potasio y bajos en sodio pueden reducir el riesgo de sufrir presión arterial alta y accidente cerebro-vascular".

Si lee esa frase en el envase de los alimentos, puede estar seguro de que el alimento en cuestión contiene lo siguiente:

- Al menos un 10% de la ración diaria recomendada (RDA) de potasio, o 350 miligramos (mg)
- 140 mg o cantidad inferior de sodio
- Menos de 3 gramos de grasa
- 1 gramo o cantidad inferior de grasa saturada
- 20 mg o cantidad inferior de colesterol

La próxima vez que vaya al supermercado, esté alerta. Podrá encontrar un excelente alimento nuevo rico en potasio y bajo en sodio, grasa y colesterol — justo lo que dará un susto a su presión arterial alta.

Impactantes noticias sobre la sal

Durante miles de años, la sal fue amiga del hombre. Las personas la utilizaban para evitar que la carne, el pescado y otros alimentos se echaran a perder, y los labradores la comían para reemplazar los minerales perdidos por la transpiración. Pero eso fue antes de la refrigeración, el aire acondicionado y la televisión por cable

La sal es un mineral compuesto por sodio y cloruro. Una deficiencia de sodio es peligrosa para su cuerpo pero muy pocas dietas tienen bajo contenido de sodio. Sus necesidades son reducidas — aproximadamente 500 miligramos (mg) por día, que es en líneas generales una cucharada de sal. Una persona promedio consume aproximadamente 4,000 mg de sodio por día.

Quizás haya oído que la sal puede provocar presión arterial alta en personas sensibles a la sal. La presión arterial alta es un problema grave ya que generalmente conduce a las cardiopatías y aumenta su riesgo de muerte temprana. Los nuevos estudios sobre la sal y las cardiopatías son aún más preocupantes. Los científicos descubrieron que usted puede ser sensible a la sal sin haber tenido nunca presión arterial alta. Esto significa que aún se encuentra en riesgo de morir de una cardiopatía pero no tendrá el alarmante signo de la presión arterial elevada. Y el sobrepeso aumenta su riesgo aún más.

Debido a que es difícil medir la sensibilidad a la sal, el Instituto Nacional del Corazón, los Pulmones y la Sangre recomienda a todas las personas reducir el sodio a 2,400 mg por día, que es una cantidad ligeramente superior a una cucharada de sal. Eso puede sonar suficiente, pero la sal aumenta rápidamente, especialmente en los alimentos procesados.

"Sólo el 10% del sodio alimenticio proviene de la sal que se agrega a los alimentos en la mesa", afirma el Dr. Myron Weinberger, Director del Centro de Investigaciones de la Hipertensión de la Facultad de Medicina de la Universidad de Indiana. "Por lo tanto, para reducir el consumo de sal, los estadounidenses deberían tener cuidado con el contenido de sodio de los alimentos preparados, conservados y procesados".

Pero los fabricantes de alimentos saben que a las personas les gusta la sal. Es por ello que han demorado bastante en reducirla, pensando que usted no compraría sus alimentos si el sabor era un tanto diferente. Con la comida rápida es incluso peor. Si su comida rápida favorita es una hamburguesa Big Mac con papas fritas grandes, el total de sodio en esa comida únicamente es de 1,500 mg.

Si desea evitar las cardiopatías, deberá controlar las etiquetas de información nutricional para conocer el contenido de sodio cuidadosamente y cambiar la forma en que come. Pero, con un poco de paciencia, realmente podrá disfrutar de una dieta reducida en sodio.

¿Cuánta sal se esconde en su comida?

Alimento	Sodio en miligramos

Carnes:

3 onzas de carne de vaca cocida	53
3 onzas de pollo cocido	50
1 pancho grande	638
3 onzas de carne de vaca cortada	2,953

Verduras:

1/2 taza de zanahorias cocidas	50
1 papa pequeña al horno	20
1 mazorca de maíz cocida	3
1 taza de puré de maíz	572

Frutas:

1 durazno	0
1 taza de duraznos en lata	16
1 porción de torta de durazno	253
1 manzana	0
1 porción de torta de manzana	444

Comida rápida y congelada:

Comida preparada—pollo, maíz, puré de papas y budín de chocolate	1,820
Galletas para el desayuno	1,470
Hamburguesa con queso pequeña	725
1 porción de anillos de cebolla	800
Sándwich de carne de vaca	792

Sea mezquino. Al cocinar, intente utilizar la mitad de la sal necesaria según la receta. Se podría eliminar completamente la sal de algunas recetas. Siempre podrá agregar un poquito en la mesa. Simplemente no sale la comida en forma automática, como lo hacen muchas personas. Al menos, pruébela primero y, si siente que necesita un poquito más, pruebe con pimienta, cebolla o ajo en polvo, o un producto comercial sin sal, como por ejemplo Mrs. Dash o Spike.

Escoja opciones frescas. Compre vegetales frescos o busque los vegetales enlatados bajos en sodio. Luego de todos esos años, podrá descubrir cómo saben realmente las alubias verdes. Busque sopas bajas en sodio también o prepárelas usted mismo. Siempre que sea posible, evite las carnes procesadas, como los embutidos. Y, si algún alimento tiene una etiqueta que dice "en vinagre" o "curado", significa que se ha embebido en sal y debería evitarlo. Incluso esos pollos a la parrilla tan cómodos que venden en su tienda de comestibles fueron curados previamente con sal. Para consumir menos sal, deberá cocinar más en casa, pero se sentirá más saludable para hacerlo.

Tenga cuidado con los adicionales. Gran parte de la sal de su dieta proviene de los condimentos, como el ketchup, la mostaza, la salsa agridulce con especias y la salsa de soja, y de los alimentos adicionales como los pickles. ¿Podría creer que un pepinillo grande en vinagre tiene más de 1,000 mg de sal? En su lugar, coma bastones de zanahoria con el almuerzo. Suspenda la taza de sopa con alto contenido de sodio y el sándwich, y pruebe acompañamientos con verduras o una ensalada. Y ni siquiera piense en comer rellenos como acompañamiento nunca más. Una taza de relleno esconde más de 1,000 mg de sal. Recuerde controlar sus bebidas también. Una lata de bebida cola de 12 onzas contiene aproximadamente 50 mg de sodio. Beba agua con una rodaja de lima o limón de a sorbos.

Pregunte antes de hacer su pedido. Salir a comer puede ser un desafío cuando está realizando una dieta especial. Pregunte al mozo si la comida que pedirá está preparada con sal o MSG (glutamato de monosodio), que tiene alto contenido de sodio. Muchos restaurantes pueden cocinar los alimentos de la forma que usted lo desee. Pida que coloquen las salsas a un lado y agréguelas moderadamente o no las agregue si están saladas.

Tenga cuidado con los peligros poco conocidos

Usted sabe que el cigarrillo, el estrés y la obesidad pueden causar presión arterial alta. Pero, ¿sabía que un simple desayuno con café, tostadas y mermelada de naranja puede provocar el mismo efecto?

Además de los riesgos obvios para la presión arterial alta, como los alimentos grasosos, el alcohol y la sal, disipe cualquier otro peligro menos conocido. Aquí encontrará sólo una pequeña muestra de ellos, seguidos de algunos métodos de defensa poco comunes.

↦ **Naranjas de Sevilla.** Estas naranjas ácidas, que se cultivan principalmente para mermeladas, tienen el mismo efecto que el pomelo en los medicamentos para su presión arterial. Probablemente haya oído sobre el "efecto del pomelo" o lo hayan prevenido para que no tome sus medicamentos junto con el pomelo o con el jugo del pomelo. Esto se debe a que el pomelo evita que cierta enzima metabolice su medicamento. Sin nada que lo detenga, los medicamentos se acumulan en su cuerpo — a niveles posiblemente tóxicos. Los científicos descubrieron recientemente que lo mismo ocurre con las naranjas de Sevilla ya que, como el pomelo, éstas contienen una sustancia llamada DHB. Pero ya que es probable que sólo consuma las naranjas de Sevilla en mermeladas, — y una cucharada de mermelada probablemente no contenga suficiente DHB para afectar su medicamentos, — el riesgo es reducido. Aún así, sería una buena idea no tomar los medicamentos para la presión arterial mientras come una tostada con mermelada de naranja.

↦ **Café.** Algunas personas no se imaginan comenzar el día sin una taza de café. Otras personas sólo toman una taza de café en forma ocasional. Curiosamente, las personas que lo hacen en forma parcial pueden encontrarse en mayor riesgo. Los médicos suizos descubrieron que el café — incluso el descafeinado — provocó un aumento importante en la presión arterial de las personas que usualmente no toman café. Si bien el café estimulaba el sistema nervioso simpático en ambos grupos, la presión arterial de las personas que tomaban café en forma habitual no aumentó. Ésta es otra precaución relacionada con el café — aléjese de éste en épocas de estrés si tiene presión arterial alta o antecedentes familiares de esta afección. Un estudio realizado por la Universidad de Oklahoma demostró que la combinación de estrés y cafeína hacía aumentar rápidamente la presión arterial en estas personas, aún si habían tomado café durante mucho tiempo. En algunos casos, la presión arterial se mantenía elevada durante 12 horas luego de una única dosis de cafeína.

✎ **Contaminación del aire.** ¡Alerta sobre el smog! Si vive en una ciudad grande, probablemente esté acostumbrado a las advertencias cuando el aire se encuentra particularmente contaminado. Pero ahora, podría tener otra razón para preocuparse por el medio ambiente. Resulta que, a medida que la contaminación empeora, su presión arterial se eleva. Investigadores alemanes descubrieron esta tendencia, que no se ha explicado completamente. Los contaminantes que se encuentran en el aire pueden afectar la parte de su sistema

Venza los mareos con café

Si bien el café presenta riesgos para las personas con presión arterial alta, puede ser de gran ayuda en ciertas situaciones de corto plazo.

Aquí encontrará un ejemplo. Usted cena, luego se levanta de la mesa y se siente aturdido o mareado.

Es un incidente bastante común ya que su presión arterial disminuye luego de las comidas. Esta presión arterial baja, o hipotensión, puede incluso causarle un desmayo.

Afortunadamente, aquí encontrará una solución simple. Beba una taza de café o té inmediatamente después de la comida y la cafeína aumentará su presión arterial lo suficiente como para evitar esos síntomas potencialmente peligrosos.

Practicar ejercicios tiene el mismo efecto y la caminata luego de las comidas es una buena manera de evitar la disminución de presión arterial temporaria para las personas más jóvenes. Pero si usted es mayor, su mejor opción es tomar una bebida cafeinada primero. Una vez que se sienta estable, salga a dar un paseo.

nervioso que controla la presión arterial. La contaminación del aire también afecta la temperatura, la presión barométrica y la humedad — todos factores que influyen en la presión arterial. Independientemente del motivo, el problema es más grave para aquellas personas que ya presentan factores de riesgo para las cardiopatías, tales como un aumento en la frecuencia cardíaca. Su presión arterial sistólica (el primer número al medir la presión arterial) aumentó en una proporción aproximadamente cuatro veces mayor que las demás personas. Preste atención a esas alertas sobre el smog y limite sus salidas al exterior en los días especialmente malos.

- **Regaliz.** Dar vueltas sobre estas noticias perturbadoras — con un refrigerio de regaliz no es buen tratamiento para su corazón. Un ingrediente del regaliz, llamado ácido glicirrícico, causa estragos en su presión arterial. Investigadores de Islandia descubrieron que el consumo de una cantidad reducida de 50 gramos de regaliz, aproximadamente el equivalente de unos pocos caramelos de goma por día, podría aumentar en forma significativa su presión arterial. La buena noticia es que la mayor parte del regaliz que se vende en los Estados unidos se realiza con saborizantes artificiales, generalmente anís. Pero si el regaliz verdadero es su tratamiento favorito, probablemente debería suspenderlo. Y esté alerta sobre la presencia del regaliz verdadero en lugares inesperados, tales como los productos que contienen tabaco y los laxantes.

- **Ciclosporina.** Esta droga recetada, suministrada a los receptores de trasplantes de órganos así como a las personas que sufren de artritis reumatoide, puede causarles presión arterial alta. Si su presión arterial se eleva mientras toma ciclosporina, su médico probablemente reduzca la dosis entre un 25% y un 50%. Si el problema continúa, es probable que deba cambiar de medicamento.

- **Corticosteroides.** Estos esteroides, que son similares a las cortisonas de hormonas naturales, pueden utilizarse para una amplia gama de afecciones, que incluyen problemas de piel, alergias graves, asma, artritis, enfermedades oculares, transplantes de órganos y cáncer. Desafortunadamente, estos poderosos medicamentos antiinflamatorios también provocan que retenga sal y pierda potasio, lo que puede aumentar su presión arterial. A corto plazo y en dosis reducidas, los corticosteroides raramente causen algún efecto negativo. Pero si las dosis y la duración de su tratamiento aumentan, también lo hará su riesgo de sufrir efectos colaterales. Mientras toma corticosteroides, trate de limitar la ingesta de sal y aumente la cantidad de potasio en su dieta. Dentro de las buenas fuentes se encuentran los damascos secos, los aguacates, los higos, las bananas, la leche y el pescado. Asimismo, consulte con su médico acerca de terapias en días alternos en los que sólo toma su medicamento — a una dosis doble — mañana de por medio. De esta manera, en ocasiones se reducen los efectos colaterales. De cualquier manera, trabaje con su médico para asegurarse de que está tomando la menor dosis posible que aún lo ayudará con su afección.

Del mismo modo en que estos peligros desconocidos pueden cambiar su presión arterial a toda marcha, los siguientes métodos poco convencionales pueden detener la presión arterial alta.

Suavícelo con música. La próxima vez que necesite realizarse una cirugía menor, como la de cataratas, ponga algunas melodías. Un estudio reciente descubrió que la música ayudaba a las personas mayores a relajarse antes y durante la cirugía. Generalmente, antes de someterse a la cirugía, su presión arterial aumenta en forma gradual porque usted está nervioso. Pero cuando las personas del estudio oían la música, los niveles de su presión arterial volvían a la normalidad. Ni siquiera importaba el tipo de música — una sinfonía, una banda musical importante o incluso rock and roll. Siempre que fueran ellos fueran los que escogieran la música, parecía funcionar. La música los hacía sentir en mayor control de la situación y los ayudaba a distraerse de lo que estaba ocurriendo. Y si la música puede ayudar a disminuir la presión arterial en un entorno quirúrgico, ¿por qué no lo haría en otras ocasiones estresantes? Pruebe oír música la próxima vez que se sienta estresado. Es probable que logre volver su vida y su presión arterial a la armonía.

Pase tiempo con alguien especial. Nunca lo hubiera imaginado al mirar "The Honeymooners" (Los Recién Casados), pero estar cerca de su cónyuge tiene un efecto tranquilizante sobre su presión arterial.

Un estudio realizado por el Dr. Brooks B. Gump de la Universidad Estatal de Nueva York en Oswego demostró que pasar tiempo con el cónyuge o con un amigo cercano ayudaba a disminuir la presión arterial. Ni siquiera importa lo que esté haciendo — el sólo hecho de estar cerca de ellos marca la diferencia. Eso se debe probablemente a que usted se siente seguro y cómodo cerca de las personas que le son familiares. Por extraño que parezca, incluso los participantes del estudio que no estaban satisfechos con sus parejas presentaban una presión arterial más reducida cuando pasaban tiempo con ellos — aunque el tiempo no fuera demasiado. Por lo tanto, independientemente de lo ocupada que esté su agenda, hágase un tiempo adicional para ese alguien especial. Después de todo, ¿qué es mejor para el corazón que el romance?

Engañe al misterioso y silencioso asesino

Muchas personas se sienten ansiosas al recibir un pinchazo, una palmada y ser examinadas por alguna persona con bata blanca de laboratorio. Esa tensión nerviosa generalmente produce lecturas de presión arterial alta inexactas apodadas "hipertensión de bata blanca" Pero, ¿qué sucede si una persona obtiene lecturas inexactas de presión arterial baja en el consultorio del médico?

Un estudio reciente realizado a 319 personas reveló que un 23% presentaba esta clase de presión arterial alta. La llamada "normotensión de bata blanca" sólo puede detectarse durante un monitoreo realizado en un día completo. Las personas mayores que beben alcohol y que antiguamente fumaban presentan el mayor riesgo de sufrir esa misteriosa afección.

Aquí encontrará la manera de asegurarse de que no sufre de este tipo de presión arterial alta oculta.

Controle sus cifras. Las lecturas de presión arterial entre 130/80 y 150/100 son las más propensas a ser inexactas. Si usted se encuentra en este rango cuestionable, consulte con su médico para tomar diversas lecturas. Para obtener una mayor exactitud, solicite un índice tobillo-brazo. Esto significa la medición de la presión arterial alrededor del tobillo así como de la parte superior del brazo. Su índice tobillo-brazo

— o la lectura del tobillo dividida por la lectura del brazo — debería ser mayor que 0.9. De lo contrario, eso podría significar problemas cardíacos graves para usted.

Tome su propia medición. Para conocer su presión arterial real, necesitará tomarse la presión varias veces durante todo un día normal. Puede tomar sus propias mediciones con la capacitación y el equipo adecuados. Pero si su brazo es más grande o más pequeño de lo normal, ni siquiera intente probar con las máquinas que hay en las farmacias. Un estudio descubrió que estas máquinas no medían la presión arterial de manera exacta en brazos grandes o delgados. En su lugar, proporcionaban resultados inexactos altos o bajos.

Para obtener una lectura más precisa, puede comprar un monitor para medir la presión arterial en el hogar, que se vende en la mayoría de las farmacias, y registre su presión arterial cada pocas horas. Siga las instrucciones cuidadosamente y asegúrese de que el puño se ajuste adecuadamente. Antes de utilizar el dispositivo, lléveselo a su médico, enfermera o farmacéutico para asegurarse de que funciona adecuadamente y de que sabe cómo utilizarlo.

Estudie la presión arterial. Existen algunas otras cosas que debería conocer acerca de la presión arterial y de cómo obtener lecturas exactas.

- � Asegúrese de que su puño se encuentra ajustado. Si el puño no se ajusta bien, podrá obtener una lectura inexacta — muy alta si está muy ajustado y muy baja si está muy flojo.

- ➤ No se esfuerce antes de utilizar la máquina. Hacerlo también provocará lecturas altas inexactas.

- ➤ No se recueste en la silla ni converse mientras se toma la presión arterial. Hacer ambas cosas aumentará su presión arterial.

- ➤ Siéntese cómodamente y apoye el brazo aproximadamente al nivel de su corazón. Si no apoya el brazo podrá obtener una lectura más alta.

- ➤ La presión arterial tiende a aumentar temprano en la mañana y a disminuir tarde a la noche. La presión arterial que no disminuye tarde a la noche podría ser un síntoma de otros problemas médicos. Informe a su médico si nota este patrón.

∽ Si los niveles de su presión arterial son permanentemente altos, es posible que su médico le haga utilizar un pequeño dispositivo electrónico que controla su presión arterial durante todo el día. Esas unidades automáticas realizan un trabajo exhaustivo de control de su presión arterial alta. También se le programará una visita de seguimiento para leer los resultados y examinarlos.

Cura casera

Si fue a un herborista asiático en busca de asesoramiento sobre la presión arterial alta, las posibilidades son que éste le aconseje consumir cuatro tallos de apio diariamente y hablarlo en una semana.

Los expertos afirman que esta crujiente verdura contiene una sustancia química que puede disminuir los niveles de las hormonas de estrés en la sangre. Esto permite que los vasos sanguíneos se expandan, y así le proporcionen más espacio a su sangre y reduzcan la presión.

Colesterol alto

Tome decisiones 'cardíacas inteligentes' sobre las grasas

Su médico afirma que la dieta es su primera línea de defensa contra el colesterol alto y las cardiopatías. Pero, ¿cómo decide qué comer — especialmente en cuanto a las grasas? ¿Es la manteca mejor que la margarina? ¿Debería comer chocolate por los antioxidantes o evitarlo debido a su alto contenido de grasas saturadas? ¿Cómo se comparan las dietas reducidas en grasas con las dietas ricas en proteínas, que también puede tener gran cantidad de grasas?

Las investigaciones recientes demuestran que una gran cantidad de personas, por desgracia, están bajando los brazos por la confusión y ya no se preocupan por las grasas. Pero su nivel de colesterol es demasiado importante como para ignorarlo — tan crucial, de hecho, que el gobierno recientemente actualizó las pautas para disminuirlo. Una de las recomendaciones más importantes es reducir la ingesta diaria de grasas saturadas del 10% al 7%. Si sigue una dieta de 1,500 calorías, eso significa que no puede consumir más de 12 gramos de grasas saturadas comparado con los 17 gramos de acuerdo con las antiguas reglas. En términos alimentarios, eso es aproximadamente dos galletas y media caseras con chispas de chocolate.

> ### *¿Qué es?*
>
> Su cuerpo necesita colesterol para desarrollar las paredes celulares, crear hormonas y realizar otras importantes tareas, pero en grandes cantidades puede ser peligroso. Ya que no puede disolverse en su sangre, unas partículas especiales llamadas lipoproteínas mueven esta suave sustancia similar a la cera de un lugar a otro. La lipoproteína de baja densidad (LDL) es el principal portador de colesterol. Si presenta altos niveles de LDL, con el tiempo el colesterol puede acumularse en las paredes de sus arterias (una afección llamada aterosclerosis) que causa bloqueos y conduce a los ataques cardíacos o accidentes cerebro-vasculares. La lipoproteína de alta densidad (HDL) es conocida como colesterol "bueno" porque transporta el colesterol fuera de sus arterias hacia su hígado, donde se elimina.
>
> Síntomas:
> - No se observan síntomas externos
> - Nivel de colesterol total superior a 200 mg/dl; nivel de LDL superior a 130 mg/dl

Pero recupere el ánimo. Escoger las grasas y ajustar su dieta no puede ser tan difícil como piensa. Sólo necesita comprender que la clase de grasas que consume puede ser tan importante como la cantidad que consume.

Tenga cuidado con el peor enemigo de su corazón. Ésas son las grasas saturadas, que se encuentran principalmente en las carnes y los productos lácteos enteros, como la manteca, el queso y la leche entera. Es la grasa más peligrosa porque eleva los niveles de colesterol en sangre y los triglicéridos, lo que aumenta las probabilidades de formación de coágulos.

Las grasas saturadas dañan sus arterias de diferentes maneras, advierte el Dr. Paul Nestel. Consumir gran cantidad de grasas con el paso del tiempo acumulará placa perjudicial en sus vasos sanguíneos. Y la grasa saturada no pierde tiempo en volver rígidas e inflexibles sus arterias, afirman Nestel y sus compañeros investigadores del Instituto de Investigación Médica Baker (Baker Medical Research Institute) en Melbourne, Australia. Su estudio demuestra que, al consumir una comida con gran contenido graso — de un total de 50 gramos, dos tercios de grasas saturadas — vuelve sus arterias hasta un 27% menos elásticas en seis horas. Si sus arterias no pueden extenderse cuando la sangre bombea a través de ellas, se sobrecarga su corazón.

No vale de nada que la comida utilizada en el estudio — un sándwich de jamón y queso, un vaso de leche entera y helado de postre — haya incluido menor contenido graso que la comida típica de hamburguesa con papas fritas de un restaurante de comidas rápidas. Por lo tanto, piénselo dos veces antes de solicitar el tamaño gigante en la ventanilla para solicitar comida desde el automóvil.

Por otro lado, los alimentos que contienen grasas saturadas no son todos malos. La carne y el queso, por ejemplo, aportan las proteínas que su cuerpo necesita y los antioxidantes de los chocolates de hecho pueden ayudar a su corazón. Sólo asegúrese de no superar el 7% de calorías recomendado y los beneficios deberían pesar más que los riesgos.

Progrese lentamente para alcanzar una dieta saludable. Las grasas poliinsaturadas — como el aceite de maíz, cártamo, girasol y sésamo— permanecen en estado líquido a temperatura ambiente y son mejores que las grasas saturadas. La buena noticia es que reducen el nivel total de colesterol. Por desgracia, el HDL bueno desciende junto con el LDL malo y el uso excesivo puede aumentar su riesgo de sufrir cáncer.

Sea especialmente cauteloso con los ácidos grasos trans que se encuentran en mantecas y margarinas vegetales hidrogenadas. Si bien están hechas con grasas poliinsaturadas, atraviesan un proceso que las vuelve aún más nocivas para sus arterias que las grasas saturadas. Elevan el colesterol LDL y disminuyen el HDL, cuyo efecto es doblemente nocivo para su corazón.

Cuanto más duras se encuentran estas grasas a temperatura ambiente, más nocivas son para sus arterias. Por lo tanto, aténgase al consumo de margarinas blandas o líquidas y de una menor cantidad de alimentos horneados, que por lo general están hechos con grasas hidrogenadas.

Escoja las grasas monoinsaturadas para obtener una mayor variedad. Si siente que su dieta reducida en grasas se vuelve monótona, no se desanime. El Dr. Penny Kris-Etherton considera que utilizar el tipo de grasa correcto le ofrecerá una variedad de opciones saludables para la dieta. La grasa monoinsaturada — que se encuentra en el aceite de oliva, canola y maní así como en los frutos secos — disminuye su colesterol LDL, pero, a diferencia de las grasas poliinsaturadas, no reduce su HDL. Las nuevas pautas establecen que su dieta diaria puede contener un 35% de grasa total — un aumento del 30% — siempre que sean principalmente monoinsaturadas.

Kris-Etherton condujo un estudio en la Universidad de Penn State que comparaba tres dietas ricas en grasas monoinsaturadas con una dieta reducida en grasas y una típica dieta estadounidense. Las dietas contenían un 25% ó un 35% de grasas aproximadamente con la mitad de grasas de la dieta "estadounidense" saturada.

Las personas del estudio consumieron cada una de las dietas durante tres semanas y media. Al final de cada período, los investigadores les realizaron análisis de sangre para medir la rapidez con que se oxidaba el LDL — señal de que era probable que la placa se acumulara en las arterias. La dieta con niveles elevados de grasas saturadas provocaba la oxidación más rápida mientras que, en las demás, el LDL se oxidaba mucho más lentamente.

"Una dieta de estilo mediterráneo que se centra en frutas, verduras, aceite monoinsaturado, frutos secos, legumbres y cereales, e incluye sólo pequeñas porciones de carne produciría los convenientes cambios observados en nuestro estudio", afirma Kris-Etherton.

También sugiere otros ajustes para obtener una dieta saludable. "Las personas podrían realizan un cambio por productos lácteos reducidos en grasas", observa. "Consumir mantequilla de maní en vez de manteca o queso crema entero, utilizar aderezos para ensaladas a base de aceite de oliva, espolvorear frutos secos en las verduras en vez de manteca o margarina y utilizar frutos secos en ensaladas o estofados en vez de carne". Para aquellas personas que realmente aman el sabor de la carne de vaca, cerdo o pollo en los estofados, Kris-Etherton sugiere sustituir con maní o los demás frutos secos sólo una parte de la carne.

Si aún se encuentra confundido sobre las grasas, el cuadro de la página siguiente debería aclararlo un poco.

Derrote al colesterol malo con una buena nutrición

¿Necesita otra razón para continuar sirviendo espinacas y zanahorias en su plato? Pruebe la luteína, un pigmento que se encuentra en las verduras verdes y amarillas. Los estudios han demostrado ya que este nutriente es importante para los ojos. Las investigaciones realizadas en la Universidad del Sur de California en Los Angeles ahora demuestra que también es buena para el corazón.

El estudio controló a 480 hombres y mujeres de mediana edad durante 18 meses. Durante ese período, aquellas personas que tenían mayor cantidad de luteína en su torrente sanguíneo prácticamente no incrementaron el grosor de sus arterias carótidas (cuello). Esto fue una buena señal de que el colesterol LDL no se había oxidado dentro de éstas ni había formado la peligrosa placa que puede causar los ataques cardíacos. Los resultados de otras dos partes del estudio, uno realizado en el laboratorio con tejido humano y otro con ratones, respaldaron los hallazgos del primero.

El Dr. James Dwyer, que condujo esta investigación, recomienda consumir gran cantidad de alimentos ricos en luteína para mantener sus arterias desobstruidas. "Una dieta rica en verduras, que incluye la variedad de hojas color verde oscuro", afirma, "suministrará suficiente luteína como para adquirir los niveles de las personas de nuestro estudio".

Un vistazo a las grasas			
Clase de grasa	Fuentes	Efecto en los niveles de colesterol	Consejo
Saturada (sólida a temperatura ambiente)	Carnes, manteca, grasa de cerdo, leche entera, queso, aceite de pepita de palma, aceite de coco, chocolate	Aumenta el colesterol LDL y HDL	Limite el consumo a una cantidad de hasta un 7% de calorías diariamente. Consuma cortes de carne magra y productos lácteos reducidos en grasas.
Poliinsaturada (líquida a temperatura ambiente)	Aceites vegetales: maíz, cártamo, girasol, sésamo, soja, semilla de algodón	Reduce el colesterol HDL y LDL. En grandes cantidades puede aumentar el riesgo de sufrir cáncer.	Use aceites y margarinas suaves con moderación, mantenga el total de grasas a un 35% de calorías diarias o cantidad inferior.
Monoinsaturada (líquida a temperatura ambiente)	Aceite de oliva, de maní, de canola, frutos secos, aguacate	Reduce el LDL El HDL permanece igual o puede elevarse en algunos casos.	Utilice libremente hasta un 35% del total diario de calorías.
Ácidos grasos trans (sólidos a temperatura ambiente)	Margarinas, mantecas vegetales	Eleva el LDL. Disminuye el HDL.	Reduzca o evite los productos horneados comercialmente (panes, galletas, tortas) y los alimentos fritos de restaurantes de comidas rápidas. Busque recetas que ofrezcan otras opciones para cocinar.

Dwyer recomienda al menos una porción diaria de alimentos tales como espinaca, col, hojas de berza, hojas de nabo, lechuga romana, brócoli, calabacín, maíz, repollitos de Bruselas y arvejas. Pero sugiere que evite los suplementos de luteína. Los beneficios de los nutrientes que se encuentran en los suplementos, explica, no siempre son los mimos que los que se encuentran en los alimentos y hasta pueden ser peligrosos.

"Por ejemplo", afirma, "las verduras ricas en beta carotenos probablemente brindan protección contra algunos tipos de cáncer, pero los suplementos de los beta carotenos son tóxicos y aumentan el riesgo de sufrir cáncer de pulmón". Debido a que no se han establecido aún los riesgos de los suplementos de luteína, él sugiere atenerse sólo al consumo de las verduras.

Algunos médicos pueden aconsejar a las personas con problemas renales evitar el consumo de grandes cantidades de verduras de hojas verde oscuro, observa Dwyer. Pero no considera que la investigación respalde el temor de que estas verduras puedan incrementar los cálculos de riñón.

La luteína es sólo una manera de utilizar su dieta para proteger su corazón. Aquí encontrará algunos nutrientes adicionales que lo ayudarán a mantener su colesterol bajo control y a luchar contra un número de otras enfermedades también.

Fibra. En cuanto a la reducción del colesterol y la protección del corazón, las grasas saturadas son enemigas y las fibras heroínas. La fibra reduce el colesterol LDL y deja sólo el colesterol HDL bueno. Un estudio de seis años que incluyó más de 40,000 hombres descubrió que, cada 10 gramos adicionales de fibra cereal que éstos consumían, su riesgo de sufrir una cardiopatía disminuía a razón de un asombroso 29%.

Los alimentos ricos en fibras también llenan más, lo que puede ayudarlo a perder peso y disminuir aún más el riesgo de sufrir cardiopatías. Para ingerir gran cantidad de fibras, consuma granos integrales así como frutas y verduras frescas.

Magnesio. Según los expertos, la mayoría de las personas consume la mitad del magnesio que necesitan diariamente y las consecuencias pueden ser peligrosas. Los estudios han asociado la deficiencia de magnesio con el aumento en el riesgo de sufrir cáncer, especialmente cáncer esofágico.

Al agregar este mineral a su dieta podría reducir el colesterol hasta un tercio. Y un estudio descubrió que el suministro de magnesio a las personas en forma inmediatamente posterior a un ataque cardíaco grave redujo el índice de mortalidad a la mitad durante las cuatro semanas críticas posteriores a los ataques, comparado con las víctimas de ataques cardíacos que no recibieron magnesio.

La ración diaria recomendada (RDA) de magnesio es de 420 mg para los hombres mayores de 30 años y 320 mg para las mujeres mayores de 30. Para alcanzar este nivel, consuma al menos cinco porciones de frutas y verduras frescas o procesadas en forma mínima diariamente. Los aguacates, las semillas de girasol, las alubias pintas, la espinaca, las ostras y el brócoli son buenas fuentes de este mineral.

Vitamina E. Es posible que esta vitamina soluble en grasas no reduzca los niveles de colesterol, pero, como la luteína, puede prevenir que el colesterol LDL se oxide y se adhiera a las paredes de las arterias. En un estudio, los hombres que tomaron al menos 100 unidades internacionales (UI) de vitamina E durante al menos dos años presentaron un 37% menos de ataques cardíacos comparado con los hombres que no consumieron los suplementos. Y un estudio independiente descubrió que las mujeres que tomaron suplementos de vitamina E presentaron un 41% menos de ataques cardíacos.

La RDA de la vitamina E es de 22 UI ó 15 miligramos (mg). Sin embargo, la mayoría de los estudios que demuestran beneficios al tomar suplementos utilizaron dosis de entre 100 y 400 UI diariamente. Asegúrese de consultar con su médico antes de consumir una cantidad superior de vitamina E que la RDA, especialmente si está tomando medicamentos anticoagulantes. Las buenas fuentes nutritivas de vitamina E incluyen aceite de germen de trigo, semillas de girasol, maní, mango, batata y aceite de oliva.

Vitamina C. Ésta es otra vitamina antioxidante que ayuda a prevenir la oxidación del colesterol LDL, y los estudios demuestran que también ayuda a elevar los niveles del colesterol HDL.

Sin embargo, a diferencia de la vitamina E, la vitamina C es una vitamina soluble en agua, es decir, que no se acumula en su cuerpo. Esto hace que sea aún más importante que consuma la mayor cantidad posible diariamente. Afortunadamente, eso no es difícil. Sólo una taza de jugo de naranja le aporta una cantidad mayor que la RDA. Otras buenas fuentes incluyen pimientos rojos dulces, pimientos verdes, cantalupos, repollitos de bruselas, pomelo y jugo de tomate.

Niacina. Esta vitamina B es tan buena para reducir el colesterol que los médicos la recetan como tratamiento. Sin embargo, en altas dosis puede provocar comezón, rubor, erupción y dolor de estómago así como efectos colaterales más graves tales como úlceras, daños en el hígado y síntomas de diabetes. Para obtener niacina naturalmente, consuma atún, pollo, hígado, salmón, papa y alubias.

Evite los ataques cardíacos causados por las grasas ocultas

Tenga cuidado con un peligro poco conocido que puede acercársele sigilosamente mientras está concentrado en su colesterol. Los triglicéridos, una grasa igualmente peligrosa, pueden estar esperando para atacar. Un estudio descubrió que su riesgo de sufrir un ataque cardíaco es tres veces mayor si tiene triglicéridos altos en comparación con aquellas personas con niveles normales.

Los triglicéridos son grasas que suministran la mayor parte del combustible para su cuerpo. Usted obtiene parte de éstos de la grasa de su dieta y su hígado fabrica el resto con los carbohidratos que consume. Como todas las grasas, éstos son necesarios, dentro de ciertos límites, para la buena salud. Pero los estudios han descubierto una relación entre los niveles elevados de triglicéridos y las cardiopatías. Y los triglicéridos altos y el colesterol alto en forma conjunta provocan un doble contratiempo para su salud cardíaca.

Por otro lado, la combinación de triglicéridos bajos y colesterol HDL alto es un adicional. Lo pone en menor riesgo de sufrir una cardiopatía aún si su colesterol LDL es alto. Por desgracia, únicamente un buen nivel de HDL no lo protegerá si sus triglicéridos se encuentran fuera de alcance. Y, si dentro de su familia se observan problemas de triglicéridos, usted se encuentra más propenso a morir por causa de un ataque cardíaco incluso si su colesterol en sangre es normal, afirma Melissa A. Austin, doctora en filosofía, investigadora de la Universidad de Washington. Ella y sus colegas analizaron las historias clínicas de más de 100 familias durante más de 20 años y descubrieron que los altos niveles de triglicéridos podían predecir los ataques cardíacos con años de anticipación.

Resguarde su corazón con sustitutos

Los huevos de gallina son buenas fuentes de proteína, vitamina E y ácidos grasos no saturados pero también contienen aproximadamente 200 mg de colesterol cada uno. Si le preocupan las cardiopatías, es lógico que limite la cantidad de huevos que consume. Pero no olvide contabilizar los huevos utilizados en las comidas horneadas. Pruebe los siguientes sustitutos del huevo al hornear para mantener reducidos los niveles de colesterol.

- Por cada huevo necesario, mezcle 1 1/2 cucharada de agua, 1 1/2 cucharada de aceite y 1 cucharada de polvo de hornear.
- Agregue 1 sobre de gelatina sin sabor en 1 taza de agua hirviendo. Almacene en su refrigerador y cocine la mezcla en el microondas cuando desee utilizarla. Sustituya cada huevo con 3 cucharadas del líquido.

Afortunadamente, es probable que todo lo que necesite sean unos pocos cambios en el estilo de vida para controlar sus triglicéridos. De manera similar que aquellas utilizadas para reducir el colesterol, estas estrategias lo ayudarán a disminuir los problemáticos triglicéridos y a mantener su riesgo de sufrir cardiopatías a un nivel reducido.

Mantenga un peso saludable. Una de las cosas más importantes que puede hacer por su corazón es mantener su peso dentro de los límites saludables equilibrando las calorías que consume con aquellas que quema. Su cuerpo convierte las calorías adicionales en triglicéridos, los almacena y así aumenta las probabilidades de sufrir cardiopatías.

Aumente la actividad física. El ejercicio regular puede ayudarlo a alcanzar ese equilibrio ideal de HDL alto y triglicéridos reducidos.

Limite la ingesta de azúcar y panes blancos. Consuma mayor cantidad de granos integrales y mantenga al mínimo el consumo de dulces en su dieta. Los carbohidratos refinados — como los alimentos horneados realizados con harina blanca — y los carbohidratos simples — como el azúcar, la miel, el jarabe de maní y la melaza — pueden aumentar sus triglicéridos.

Reduzca las grasas saturadas de su dieta. Evite los cortes de carne grasosos y los productos lácteos enteros. Pero no reduzca el total de grasas a un valor inferior al 15% de sus calorías diarias. De acuerdo con la Asociación Estadounidense del Corazón, una reducción mayor podría aumentar sus triglicéridos y reducir su colesterol HDL, exactamente lo opuesto a lo que desea.

Las últimas pautas gubernamentales sobre el colesterol recomiendan mantener su ingesta de grasas por debajo del 35% de sus calorías diarias. Reemplace las grasas saturadas con otras más saludables — como las grasas monoinsaturadas que se encuentran en el aceite de oliva, canola y maní así como en el aguacate y los frutos secos.

Consuma fibras. El consumo de granos integrales, alubias secas y otras verduras fibrosas, y frutas con piel lo ayudará a disminuir los

Conozca su riesgo de desarrollar cardiopatías

Los cambios en las pautas para el colesterol implican que ahora usted puede encontrarse en una categoría que requiere tratamiento, a través de dieta o drogas. Para comprender su riesgo de desarrollar cardiopatías, necesita conocer más que sólo el nivel de colesterol total. Los expertos de los Institutos Nacionales de Salud (NIH) recomiendan que se realice un análisis completo de lipoproteínas — que incluye los niveles de LDL, HDL y triglicéridos — cada cinco años.

Éstas son las cifras a las que debería apuntar:
- Colesterol total: inferior a 200 mg/dL
- Colesterol LDL: inferior a 100 mg/dL
- Colesterol HDL: superior a 60 mg/dL
- Triglicéridos: inferior a 150 mg/dL

Si sus niveles de colesterol se encuentran en el límite, es probable que pueda disminuirlos a través de cambios en su estilo de vida en vez de hacerlo mediante drogas. Además de consumir una cantidad inferior de colesterol y grasas saturadas, debería bajar de peso si es necesario, hacer ejercicios, ingerir más fibra y utilizar productos untables para reducir el colesterol en vez de manteca. Consulte con su médico acerca del tratamiento adecuado para usted.

Para obtener una copia del informe completo sobre el colesterol del NIH, ingrese al sitio Web <www.nhlbi.nih.gov/guidelines/cholesterol/index.htm>. O envíe una solicitud de la Publicación del NIH N°. 01-3670 a U.S. Department of Health and Human Services, National Insti-tutes of Health, Bethesda MD 20892.

triglicéridos. Pero no confíe en que los suplementos de las fibras le aportarán los mismos buenos resultados.

Consuma más pescado grasoso. El salmón, la albacora o atún de aleta azul, las sardinas, la trucha de lago y la caballa son fuentes saludables de ácidos grasos omega 3. Éstos, así como los suplementos del aceite de pescado, pueden ayudar a reducir los triglicéridos.

No fume. El hecho de que el cigarrillo parezca aumentar los triglicéridos es sólo una de las muchas razones para no fumar.

Controle su ingesta de alcohol. A pesar de que beber alcohol en forma moderada parezca beneficiar a su corazón de diferentes maneras, también puede aumentar los triglicéridos si éstos ya son elevados. Si bebe, mantenga su consumo al límite diario recomendado de dos tragos o una cantidad inferior — que contenga media onza de alcohol puro — para los hombres y un trago para las mujeres.

Si siente que estos cambios en el estilo de vida no consiguen disminuir sus triglicéridos a 150 o un valor inferior — considerado normal según las nuevas pautas gubernamentales — consulte con su médico sobre los medicamentos que lo podrán ayudar. Además de ponerlo en riesgo de sufrir cardiopatías, los triglicéridos altos podrían ser un signo de diabetes, hipotiroidismo, enfermedad renal o algún otro problema de salud grave.

Difunda las buenas noticias sobre las grasas artificiales

Es probable que le gusten las tostadas con manteca en el desayuno pero sabe que ésa no es una manera muy saludable de comenzar el día. Ciertamente, escoger pan de grano integral le suministrará una buena dosis de fibra para reducir el colesterol , pero la manteca tiene gran cantidad de grasas saturadas y una porción de margarina con grasas trans puede ser incluso peor.

Afortunadamente, de acuerdo con los Institutos Nacionales de Salud (NIH), la góndola de lácteos del supermercado ofrece varias alternativas saludables. En vez de manteca o margarina escoja Benecol Spread, un producto untable sustituto de las grasas recientemente aprobado por la Administración de Drogas y Alimentos (FDA) por su

Busque el árbol genealógico para obtener claves sobre el colesterol

Si consume alimentos reducidos en grasas y sigue otras recomendaciones para mantener el colesterol reducido, pero su nivel de LDL aún es elevado, es probable que tenga hipercolesterolemia familiar. Si no recibe tratamiento, esta afección hereditaria puede aumentar drásticamente su riesgo de sufrir una cardiopatía. Afortunadamente, su médico puede recetarle medicamentos efectivos, pero cuanto antes comience el tratamiento será mejor.

El investigador Dr. Andrew Neil de la Universidad de Oxford en Inglaterra afirma que esta clase de colesterol alto frecuentemente no se diagnostica sino hasta más adelante durante el transcurso de la vida. Desafortunadamente, su investigación demuestra que aproximadamente la mitad de los hombres y un tercio de las mujeres que la padecen sufren un ataque cardíaco alrededor de los 60 años si no la controlan.

Y es importante no suspender su propio tratamiento. "Si a un paciente se le diagnostica hipercolesterolemia familiar", afirma Neil, "es esencial que se examine a los parientes de primer grado para determinar si están afectados".

Por lo tanto, si tiene esta afección, comuníqueselo a sus padres, hermanos y hermanas, e hijos para que también se realicen las pruebas. El tratamiento con dieta y drogas, de ser necesario, puede comenzar incluso en la infancia para disminuir el riesgo de desarrollar graves problemas cardíacos.

capacidad para reducir el colesterol. O pruebe Take Control, otro producto untable que le aporta los mismos beneficios para la salud cardíaca.

Las nuevas pautas de NIH para reducir el colesterol recomiendan el consumo de 2 gramos de estanoles vegetales, incluidos en el Benecol; o esteroles, incluidos en Take Control, diariamente. Ambas sustancias trabajan mediante el bloqueo de la absorción de colesterol por parte del cuerpo. Lea la etiqueta para saber qué cantidad del producto untable necesitará para obtener la cantidad sugerida.

Otros sustitutos de las grasas le permiten disfrutar un bocadillo de gran contenido graso en forma ocasional sin preocuparse si su nivel de colesterol aumentará rápidamente. Olestra, por ejemplo, quita las papas fritas de la lista de alto riesgo. No pueden aumentar su colesterol ya que su cuerpo no las digerirá pero pueden causar algunos efectos colaterales desagradables en su tracto intestinal. Y las papas fritas, independientemente de sus ingredientes, no son particularmente saludables; por lo tanto, piénselo dos veces antes de utilizarlas para reemplazar bocadillos nutritivos como la fruta.

Los aceites hidrogenados, utilizados ampliamente en restaurantes de comidas rápidas, garantizan el endurecimiento de las arterias. Un vez más, ha llegado un producto al rescate que vuelve el consumo de las frituras un poco más saludable. Appetize es una mezcla de aceite de maíz y sebo vacuno sin colesterol natural. Las investigaciones sugieren que también puede ayudar a reducir el colesterol en sangre.

Desafortunadamente, los restaurantes de comida rápida no tienen prisa por reemplazar las grasas que obstruyen las arterias por este sustituto. Hasta que lo hagan, no abuse de las hamburguesas y las papas fritas e intente comer más en casa donde puede aprovechar los sustitutos saludables de las grasas.

Cura casera

Los europeos han usado la alcachofa durante siglos para diferentes clases de enfermedades, incluidas aquellas relacionadas con el corazón y la sangre. Los científicos ahora saben que un ingrediente en la alcachofa, llamado cinarina, ayuda a reducir el colesterol. De hecho, el extracto de cinarina se utiliza actualmente en las drogas para reducir el colesterol.

¿Por qué no ir directamente a la fuente para llegar a un acuerdo sabroso que pueda reducir el colesterol alto? Agregue alcachofa a sus comidas algunas veces por semana. Simplemente observe con lo que acompaña las hojas. Una rica salsa mantecosa será más nociva que benéfica para su colesterol. En su lugar, pruebe con un acompañamiento a base de yogur.

Accidente cerebro-vascular

Las estrategias del estilo de vida ayudan a evitar los accidentes cerebro-vasculares

Es lunes por la mañana y muchas personas tienen otra razón para sentirse tristes — los accidentes cerebro-vasculares ocurren con mayor frecuencia los días lunes en comparación con cualquier otro día. Parte de la culpa la tienen las actividades del fin de semana, que pueden incluir ejercicio físico o fumar y beber en mayor proporción que lo normal. Asimismo, los lunes por la mañana generalmente implican regresar a un trabajo estresante.

Ya que no podrá eliminar los lunes de su calendario, consulte estas opciones de estilo de vida que pueden influir en su riesgo de sufrir accidentes cerebro-vasculares.

Diga nunca más al campo de tiro. Si fuma, deje el cigarrillo. Es el cambio más importante que podrá realizar para protegerse de las cardiopatías. Entre el consumo de alcohol, el cigarrillo, el peso y la dieta, el cigarrillo ejerce la mayor influencia en el riesgo de sufrir problemas cardíacos, incluidos los accidentes cerebro-vasculares y las cardiopatías. Consulte con su médico para que le recomiende un programa de ayuda para dejar de fumar. Pruebe el parche de nicotina o la goma de mascar especial — cualquier cosa para abandonar el hábito. Simplemente no espere otro día.

Done un poco de sangre. Una de las bendiciones de vivir en un país próspero es tener gran cantidad de alimentos para consumir. Desafortunadamente, esa es también una de las maldiciones. Debido a que tiene acceso a cantidades ilimitadas de carne y otras fuentes de proteínas, es probable que tenga demasiado hierro acumulado en la sangre. Las personas que cuentan con mayores reservas de hierro tienden a empeorar luego de sufrir un accidente cerebro-vascular y padecer mayores daños cerebrales que otras víctimas de accidentes cerebro-vasculares.

Si goza de buena salud, deténgase en la próxima campaña de donación de sangre de la ciudad. Al donar sangre, reducirá la cantidad de hierro de su cuerpo y realizará una buena acción.

Cambie esa rueda de auxilio. El sobrepeso hace trabajar más a su corazón, lo vuelve más vulnerable a las cardiopatías y aumenta su riesgo de sufrir accidentes cerebro-vasculares. Por cada seis o siete libras que aumenta, su riesgo de sufrir accidentes cerebro-vasculares se incrementa en un 6%. Pregúntese si esa porción grande de papas fritas o esa porción de torta de chocolate valen la pena. Siga una dieta equilibrada, reducida en grasas y rica en frutas, verduras y granos integrales, y verá desaparecer esas libras adicionales — y el riesgo de sufrir un accidente cerebro-vascular —.

Mueva esos músculos. ¿Necesitan sus arterias un buen ejercicio? Si sufre de cardiopatías sus arterias realmente lo necesitan. Mediante el simple ejercicio de pedalear durante 10 minutos, seis veces al día, los hombres con arterias angostas o endurecidas incrementaron el nivel de flujo sanguíneo hacia el corazón.

El ejercicio ayuda a expandir las células que recubren sus vasos sanguíneos y permite alcanzar una circulación mejor y más rápida.

Recurra al optimismo. Disfrute de la vida, dice la antigua canción. Convierta esa frase en su filosofía y estará más propenso a vivir más y experimentar

---

¿Qué es?

Un accidente cerebro-vascular, en ocasiones llamado "ataque cerebral", puede dañar su cerebro de la misma forma en que un ataque cardíaco daña su corazón. Algunos están provocados por coágulos sanguíneos que bloquean el flujo de sangre hacia el cerebro (accidente cerebro-vascular isquémico). Otros ocurren por la ruptura de un vaso sanguíneo en el cerebro (accidente cerebro-vascular hemorrágico). Cuando las células de su cerebro carecen de oxígeno en la sangre, mueren — y ya no se regeneran. Como en el caso de un ataque cardíaco, una rápida acción puede salvar su vida.

Síntomas:
- Entumecimiento o debilidad, especialmente de un lado
- Confusión, dificultad para hablar o comprender
- Dificultad para ver
- Mareo, pérdida del equilibrio o la coordinación
- Dolor de cabeza repentino o grave

---

menos problemas cardíacos. De acuerdo con los investigadores de la Unidad de Medicina de la Universidad de Texas en Galveston, las personas felices presentan menores probabilidades de sufrir accidentes cerebro-vasculares.

Si tiene facilidad para ponerse de buen humor, felicitaciones. Sin embargo, si se siente triste o deprimido frecuentemente, es posible que sufra un desequilibrio químico. Este tipo de problema físico puede corregirse. Consulte con su médico para realizarse pruebas.

También puede consultar a un terapeuta o psicólogo capacitado para lograr una mayor comprensión de su estado de ánimo. En ocasiones, el sólo hecho de hablar sobre sus problemas puede aliviar la carga y mejorar su actitud. Para el bien de su corazón, haga valer su derecho constitucional y consiga la felicidad.

Síntomas de accidente cerebro-vascular = necesidad de velocidad

Si usted, o alguna persona querida, repentinamente no puede caminar, pensar con claridad, tiene un dolor de cabeza enceguecedor, debilidad o parálisis, solicite ayuda de emergencia. No pierda tiempo precioso buscando a algún pariente disponible o amigo que lo conduzca al hospital. Los técnicos en emergencias médicas saben actuar rápida y eficientemente, y no entran en pánico como lo haría un vecino o pariente. Tendrá mejores posibilidades de sobrevivir si solicita ayuda al primer signo de síntomas de un accidente cerebro-vascular.

Asimismo, un nuevo medicamento, llamado tPA, funciona para disolver los coágulos que causan el accidente cerebro-vascular isquémico. Puede aumentar drásticamente sus probabilidades de lograr una recuperación total, pero sólo ayudará si se suministra dentro de las tres horas de los primeros síntomas.

"Actualmente, sólo un 5% de los pacientes que sufren accidentes cerebro-vasculares llega a tiempo al hospital como para recibir el tPA ya que la mayoría de las personas desconoce los signos de advertencia o no se da cuenta de que deberían buscar ayuda médica inmediatamente", afirma el médico Edgar J. Kenton, III, presidente del Comité Consultivo de la Asociación Estadounidense para Aplopejías.

Si ocurre algo inimaginable, no entre en pánico — actúe rápidamente y llegue deprisa al hospital. Los médicos necesitan ese tiempo para realizar pruebas y recetar el tratamiento adecuado.

Detenga los accidentes cerebro-vasculares de una vez

Un pescado por día podría hacer que los accidentes cerebro-vasculares se alejaran — prácticamente.

Supongamos que consume pescado al menos cinco veces por día. Habrá disminuido su riesgo de sufrir accidentes cerebro-vasculares prácticamente a la mitad. Éste es un gran descubrimiento.

Esas prometedoras cifras provienen de un estudio reciente publicado en la *revista de la Asociación Médica Estadounidense*. Durante el transcurso de 14 años, los investigadores de la Facultad de Medicina de Harvard y de la Facultad de Medicina de la Universidad de Miami supervisaron los hábitos alimenticios de aproximadamente 80,000 mujeres. Llegaron a la conclusión de que cuanto mayor cantidad de pescado consumían, presentaban mayores probabilidades de vivir sin sufrir accidentes cerebro-vasculares.

Los hombres pueden obtener los mismos beneficios. Si come aproximadamente una onza de pescado o una cantidad mayor en forma diaria, presentará la mitad del riesgo de sufrir accidentes cerebro-vasculares que los hombres que consumen menor cantidad de pescado. Sólo se necesita consumir dos deliciosos filetes por semana para cubrir esta cuota.

Los héroes detrás de estos consejos verdaderos acerca del pescado son compuestos de los que usted probablemente haya oído antes — los ácidos grasos omega 3 que evitan la formación de coágulos sanguíneos. Con nombres como el ácido eicosapentaenoico (EPA) y el ácido docosahexaenoico (DHA), es más sencillo consumir ácidos grasos omega 3 que deletrearlos. La mejor forma de hacerlo es escoger pescados grasosos de agua fría como anchoas, pescado azul, arenque, caballa, salmón, sardinas, esturión, trucha, atún y pescado blanco.

En realidad, algunos expertos consideran que el aceite de pescado es un compuesto anticoagulante tan poderoso que su consumo en grandes cantidades podría ser peligroso y aumentaría su riesgo de sufrir un accidente cerebro-vascular hemorrágico — cuando los vasos sanguíneos de su cerebro se rompen y provocan una hemorragia interna.

Sin embargo, no necesita realmente preocuparse por eso ahora. Comer como un esquimal de vez en cuando, según los investigadores de Harvard y Miami, aparentemente no lo coloca en mayor riesgo de sufrir un accidente cerebro-vascular hemorrágico. Para encontrarse en riesgo realmente, debería comer pescado al menos tres veces por día — consumiendo aproximadamente 3 gramos de ácidos grasos omega 3.

Si cualquier cantidad de pescado es mucho para usted, consuma los ácidos grasos omega 3 de los alimentos de marineros de agua dulce. Pruebe la linaza, las nueces y las verduras de hojas verde oscuro como la berza, la espinaca, la rúcula, la acelga suiza y la col.

Al incluir estos alimentos en su dieta habitual, no sólo protegerá su cerebro de sufrir un accidente cerebro-vascular, también se resguardará de la artritis, los problemas de piel, los desequilibrios en el sistema inmunológico y la depresión.

Protéjase de las interacciones entre alimentos y medicamentos

Los anticoagulantes pueden salvar su vida — o terminar con ésta. Esta clase de medicamento protege a muchas personas de la formación de coágulos sanguíneos que pueden poner en riesgo sus vidas. Pero ciertas hierbas y alimentos interactúan con los anticoagulantes como la warfarina y lo ponen en peligro de sufrir un tipo particular de accidente cerebro-vascular que puede poner en riesgo su vida.

Si tiene antecedentes familiares de accidente cerebro-vascular hemorrágico — ruptura de un vaso sanguíneo de su cerebro — y toma warfarina, debe ser especialmente cuidadoso de evitar estas interacciones mortales. Asimismo, si tiene presión arterial alta, se encuentra en mayor riesgo de sufrir un accidente cerebro-vascular hemorrágico ya que las paredes de sus vasos sanguíneos están débiles y más propensas a estallar.

Aprenda qué puede interactuar con la warfarina y consulte con su médico acerca de los riesgos.

Vitamina K. Necesita esta vitamina para que su sangre se coagule adecuadamente, pero cuando se junta con la warfarina, puede causar problemas. Un dosis única de gran cantidad de vitamina K puede bloquear la warfarina y causar peligrosos coágulos sanguíneos. No deje de consumir todos los alimentos ricos en vitamina K — simplemente no tome medidas extremas. Consuma alimentos como brócoli, repollitos de bruselas, col, perejil, espinaca, yemas de huevo, hígado y aceite vegetal en forma regular. Por ejemplo, consuma tres porciones de brócoli por semana — no seis porciones en una semana y ninguna en la próxima. Asimismo, evite el consumo de altas dosis de suplementos de vitamina K sin la aprobación de su médico.

Ajo. Los mismos compuestos que convierten a esta especia en una gran estrella de la curación cardíaca también podrían volver peligroso para las personas el consumo de anticoagulantes. El ajo evita la formación de coágulos sanguíneos en forma natural. Consumir dos anticoagulantes en forma conjunta — su medicamento y el ajo — podrían provocar una hemorragia incontrolable. Eso causa un accidente cerebro-vascular hemorrágico si ocurre en su cerebro. Para evitar esto, los expertos advierten sobre el consumo del extracto de ajo estándar. También sugieren no consumir más de un diente de ajo por día.

Cuando la emoción puede ser mortal

Imagine ese primer descenso en una montaña rusa, tan pronunciada que ni siquiera puede ver dónde finaliza. Es suficiente como para asustar a algunas personas hasta la muerte — y por una buena razón. Esa caída vertiginosa que sacude el cerebro y todos los vuelcos y giros que siguen pueden causar un accidente cerebro-vascular mortal.

La mayoría de las personas termina con algo más que náuseas después de las montañas rusas. Pero en algunos casos, la velocidad y la fuerza del viaje pueden realmente causarle una hemorragia interna en el cerebro, que podría provocar un accidente cerebro-vascular.

Se encuentra especialmente en riesgo si sufre dolores de cabeza frecuentes, aterosclerosis, presión arterial alta, cualquier otro problema cardíaco o afección cerebral grave, o si toma medicamentos anticoagulantes como la warfarina.

En dichos casos, su mejor opción es no realizar el paseo. Sin embargo, si no puede dejar de lado la emoción, esté atento al signo principal del problema — un dolor de cabeza posterior. Consulte con su médico inmediatamente si se presenta uno.

Ginkgo. En unos pocos casos aislados, la mezcla de warfarina y ginkgo ha provocado hemorragias internas peligrosas. Eso se debe a que el ginkgo, como el ajo, evita que sus células sanguíneas se amontonen y formen coágulos. Por lo tanto, antes de tomar ginkgo, consulte con un médico o farmacéutico.

Vitamina E. Esta vitamina, por sí misma, es anticoagulante. Si la combina con la warfarina, correrá el riesgo de diluir demasiado su sangre. No se arriesgue y evite el consumo de altas dosis de vitamina E — superiores a 400 unidades internacionales (UI) por día — mientras consuma warfarina. Consuma alimentos ricos en vitamina E, como los aguacates, los frutos secos, las semillas y el germen de trigo en forma moderada.

Papaya. Un compuesto de la papaya, llamado papaína, también podría volver a intensificar los efectos de la warfarina. Por lo tanto, consulte con su médico antes de consumir papaya o productos que contengan papaína.

Alcohol. El alcohol puede provocar que su cuerpo procese los anticoagulantes más rápidamente. Un trago en forma ocasional no debería ocasionar problemas pero no cambie sus hábitos de bebidas considerablemente mientras consume warfarina. Y siempre beba con moderación.

La warfarina reacciona con una amplia variedad de medicamentos recetados y de venta libre. Tenga cuidado con la aspirina, los acetaminofenos, los antibióticos y ciertas drogas para el colesterol alto y las úlceras. Consulte con su médico qué cantidad — de existir alguna — es seguro consumir.

Recupérese de un accidente cerebro-vascular

Millones de personas sobreviven a los accidentes cerebro-vasculares. Es un arduo camino de regreso a su antigua vida pero con determinación — y ayuda — podrá transitarlo.

Luego de un accidente cerebro-vascular, enfrentará obstáculos físicos y emocionales. Es probable que necesite aprender nuevas maneras de realizar las actividades diarias. Deberá enfrentar la fatiga y la depresión. Pero, por grave que sean estos efectos colaterales, recuerde que usted no está desprotegido ni solo.

Vuelva a educar a su cuerpo. Aún si su accidente cerebro-vascular ocurrió hace 20 a 30 años, un nuevo tratamiento innovador llamado terapia de inducción forzada (CIT) podría devolver la energía y la coordinación a las extremidades lisiadas. La CIT lo obliga a utilizar su brazo, mano o pierna debilitados. En ocasiones, se limita de algún modo la extremidad que se encuentra en "buenas condiciones" — incluso se la amarra. Su cerebro vuelve a aprender a mover y controlar la extremidad incapacitada.

Según el Dr. Richard D. Zorowitz, Director de Rehabilitación de Accidentes Cerebro-Vasculares del Sistema de Salud de la Universidad de Pennsylvania, la CIT es muy efectiva, especialmente para los sobrevivientes de accidentes cerebro-vasculares con problemas crónicos.

"La clave para la CIT", afirma, "es utilizar la extremidad afectada lo más posible".

En el caso de más de 300 personas que sufrieron accidentes cerebro-vasculares, la CIT les ha devuelto ya prácticamente la energía original. Converse con su médico acerca de la forma en que esta terapia puede ayudarlo a volverse más independiente.

Trague con cuidado. Perder su capacidad para tragar es una afección llamada disfagia. Puede provocar deshidratación, desnutrición e incluso neumonía provocada por la inhalación de alimentos o líquidos.

Si mastica o traga más lentamente que antes, o si al comer siente que realiza un esfuerzo, podría sufrir disfagia. Solicite a su médico que le recomiende una patóloga del habla o del lenguaje. Le brindará ejercicios específicos para mejorar la energía y la coordinación en su rostro y cuello.

Asimismo, pruebe estos consejos de autoayuda.

- Coma sentado o recostado hacia adelante con su barbilla ubicada en forma paralela a la mesa o plegada hacia abajo.

- Comience su comida con algo helado y repítalo cada vez que comience a tener problemas para tragar durante la comida.

- No intente tragar los alimentos sólidos con un líquido.

- Escoja alimentos suaves y acuosos, y líquidos espesos. Evite los alimentos secos y los líquidos diluidos.

- Trague dos veces por cada bocado de alimentos sólidos.

- Trague, despeje la garganta y trague nuevamente por cada trago de líquido.

- Mantenga la respiración al tragar cualquier cosa.

- Continúe con los purés o los alimentos que puedan masticarse fácilmente.

- Beba sólo pequeños sorbos y coma pequeños bocados.

- Utilice espesantes para líquidos que puede adquirir en su farmacia local.

Según Zorowitz, un total de hasta un tercio de los sobrevivientes de accidentes cerebro-vasculares sufren disfagia. Afortunadamente, muchas personas se recuperan naturalmente — en ocasiones dentro del primer mes luego de sufrir un accidente cerebro-vascular.

No pierda el sueño por los estornudos. En ocasiones un accidente cerebro-vascular daña el "centro del estornudo" en su cerebro. Por increíble que pueda sonar, podrá sentir que por momentos no puede hacer nada contra el estornudo. Si bien este reflejo podría volver con el tiempo, evite los lugares polvorientos y comuníqueselo a su médico.

Adopte una cara feliz. La depresión es un resultado común del accidente cerebro-vascular; sin embargo, la sensación de desesperación puede evitar que recupere su vida y su salud. Existen diversos motivos por los que puede sentirse desanimado.

"Los desequilibrios químicos que pueden ocurrir como consecuencia del accidente cerebro-vascular en ocasiones provocan depresión", afirma Zorowitz. En el caso de otros sobrevivientes de accidentes cerebro-vasculares, el estrés y la frustración de la recuperación pueden ser demasiado difíciles de sobrellevar. Y ahora los expertos sugieren que su personalidad antes del accidente cerebro-vascular influye en su recuperación emocional. Si usted era malhumorado y retraído antes, es probable que se sienta menos interesado en rehabilitarse. Si usted era sociable y amigable, es más probable que desee llevar a cabo una mejor recuperación y proseguir con su vida de la forma más sencilla.

Independientemente de su personalidad, obtenga ayuda si se siente deprimido luego de sufrir un accidente cerebro-vascular.. "Sepa que no está solo", afirma Zorowitz. Comparta sus sentimientos con las personas queridas, su médico o un grupo de terapia. Continúe llevando a cabo las actividades y los pasatiempos que le brindan placer. Y siéntase orgulloso de cualquier progreso que realice, independientemente de lo pequeño que sea.

No olvide que la depresión luego de un accidente cerebro-vascular es temporaria. A medida que se recupere y se vuelva más independiente, volverá a ser feliz.

Luche contra la fatiga. Uno de los efectos colaterales más arduos del accidente cerebro-vascular es la fatiga. Los niveles reducidos de energía representan un problema en sí mismo pero además pueden volver la depresión y otras dificultades físicas mucho más difíciles de sobrellevar. El primer paso para superar la fatiga es conversar sobre eso con su médico y las personas queridas.

Entonces, no se abrume usted mismo en los momentos del día en que se encuentra más cansado. "Estar en armonía con su cuerpo hace la diferencia", afirma Zorowitz. Hágase cargo de tareas diarias importantes cuando sienta que puede hacerlo. Luego, si aún le quedan energías, realice cosas menos importantes. Ante todo, tómese un descanso entre una actividad y otra para recargar sus baterías. "Desarrolle su resistencia", afirma Zorowitz.

Equilibre su vida. Continúe con el estilo de vida saludable que tenía antes de sufrir el accidente cerebro-vascular. Eso implica comer bien y hacer ejercicios. Ambos hábitos lo ayudarán a enfrentar la depresión, el estrés y la fatiga. Si la acción de comer representa un problema, consulte con su médico sobre los suplementos. Si le cuesta ejercitar, simplemente intente mantenerse lo más independiente posible — eso puede ser un ejercicio en sí mismo.

INSOMNIO

Duerma para prevenir pesadillas para la salud

Ya ha escuchado la expresión "el que se duerme, pierde". Bien, en realidad la verdad es todo lo contrario. Si no descansa — tiene mucho más que perder — su buena salud y, posiblemente, hasta su vida.

Los expertos explican el peligro relacionado con la frase "deuda de sueño". Cada vez que no duerme lo suficiente — un promedio de ocho horas por noche para los adultos — puede acumular una deuda de sueño. Por ejemplo, si duerme una hora menos por noche durante ocho noches consecutivas, suma un total de ocho horas de deuda de sueño — el mismo efecto que si no hubiera dormido una noche entera. Este tipo de privación del sueño puede provocar todo tipo de problemas de salud.

Esté alerta. Los conductores que han dormido mal son tan peligrosos como los conductores ebrios, si no más. La falta de horas de sueño entorpece su intelecto, sus habilidades motrices y su tiempo de reacción, y lo hace más propenso a sufrir un accidente. Un estudio demostró que las personas que permanecieron despiertas durante 17 a 19 horas (un día normal para algunos) tuvieron reacciones 50% más lentas que las personas ebrias. Los expertos afirman que si necesita recuperar un par de horas de sueño, lo mejor es dormir siestas de aproximadamente 20 minutos.

Ajuste con precisión el cambio horario. Los ahorros de tiempo durante el día representan un riesgo especial, ya que a todos nos ha faltado una hora de sueño. De hecho, usted tiene cinco veces más probabilidades de sufrir un accidente el día en que "adelanta sueño". Para remediar este peligro, ajústese gradualmente al cambio de horario durante la semana en lugar de hacerlo de una sola vez. En otras palabras, relájese — no recupere horas de sueño — de golpe. Acuéstese 10 minutos más temprano y levántese 10 minutos más temprano todos los días de la semana para preparar el terreno para el cambio de horario. Llegado el momento, su cuerpo ya se habrá ajustado y no le faltará esa hora "perdida".

Proteja su vida personal. No dormir lo suficiente hace que su cuerpo se estrese aún más. Su memoria sufre y podría estar irritable o alejarse de su familia y amigos —sin mencionar que también estará muy cansado para disfrutar de su tiempo libre o sus actividades sociales.

El problema se extiende hasta los dormitorios de los matrimonios. Los resultados de una encuesta de la Fundación Nacional del Sueño muestran que más de la mitad de los estadounidenses tienen menos sexo que cinco años atrás. De aquellos con problemas matrimoniales, aproximadamente la mitad están durmiendo menos y tres cuartos tienen problemas del sueño.

Los expertos recomiendan que utilice su cama sólo para dormir y para tener sexo. Además, haga de su dormitorio un lugar cálido — ni muy caluroso ni muy frío, con iluminación suave y relajante. Por último, fije horarios habituales para acostarse y levantarse.

Conserve su salud. Además de su forma de conducir, del rendimiento laboral y de las relaciones personales, la privación del sueño también afecta su salud. La Dra. Eve Van Cauter, de la Universidad de Chicago, midió la producción de insulina en personas saludables y en personas que dormían menos horas que las recomendadas.

> ### ¿Qué es?
>
> El insomnio, que es la incapacidad de dormirse y permanecer dormido, puede provocar problemas físicos, mentales, emocionales y de seguridad. La preocupación quizá sea la causa más común, pero la apnea del sueño, el síndrome de las piernas inquietas o el exceso de luz o ruido en la habitación muchas veces tienen la culpa. Ciertos medicamentos y elecciones de estilo de vida, como ejercitar poco o beber demasiado café, también pueden mantenerlo despierto.
>
> Síntomas:
> - Adormecimiento diurno
> - Fatiga
> - Irritabilidad
> - Dificultad para sobrellevar el problema

Descubrió que aquellos que dormían aproximadamente cinco horas por noche producían 50% más insulina que los que dormían casi ocho horas por noche. También mostraron un 40% menos de sensibilidad a la insulina que los que dormían normalmente. La menor sensibilidad a la insulina representa un mayor riesgo de desarrollar diabetes. También puede provocar obesidad e hipertensión arterial, factores de riesgo para una gran variedad de problemas, incluida la cardiopatía y los accidentes cerebro-vasculares.

Si suspende los bocadillos nocturnos, ejercita a diario y limita la cafeína, el alcohol y el cigarrillo por la mañana, no sólo dormirá mejor sino que hasta quizás también viva más tiempo.

La deuda de sueño es un problema en aumento. Una encuesta reciente llevada a cabo por la Fundación Nacional del Sueño informa que el 63% de los estadounidenses adultos duermen menos de ocho horas. Las personas están trabajando más y durmiendo menos, una combinación peligrosa para su salud. Recuerde, la única manera de recuperar las horas de sueño es durmiendo.

Deje que la luz del sol lo calme para dormir

Contrariamente a lo que la mayoría cree, el insomnio no es una característica natural de la tercera edad. Sí es cierto que, a medida que envejece, su cuerpo puede producir menos melatonina — una hormona que lo ayuda a dormir — pero podría estar empeorando el problema si no se expone lo suficiente a la luz del sol.

Un estudio japonés reciente comparó a los residentes de un asilo de ancianos con insomnio con los residentes sin problemas del sueño y con estudiantes universitarios saludables. Cuando los investigadores se aseguraron de que los ancianos con insomnio se exponían a cuatro horas adicionales de luz solar por día, sus niveles de melatonina durante la noche aumentaron hasta igualar los niveles del grupo de jóvenes. Sus patrones de sueño también mejoraron.

Cuando la luz solar afecta sus niveles de melatonina, también afecta el reloj interno de su cuerpo — el mecanismo que le indica cuándo debe dormir y cuándo debe despertarse. Por tal motivo, antes de tomar pastillas para dormir u otros medicamentos, pruebe estos remedios simples y naturales que nos brinda la luz solar.

Salga al aire libre. ¿Qué mejor manera de exponerse a la luz solar que disfrutar de un día placentero al aire libre? Dé un paseo por su manzana. No sólo ayudará a que se exponga a la luz del sol sino que también lo ayudará a ejercitarse. A menudo, la falta de ejercitación puede causar insomnio.

Siéntese en una habitación soleada. Si prefiere pasar el día adentro, siéntese en una habitación que reciba abundante luz solar. Puede leer, hacer un crucigrama, ver televisión o hacer cualquier actividad que desee. Simplemente trasladándose a una habitación ubicada en el sector de la casa donde dé el sol, podría obtener la luz solar adicional que necesita.

Abra todo. Su habitación actual podría recibir la luz solar necesaria — con sólo mantener las cortinas abiertas y las persianas levantadas. La privacidad es importante, pero también lo son sus horas de sueño. Al menos durante un par de horas por día, permita que el sol visite su hogar.

Anímese y brille. En el estudio japonés que se mencionó anteriormente, los ancianos con insomnio se expusieron al sol brillante del mediodía — de10 a.m. a 12 p.m. y de 2 p.m. a 4 p.m. Sin embargo, existe evidencia que sugiere que el sol de la mañana es mejor para cambiar el reloj interno de su cuerpo. Esta estrategia puede ayudar a las personas con Trastorno Afectivo Estacional (SAD), una forma de depresión provocada por el cambio de estaciones.

Recuerde que no toda la luz es buena para usted. Los expertos afirman que demasiada luz artificial justo antes de acostarse puede afectar su reloj interno y provocar problemas del sueño.

Detenga el ronquido para dormir mejor

Roncar va más allá de interrumpir el sueño de su pareja. También puede presentar problemas de salud, especialmente si tiene apnea del sueño. Esta afección hace que deje de respirar temporalmente durante la noche. Se despierta con frecuencia y algunas veces jadeando para obtener aire. Con tanto sueño interrumpido, por lo general se siente cansado y débil durante el día.

La apnea del sueño es una afección potencialmente peligrosa; por eso se recomienda que visite a su médico para obtener un diagnóstico apropiado. Entonces, si necesita ideas para disfrutar de una noche agradable y tranquila de sueño profundo, no deje de leer sobre estos remedios.

Quítese la ropa para dormir más profundamente.

Vestir ropa interior para dormir puede no ser tan buena idea.

Si tiene la costumbre de dejarse el sostén o la faja puestos durante toda la noche, probablemente se esté privando a usted mismo de un sueño profundo y relajante.

En un estudio clínico que duró tres noches, llevar sostén y faja durante las 24 horas finales disminuyó los niveles de melatonina y aumentó la temperatura corporal. Estas dos funciones automáticas no sólo influyen entre ellas sino que también determinan cuán bien duerme. Los expertos creen que la ropa interior ajustada puede provocar cambios corporales al ejercer presión en su piel y oprimir sus vasos sanguíneos.

Para lograr dormir placenteramente, asegúrese de que la ropa que vista para dormir sea suelta y cómoda.

Encuéntreles la vuelta a las hormonas. Los hombres son tres veces más propensos que las mujeres a tener apnea del sueño. Sin embargo, cuando las mujeres atraviesan la menopausia, su nivel de apnea del sueño aumenta considerablemente. La Terapia de Reemplazo de Hormonas (HRT) — que contiene especialmente estrógeno y progesterona — parece reducir ese riesgo.

Los expertos no están completamente seguros de que la HRT funcione, pero sospechan que se relaciona de alguna manera con la conexión entre el ronquido y las hormonas. Existen polémicas serias sobre la salud alrededor del reemplazo hormonal y, definitivamente, no es para todos. Antes de tomar una decisión, hable con su médico y conozca las ventajas y desventajas.

Aproveche los productos novedosos disponibles. Hay más de 300 productos para dejar de roncar patentados en la Oficina de Marcas Comerciales y Patentes de los Estados Unidos. Tenga cuidado con los productos falsos que parezcan demasiado buenos para ser cierto. Muchos de ellos son estafas que se llevarán su dinero pero no harán nada por su problema de ronquido. Aunque algunos dispositivos antirronquido sí funcionan. Consulte a su médico sobre todas sus opciones.

Puede probar un dispositivo llamado máscara de presión positiva continua de la vía aérea. Se coloca sobre la nariz o la boca cuando duerme. El dispositivo sopla aire en sus vías nasales y mantiene las vías aéreas abiertas.

Consulte a su dentista u ortodoncista sobre la posibilidad de colocarse un dispositivo oral o dental especial. Este tipo de solución funciona mejor en casos de apnea del sueño leve a moderada.

La Comisión Federal de Comercio (FTC) investiga los reclamos por publicidades engañosas e intenta proteger al público de las empresas falsas y sus productos. Si tiene preguntas sobre un producto para dejar de roncar, llame a la FTC al 1-877-FTC-HELP o visite su sitio en Internet <www.ftc.gov>.

Tenga una pelota a mano. Una simple pelota de tenis es un dispositivo antirronquido barato y efectivo. Cosa una o dos a la espalda de sus pijamas y, de esta manera, le resultará difícil dormir boca arriba — la posición en la que existen más posibilidades de que ronque. Dormir boca arriba también provoca episodios de apnea del sueño más graves y frecuentes.

Visite la farmacia. Cuando entre a una farmacia, la cantidad de productos antirronquido de venta libre podría abrumarlo. Al menos un remedio homeopático mejoró el problema de los ronquidos en un estudio clínico, pero eso no significa que todos los productos funcionen. Consulte a su médico o farmacéutico antes de probar cualquier tratamiento no recetado.

Cambie su estilo de vida. No importa cuántos aparatitos, trucos y productos novedosos estén dando vueltas; manejará mejor el problema de los ronquidos si modifica su rutina diaria. Pierda peso si está excedido. Trate su hipertensión arterial. Evite consumir alcohol justo antes de acostarse. Duerma de costado. Estos pasos son simples, seguros y saludables. Pruébelos — podría silenciar sus ronquidos y las quejas de su pareja.

Tenga en cuenta la cirugía. Una buena opción para la apnea del sueño grave es la cirugía, que puede ayudarlo a ensanchar sus vías aéreas. Pero, según un estudio reciente, por lo general no es necesaria ni útil.

Las personas que se someten a un procedimiento con láser llamado uvulopalatoplastia, que elimina el exceso de tejido en su garganta, por lo general sufren recaídas y comienzan a roncar nuevamente después de unos meses. En algunos casos, la cirugía hasta puede empeorar el problema de ronquidos. Los expertos afirman que para obtener los mejores resultados, es fundamental que los pacientes regresen para realizar tratamientos de seguimiento.

Otro procedimiento, la Reducción del volumen de tejido con radiofrecuencia (RFTVR), utiliza un electrodo en forma de aguja y frecuencias de radio para quemar tejido blando del paladar, que hará que se encoja y se endurezca. La RFTVR es un tratamiento simple y casi indoloro que demostró tener exitoso en algunos casos. Sin embargo, todavía es un tratamiento nuevo y no se ha probado rigurosamente.

Recuerde, la cirugía debe ser la última opción. Primero intente con otros tratamientos.

Despabile sus cansados ojos

Si los ojos son las ventanas de su alma, asegúrese de que muestren quien es usted realmente y no los restos de una noche de insomnio.

La falta de horas de sueño puede hacer que sus ojos se vean con bolsas, caídos e hinchados. Y también están esas ojeras. Antes de buscar los anteojos para sol, pruebe estos consejos naturales para hacer que sus ojos se vean y se sientan despejados y descansados.

Cálmelos con pepino. Uno de los trucos de belleza más antiguos en el libro, realmente funciona. Coloque una rodaja de pepino sobre cada ojo y relájese durante algunos minutos.

Tómese un descanso para el té. Diga adiós a los ojos hinchados con un par de bolsitas de té frías y húmedas. El té contiene taninos, un astringente que puede tensar su piel, y cafeína, que constreñirá los vasos sanguíneos. Cualquiera que alguna vez haya mirado dentro de una tetera sabe que el té puede manchar, por lo que puede ser una buena idea envolver la bolsita de té en papel tisú para evitar que manche su piel.

Rompa un huevo. Las tan conocidas claras de huevo son una alternativa fresca de campo para las costosas máscaras faciales.

Simplemente aplique las claras en su cara con un pincel de maquillaje. Cuando las claras se sequen, su piel se tensará, incluida esa área caída debajo de sus ojos.

Pruebe con una compresa. Cuando todo lo demás falla, una toalla húmeda aliviará sus ojos y reducirá la hinchazón. Si lo resiste, coloque la toalla en el freezer durante un rato para enfriarla por completo.

Sea un cabeza de papa. Algunos dicen que el potasio presente en las rodajas de papa cruda puede aclarar las ojeras debajo de sus ojos.

Apile las almohadas. La hinchazón algunas veces se produce a causa de líquido que se acumula debajo de los ojos mientras duerme. Pruebe usar una almohada extra por la noche para elevar su cabeza. Y no duerma boca abajo — podría tener menos arrugas.

Sacuda el hábito. Si está reteniendo líquido, es posible que sus ojos se hinchen con más frecuencia. No abuse del salero y limite la cafeína y el alcohol, especialmente justo antes de acostarse.

Para un buen cuidado general de la piel, descanse mucho. Si sus ojos se hinchan, se ponen rojos o le pican con frecuencia, podría tener alergia u otra afección médica. Visite a su médico.

Cura casera

Los pies fríos pueden no dejarnos dormir. Los vasos sanguíneos de las manos y pies generalmente se dilatan justo antes de dormirse, y calientan sus dedos de las manos y pies. Pero si su circulación no es muy buena, sus pies permanecen fríos y no puede dormirse. En lugar de las pastillas para dormir, pruebe con un baño tibio y un par de medias abrigadas que aceleren su viaje al mundo de los sueños.

SÍNDROME DEL INTESTINO IRRITABLE

Elimine esas sospechas de SII

Estuvo esperando esa comida familiar al aire libre durante toda la semana. Luego, de repente, justo cuando está saliendo con la ensalada de papas, un ataque de diarrea lo obliga a pasar el resto de la tarde en el baño. No sería tan malo si sólo pasara esporádicamente, pero le sucede varias veces por semana.

Es una situación típica para alguien que sufre de síndrome del intestino irritable (SII), que es un conjunto de síntomas, no una enfermedad. Si tiene SII, no existe un problema físico en su tracto gastrointestinal; sin embargo, probablemente tenga síntomas como gases dolorosos, hinchazón y algunos días de estreñimiento y otros de diarrea, que pueden provocar hemorroides.

Lo único que las personas con SII desean saber es la causa de su problema y cómo detenerlo. Pero en lugar de identificar al culpable, los investigadores continúan buscando nuevos sospechosos para agregar a la lista.

Azúcar. Muchas personas con trastornos intestinales tienen problemas para absorber la lactosa, fructosa y sorbitol. La lactosa es el azúcar presente en la leche y la fructosa se encuentra naturalmente en las frutas, en el jarabe de maíz y en la miel. El sorbitol se encuentra en ciertas bayas y se utiliza como endulzante en muchos alimentos.

Investigadores en Israel se preguntaban si eliminar esos endulzantes de la dieta podría ayudar a las personas con problemas intestinales. Probaron su teoría haciendo que las personas que sufrían de SII eliminaran esos endulzantes de sus dietas durante un mes. Los resultados podrían motivarlo a hacer lo mismo. Más de la mitad de los participantes en el estudio que regresaron para el seguimiento informaron una reducción en los síntomas del SII. Los investigadores concluyeron que las personas con SII deberían evitar esos azúcares antes de recurrir a la medicina. Intente eliminar un tipo de azúcar a la vez para ver si ayuda. Asegúrese de leer las etiquetas detenidamente y considere visitar a un nutricionista para que lo aconseje.

Falta de horas de sueño. Nuevas investigaciones muestran que su SII puede empeorar si no duerme lo suficiente. En un estudio de dos meses de duración, las mujeres con SII informaron que sus síntomas empeoraron después de una sola noche de no haber descansado bien. Haga lo que sea necesario para dormir bien por la noche. Desenchufe el teléfono, colóquese tapones para los oídos o tome un baño caliente para ayudar a relajarse. Quizá sea una buena idea, si sufre de SII, — evitar la cafeína y el alcohol antes de acostarse — ya que pueden interferir con el sueño. E intente dormir profundamente durante ocho horas por noche.

Estrés. Los sentimientos negativos, como el enojo, la tristeza y la ansiedad, pueden hacer que empeoren los síntomas del SII y el estrés aumenta las posibilidades de sufrir recaídas. Concentrarse en su respiración puede ser la clave para aprender a relajarse. La mayoría de las personas no son conscientes de su respiración. Después de todo, es algo automático. Contrólese durante el día para observar cómo lo está haciendo. Si está respirando superficialmente desde el pecho, necesita tomarse un minuto para respirar

> ### *¿Qué es?*
>
> Esta afección digestiva común no posee ninguna causa ni cura conocida. Cuando padece SII, las cosas habituales hacen que su colon reaccione excesivamente y sufra espasmos. Estos espasmos pueden demorar la deposición, lo que resulta en estreñimiento, o puede acelerarla y causar diarrea. El SII no es una enfermedad que ponga en riesgo su vida, pero, como provoca incomodidad y ansiedad, puede afectar su calidad de vida.
>
> Síntomas:
> - Estreñimiento
> - Diarrea
> - Calambres y dolor abdominal
> - Gases
> - Hinchazón

lenta y profundamente — como si estuviera respirando desde el estómago. Concéntrese en cada respiración hasta que sienta que comienza a relajarse. Repítalo varias veces por día hasta que se convierta en algo natural.

También puede enfrentar los sentimientos negativos si aprende a expresar lo que siente de una mejor manera. Si usted es alguien que nunca puede decir lo que piensa, considere tomar una clase de capacitación en reafirmación personal o solicitar a un terapeuta que trabaje con usted para ganar confianza. Con frecuencia, aprender a expresar el enojo y otros sentimientos negativos conduce a una mejor salud para aquellos que sufren de SII.

Frustre el SII con antibióticos

¿Sabía que tiene bichitos microscópicos en su tracto intestinal? No entre en pánico — todos los tenemos. De hecho, necesita una cierta cantidad de esos bichitos, llamados bacterias, para procesar los alimentos y conservar una buena salud. Pero algunas veces se multiplican a niveles que dejan de ser saludables y provocan el crecimiento excesivo bacteriano del intestino pequeño (SIBO).

Siguiendo una corazonada, investigadores del Centro Médico Cedars-Sinai en Los Angeles administraron antibióticos a un grupo de personas con síndrome del intestino irritable (SII). Después de 10 días, muchos mejoraron tanto que ya no se los podía clasificar como pacientes de SII, y algunos se liberaron completamente del SII. El Dr. Henry C. Lin, autor principal del estudio y director del Programa de Motilidad GI de Cedars-Sinai, cree que el estudio es importante para las personas con SII.

Afirma que "éste es el primer estudio que demuestra que la erradicación completa del SIBO con antibióticos comúnmente recetados mejora significativamente los síntomas del SII, especialmente los que se relacionan con la hinchazón, la diarrea y el dolor abdominal".

Pero, debido a que algunas de las personas que se estudiaron no respondieron a los antibióticos, los investigadores creen que el SII también debe tener otras causas.

Para realizarse una prueba de SIBO, su médico puede recetarle un examen llamado prueba de respiración para la detección del hidrógeno de la lactulosa o LHBT. Deberá ayunar durante la noche y luego respirar en una máquina que mide la cantidad de hidrógeno que producen sus intestinos. Si está produciendo una gran cantidad de hidrógeno, probablemente tenga un crecimiento excesivo de bacterias, y su médico puede recetarle un antibiótico.

Coma más yogur. Suena raro, pero comer bacterias vivas puede ayudar a mantener sus intestinos más saludables. La clave es el tipo de bacteria que consume. Algunas bacterias, como las que contiene el yogur con cultivos activos, son beneficiosas para su intestino. Estas bacterias, llamadas probióticas, ayudan a recuperar el equilibrio natural al mantener alejadas las bacterias dañinas. Considérelas como bacterias que combaten de su lado contra el intento de los bichos malos de apoderarse de su intestino delgado. El yogur con cultivos activos es

Minimice la pérdida ósea que ocurre cuando padece EII.

La enfermedad inflamatoria intestinal (EII), que incluye la enfermedad de Crohn y la colitis ulcerosa, es mucho más grave que el síndrome del intestino irritable. Si usted padece EII, sus intestinos evidenciarán un proceso real de enfermedad y su médico le recetará medicamentos.

Recientemente, los científicos descubrieron algo nuevo para que las personas que sufren de EII se protejan contra la — osteoporosis.

Los estudios demostraron que quienes sufren de EII son 40% más propensos a quebrarse la columna, la cadera, la muñeca, el antebrazo o una costilla. Los expertos no están seguros del porqué, pero puede deberse a los medicamentos recetados o, quizá, a una incapacidad de absorber suficientes nutrientes.

Aún es necesario realizar más estudios, pero mientras tanto, puede hacer todo lo posible para minimizar la pérdida ósea. Consuma muchos alimentos ricos en calcio, como la leche descremada, el yogur y el repollo chino. Beba jugo de naranja fortificado con calcio para que también pueda cargarse de vitamina C, y coma muchas bananas y otras buenas fuentes de potasio. Compre leche fortificada y expóngase al sol durante al menos 15 minutos todos los días para que su piel pueda generar vitamina D — que es fundamental para tener huesos fuertes.

También puede evitar la osteoporosis mediante ejercicios de peso, así que manténgase activo. Incluso caminar ayuda a mantener sus huesos fuertes.

una fuente excelente de probióticos. Intente comer yogur sin azúcar agregada, ya que muchas personas con SII también tienen problemas con la absorción del azúcar. Revise la etiqueta para asegurarse de que diga "cultivos activos". Eso significa que se hizo con bacterias vivas. El yogur que se hace sin cultivos activos no hará mucho por usted.

Pruebe con suplementos. También puede probar los suplementos probióticos, como las cápsulas de acidofilus o lactobacilus. Puede encontrarlas en cualquier lugar donde vendan suplementos. Estas pequeñas cápsulas contienen millones de bacterias buenas que pueden ayudar a recuperar el equilibrio de su intestino. Pero no olvide revisar la fecha de vencimiento para estar seguro de que aún estén vivas.

Cura casera

Para tratar una descompostura estomacal de la manera en que lo hubiera hecho su bisabuela, use hojas de té de menta que puede encontrar en su tienda local de alimentos saludables. Coloque una taza de agua hirviendo sobre una pila, que equivalga a una cucharada, de hojas de té de menta y deje reposar durante cinco minutos. Beba una taza de este té entre las comidas, pero no beba más de cuatro tazas por día.

Los herboristas dicen que el aceite de mentol en el té es el responsable del efecto calmante para el estómago. Pero no permita que los niños pequeños lo tomen, ya que el mentol puede provocarles una sensación de ahogo.

CÁLCULOS DE RIÑÓN

Plan de acción para prevenir los cálculos de riñón

Piense en los cálculos de riñón como un crimen. Para resolverlo, primero debe reunir a los sospechosos más comunes. Entre ellos se encuentran los dos sospechosos principales — el poco consumo de líquidos y una dieta con niveles elevados de oxalato. Si no consume suficientes líquidos, su orina se concentra más y se producen cristales. Demasiados cristales pueden provocar la formación de un cálculo. Los alimentos ricos en oxalato incluyen las remolachas, el ruibarbo, las fresas, los frutos secos, el chocolate, la espinaca y otras verduras de hojas verdes. Otros posibles sospechosos incluyen una dieta baja en calcio, la cual hace que su cuerpo absorba más oxalato, y una dieta rica en sal. También tenga en cuenta la historia familiar.

"El mejor consejo es consumir mucho líquido, la mitad del cual debería ser agua, con el fin de que la orina tenga un color suave", expresa el Dr. Richard W. Norman, profesor y director del departamento de urología de la Universidad Dalhousie de Canadá.

Pero algunas veces es necesario examinar más evidencia para resolver un crimen. Aquí le ofrecemos algunas otras estrategias para detener los cálculos de riñón.

¿Qué es?

Esos cristales similares a las rocas se forman en sus riñones cuando los químicos de su orina se acumulan en niveles anormales. La mayoría de los cálculos de riñón pasarán a través de su cuerpo por sí solos pero, como pueden crecer hasta alcanzar el tamaño de una pelota de golf y pueden ser tan irregulares como el vidrio, pueden resultar bastante dolorosos.

Síntomas:
- Dolor agudo e irregular en la región lumbar o lateral.
- Náuseas y vómitos
- Orina con sangre, con olor desagradable o turbia
- Necesidad de orinar con frecuencia
- Fiebre y escalofríos
- Debilidad
- Ardor

Cambie de posición. Evitar los cálculos de riñón podría ser tan simple como darse vuelta. Una investigación de la Universidad de California en San Francisco, a cargo del Dr. Marshall L. Stoller, muestra que las personas que desarrollan cálculos de riñón en un lado del cuerpo, también duermen sobre ese lado. No sabe por qué, pero teoriza que podría tener relación con el cambio en el flujo sanguíneo hacia sus riñones provocado por la posición en la que duerme.

Si acostumbra a dormir sobre su lado derecho, pruebe dormir sobre el izquierdo, y viceversa. Podría deshacerse de esos molestos cálculos. Si esto no le resulta fácil, puede probar con el viejo truco de la pelotita de tenis, un método común para dejar de roncar. Cosa una pelota de tenis en un costado de sus pijamas para no acostarse sobre ese lado. O puede utilizar un apoyo para dormir que lo mantenga orientado hacia el lado correcto durante la noche.

Quite la grasa. Norman también exploró la relación entre la grasa alimenticia y los cálculos de riñón. En un estudio, la relación fue mayor que la que se esperaba. En otras palabras, la grasa tenía un mayor efecto en los cálculos de riñón que lo que se creía. Sin embargo, en otro estudio, no encontró ninguna relación entre la grasa alimenticia y los cálculos de riñón.

"No existe relación entre la grasa alimenticia y el riesgo de la formación de un cálculo de riñón en personas con un tracto intestinal normal", afirma Norman y agrega: "se debería seguir una dieta moderada y variada".

Podría no tener que preocuparse por los cálculos de riñón, pero teniendo en cuenta que la grasa contribuye a muchos problemas de salud — como las cardiopatías, los accidentes cerebro-vasculares, la diabetes y el cáncer — sería una buena idea que, de todas maneras, limite la grasa en su dieta.

Deje de lado las proteínas. Un estudio francés descubrió que reducir en un tercio la ingesta normal de proteínas puede ayudarlo a protegerse contra la formación de cálculos de riñón. Los participantes del estudio limitaron la carne y el pescado a tres porciones por semana y no consumieron más de 100 gramos de leche y queso por día. En su lugar, comían más pastas y arroz.

Para imaginarse lo poco que son 100 gramos, considere esto. Una taza de leche descremada son 245 gramos y una tajada de 1 onza de mozzarella son 28 gramos.

Norman explica que "el consumo de proteínas aumenta el ácido úrico urinario, el cual puede incrementar el riesgo mediante varios mecanismos".

El objetivo es mantener las calorías derivadas de proteínas animales en menos del 10% del total de calorías que consume. Las fuentes no animales de proteínas incluyen los frijoles, las arvejas, las semillas y los cereales.

Arriba las bananas. Consumir únicamente la ración diaria recomendada (RDA) de potasio podría no ser suficiente para prevenir los cálculos de riñón. Necesita más, especialmente si su dieta incluye mucha sal. Un estudio de Brasil descubrió que, a pesar de que las personas comían muchos alimentos ricos en potasio y su ingesta total de potasio se encontraba dentro de los niveles recomendados, no obtenían el potasio necesario para combatir los cálculos de riñón. El potasio ayuda mediante el aumento del nivel de citrato en su orina.

Haga un esfuerzo para comer más alimentos ricos en potasio. Entre ellos se encuentran las bananas, tomates, naranjas, aguacates, higos, frijoles y papas.

Deliciosas maneras de 'liquidar' los dolorosos cálculos de riñón

¿Sediento? Si desea combatir los cálculos de riñón, mejor que lo esté. Estudios de Harvard demuestran que las personas que beben grandes cantidades de líquidos tienen más posibilidades de evitar estas molestias dolorosas.

En un estudio, las mujeres que ingerían al menos 11 bebidas de 8 onzas por día, tenían un 38% menos de probabilidades de desarrollar cálculos de riñón que las mujeres que bebían menos de seis. Se observaron resultados similares en otro estudio realizado en hombres.

Los hombres que bebían la mayor cantidad líquido tenían un 35% menos de probabilidades de desarrollar cálculos que los que bebían menos.

Pero allí no termina la historia. La bebida que escoja también hace la diferencia. Éstas son las mejores — y las peores — bebidas que puede consumir si desea minimizar su riesgo de desarrollar cálculos de riñón.

- ❧ **Café.** Una taza de café bien caliente podría ser justo lo que necesita para despertarse — y reducir sus posibilidades de tener cálculos de riñón en un 10%. Tal como sucede con el alcohol, la cafeína diluye su orina y hace que vaya al baño con mayor frecuencia. Eso les da a los cálculos de riñón pocas posibilidades de desarrollarse. Extrañamente, el café descafeinado también reduce su riesgo entre un 9% y un 10%. Esto lleva a que los investigadores crean que hay algo más involucrado, aparte de la cafeína.

- ❧ **Té.** A pesar de que se sospechaba que el té contenía grandes cantidades de oxalato, una sustancia que puede contribuir a la formación de cálculos de riñón, los estudios de Harvard descubrieron que el té disminuyó el riesgo de sufrir cálculos de riñón en un 14% en los hombres y en un 8% en las mujeres. Quizá se deba a que el cuerpo absorbe muy poca cantidad de oxalato dañino. Los investigadores creen que el mayor flujo de orina diluida a causa de la cafeína en el té contrarresta el pequeño incremento en oxalato.

- ❧ **Limonada.** Esta bebida refrescante contiene gran cantidad de ácido cítrico, que es parte del citrato. Debido a que el citrato detiene la formación de cálculos de calcio, una de las causas comunes de los cálculos de riñón es la falta de citrato en la orina. Un estudio de la Universidad de California en San Francisco probó la limonada en un pequeño grupo de personas con bajos niveles de citrato urinario. La limonada aportó una cantidad de citrato superior al doble de la que se encuentra en la orina y también redujo la cantidad de calcio. Por tal motivo, la próxima vez que tome un vaso de limonada en un día caluroso, recuerde que también está congelando los cálculos de riñón.

Sin embargo, no de todos los cítricos se obtienen buenas bebidas para combatir los cálculos de riñón. El jugo de pomelo aumenta su riesgo de desarrollar cálculos de riñón tanto como un 44%. Los investigadores no están seguros del porqué, pero sospechan que el jugo de pomelo podría aumentar la absorción que el cuerpo realiza del oxalato de otros alimentos. Otra bebida que debería evitar es el jugo de manzana, que aumentó el riesgo de cálculos de riñón en los hombres en un 35%, pero no afectó el riesgo en las mujeres.

Según los estudios de Harvard, el vino y la cerveza fueron las bebidas más efectivas en la prevención de los cálculos de riñón. El alcohol también ayuda a combatir los cálculos de riñón, ya que lo hace orinar más y diluye la orina. Sin embargo, el alcohol contribuye a muchos problemas de salud — incluida la enfermedad hepática, pancreatitis, hipertensión arterial e insuficiencia cardíaca congestiva — por lo que no se recomienda beberlo sólo para combatir los cálculos de riñón. Si no bebe alcohol, no comience a hacerlo. Si lo hace, limite su ingesta de alcohol a uno o dos vasos de vino o cerveza por día.

INTOLERANCIA A LA LACTOSA

Tenga cuidado con los trucos y las trampas de la lactosa

Si cree que tiene intolerancia a la lactosa, piénselo nuevamente. Incluso si presenta las náuseas, los calambres, la diarrea e hinchazón que normalmente se presentan con esta afección, es posible que en realidad sufra de otro problema.

Descarte otras causas. Antes de tomar medidas drásticas, asegúrese de que realmente es intolerante a la lactosa. Otros azúcares, además de la lactosa, algunas veces provocan las mismas reacciones desagradables.

Su problema podría provenir de la fructosa, que se encuentra naturalmente en la miel, los higos, las peras, las ciruelas secas y las uvas. También se utiliza en el jarabe de maíz para endulzar alimentos, gomas de mascar, dulces y refrescos. Otros culpables incluyen el sorbitol, manitol y xilitol, que se encuentran en alimentos, bebidas y gomas de mascar dietéticos o sin azúcar.

Muchas personas tienen problemas para absorber esas sustancias. Si consume demasiados alimentos de ese tipo, los azúcares no absorbidos pasan al intestino grueso y causan los mismos problemas que la intolerancia a la lactosa.

Tampoco se olvide del gluten. Esta proteína que se encuentra en el trigo, la cebada y las avenas les trae problemas a muchas personas. Podría ser sensible sólo al gluten o tener enfermedad celiaca, en cuyo caso el gluten daña sus intestinos. Podría perder peso, hincharse, tener gases, sentirse débil y sufrir cambios en sus hábitos intestinales. Si tiene enfermedad celiaca, debe evitar por completo los alimentos que

222

contienen gluten. Deberá leer las etiquetas cuidadosamente ya que el gluten aparece en todo tipo de lugares inesperados — incluso en el helado.

Lleve un diario de alimentación para que pueda registrar qué alimento provoca cada síntoma. Esto ayudará a su médico a determinar su problema.

Cuídese de la lactosa oculta. Tal como sucede con el gluten, la lactosa aparece en algunos lugares insólitos. Si es intolerante a la lactosa, debe estar alerta.

Por ejemplo, el suero, que es el líquido acuoso que queda cuando la leche se convierte en queso, se encuentra en alimentos procesados como las galletas y contiene lactosa, al igual que la leche en polvo. Quizá lo más alarmante sea que aproximadamente el 20% de todos los medicamentos recetados y el 6% de todos los productos de venta libre contienen lactosa.

Asegúrese de leer todas las etiquetas de los alimentos y medicamentos detenidamente, y consulte a su farmacéutico sobre cualquier medicamento sobre el que tenga dudas.

Pero ni siquiera la mayor atención que le preste a las etiquetas puede protegerlo por completo. Según la revista para el consumidor de la FDA las normas actuales de etiquetado tienen algunas falencias. Los fabricantes pueden usar el término "producto no lácteo" incluso cuando el producto contiene subproductos de la leche. Y existen un centenar de maneras de incluir proteínas de la leche en la lista de ingredientes sin la necesidad de utilizar la palabra "leche".

> ## ¿Qué es?
>
> La intolerancia a la lactosa es otra manera de expresar que usted tiene dificultad para digerir la leche y otros lácteos. Esto ocurre cuando su intestino delgado no produce la cantidad necesaria de la enzima que desintegra la lactosa, el azúcar principal de los lácteos.
>
> Síntomas:
> - Náuseas
> - Gases
> - Diarrea
> - Hinchazón
> - Calambres

Si es intolerante, puede ser una buena idea limitar los alimentos procesados y cualquier cosa que contenga ingredientes que desconocemos.

Sea creativo. No deje que la intolerancia a la lactosa no le permita disfrutar de la comida. Intente sustituir ingredientes en sus recetas. Por ejemplo, si algo necesita leche en polvo, pruebe utilizar la misma cantidad pero de agua. Experimente. Podría encontrar algunas soluciones interesantes — y sabrosas—.

Es posible incursionar en los lácteos de vez en cuando. Mientras algunas personas — por lo general las que tienen ascendencia asiática o africana — son muy sensibles y deben evitar la lactosa, otras pueden consumir pequeñas cantidades. Conozca sus límites y asegúrese de que su menú no los pase por alto.

Resuelva su dilema sobre lácteos

¿Siente dolores provocados por los gases otra vez? Si usted es un amante de los lácteos que no tolera la lactosa, no se desespere. Es posible que no tenga que abandonar todos los lácteos para evitar esos dolorosos problemas digestivos. Diferentes personas pueden tolerar diferentes cantidades de lactosa. Por eso, mientras la leche y el queso pueden hacerlo sufrir, el yogur podría no ser un problema en absoluto. Experimente con un tipo de lácteo a la vez para determinar lo que puede comer y de lo que necesita alejarse.

Las tiendas de alimentos ahora ofrecen a la cantidad creciente de personas intolerantes a la lactosa nuevos productos que resuelven su problema con los lácteos. La leche y el queso reducidos en lactosa son muy fáciles de encontrar. Incluso puede comprar enzimas de lactasa para que lo ayuden a digerir los alimentos con mayor facilidad.

Es posible que pueda introducir algunos lácteos en su dieta, pero si los está eliminando, asegúrese de consumir suficiente calcio. Las buenas fuentes de calcio que no son lácteos incluyen la col rizada, las sardinas, las hojas de nabo, el salmón, los maníes y las alubias pintas.

PÉRDIDA DE MEMORIA

Pistas útiles para mejorar su memoria

Hace mucho, mucho tiempo podía recitar fechas de cumpleaños, números telefónicos y direcciones, llevar un registro de las citas sin usar una agenda y recordar todas las historias divertidas de su niñez.

Ahora, tiene suerte si se acuerda de lo que comió en el almuerzo. Si parece que se le están acabando las baterías de su memoria, pruebe estos consejos para recargarlas.

Obtenga más antioxidantes. Muchos alimentos contienen químicos naturales que combaten los radicales libres perjudiciales en su cuerpo. El betacaroteno, que su cuerpo convierte en vitamina A, es uno de esos antioxidantes. Al proteger sus células cerebrales, los betacarotenos lo ayudan a pensar, razonar y recordar. Lamentablemente, millones de personas en todo el mundo no consumen suficiente vitamina A. Incluso sólo un miligramo diario de betacaroteno hace una gran diferencia. Las zanahorias, batatas, damascos, tomates, brócoli, cantalupo y hojas de acelga son todas buenas fuentes de betacarotenos.

Las vitaminas C y E también combaten el daño provocado por los radicales y la falta de memoria. De hecho, la vitamina E podría proteger contra el Alzheimer. Obtenga vitamina C de las

---

¿Qué es?

Algunas veces, simplemente no puede recordar ciertas cosas. Quizá tenga dificultades para recordar algo que ocurrió recientemente, un objeto o el nombre de alguna persona o lugar.

La pérdida ocasional de la memoria es una parte normal del envejecimiento cerebral. Pero cuando se convierte en un problema frecuente y notorio, podría señalar una afección mucho más grave, como el mal de Alzheimer u otra forma de demencia.

Síntomas:
- Falta de memoria
- Confusión

---

naranjas, pomelos, brócoli, pimientos, cantalupo y fresas. Puede encontrar vitamina E en el germen de trigo, los frutos secos, las semillas y los aceites vegetales.

Combine los recuerdos con las hierbas. El ginkgo y el ginseng estimulan la memoria y la concentración. También combaten el estrés y la ansiedad y le dan energía.

En estudios clínicos, el ginkgo aumentó en un 70% el flujo sanguíneo hacia el cerebro en personas mayores. Esto significa una mayor fuerza intelectual y mejor memoria a corto plazo. Esta hierba milenaria también ayuda a combatir la distracción, el desconcierto, el cansancio, la depresión, los mareos, el tinnitus y los dolores de cabeza — todas ellas señales de demencia. Consiga extracto puro de ginkgo bilboa (GBE o GBX) y tome 40 miligramos tres veces al día. Sea paciente, pueden pasar algunas semanas antes de notar los resultados.

Para obtener los beneficios del ginseng, mastique raíces de ginseng o prepare un té con un trozo pequeño de raíz. También puede comprar una variedad de productos con ginseng; entre ellos tés, cápsulas, extractos, comprimidos, vino, goma de mascar, bebidas cola y dulces. Lea las etiquetas para asegurarse de que contenga entre 4% y 7% de ginsenósidos, que son compuestos similares a los esteroides que se encuentran en la corteza y en la capa exterior de la raíz.

Ejercite su mente. Lea, resuelva un crucigrama, tome clases nocturnas o busque nuevos pasatiempos. Simplemente, no deje de desafiar a su mente. Su cerebro necesita estar en forma para trabajar al máximo. Varíe sus actividades para maximizar su fuerza intelectual.

Sorba, beba y trague. Sólo por estar desconcertado o mostrar otros signos de demencia no significa que sufra de mal de Alzheimer. Puede significar simplemente que necesite beber más agua. La deshidratación provoca desconcierto, desorientación y otros problemas. Beba agua incluso si no siente sed.

Refuerce sus B. El folato, la tiamina, la B6 y la B12 son vitaminas B que juegan papeles fundamentales en la función cerebral. Sin dudas, las personas con deficiencias crónicas de vitaminas B obtendrán menos puntaje en las pruebas de memoria y de resolución de problemas, mientras que aquellos que reciben refuerzos de vitaminas B obtienen mejores resultados. La falta de vitaminas B incluso puede provocar Alzheimer. Para obtener folato, consuma espinaca, remolachas, aguacates, espárragos y otras verduras. El queso reducido en grasas, el pescado y las aves le proporcionan B12, y las papas, alubias y sandía le ofrecen B6 y tiamina.

Rompa esos malos hábitos. Los fumadores y las personas que beben en exceso ya corren muchos riesgos de salud. Agregue la pérdida de memoria a la lista. Un estudio reciente de 3,000 hombres mayores demostró que aquellos que fumaron durante la adultez tenían un tercio más de probabilidades de sufrir de pérdida de la memoria que los hombres que nunca habían fumado. Incluso aquellos que alguna vez fumaron pero luego dejaron de hacerlo presentaban algún grado de pérdida de la memoria. Además, el alcohol mata las células cerebrales, y el abuso del alcohol (más de dos bebidas por día) reduce el flujo sanguíneo hacia la parte del cerebro que crea los recuerdos.

Hágase una siestita. Dormir es una forma natural de reforzar las hormonas que mejoran la memoria. La falta de horas de sueño afecta su capacidad de almacenar información en su memoria a largo plazo. Intente establecer una rutina regular de sueño, en la que se acueste y se despierte a la misma hora todos los días.

Arranque bien el día. El desayuno le proporciona a su cerebro el combustible que necesita para el día. Cuando se despierta, coma un bol de cereal o un bagel. Hay estudios que demuestran que los niños que desayunan obtienen mejores resultados en los exámenes que los que saltean esta comida importante. Otros estudios sugieren que algo dulce — como ciertos cereales o jugo de naranja — le dan energía a su cerebro. Pero no se exceda. Sólo un poco de algo dulce mantiene su cerebro cargado durante todo el día.

Revise esos medicamentos. Su pérdida de la memoria puede no depender de usted. Puede ser un efecto secundario de sus medicamentos recetados. Consulte a su médico sobre un cambio a un medicamento diferente.

Lubrique su cerebro. En un estudio italiano de aproximadamente 300 personas mayores, aquellos que consumieron al menos 5 cucharadas de aceite de oliva por día obtuvieron mejores resultados en las pruebas de las capacidades de memoria y de resolución de problemas. Las grasas monoinsaturadas mejoran su fuerza intelectual, pero el aceite de oliva también contiene vitamina E y otros antioxidantes. La próxima vez que se encuentre en la cocina, utilice aceite de oliva en lugar de aceite de maíz o de soja.

Tenga cuidado con el lado oscuro del ginkgo

Existe un peligro potencial escondido entre los beneficios del ginkgo bilboa. Esta hierba popular para la estimulación de la memoria podría causar convulsiones.

La división especial de la FDA que realiza el seguimiento de las enfermedades o lesiones provocadas por los suplementos alimenticios ha registrado siete incidentes. En tres de ellos estaba involucrado el ginkgo bilboa, mientras que los otros cuatro incluían productos con ginkgo bilboa como uno de sus ingredientes. Los episodios incluyeron desde "convulsiones de tipo epilépticas" hasta "convulsión y cardiopatía" y "paro cardíaco y convulsión".

Los expertos desconocen por qué el ginkgo provocó convulsiones en estos casos. Sin embargo, los productos que contienen semillas de ginkgo, a diferencia del extracto de hojas de ginkgo, se han relacionado con las convulsiones en el pasado. Por lo tanto, una explicación es que las semillas de ginkgo contaminaron esos productos a base de ginkgo.

Si es propenso a sufrir convulsiones o toma medicamentos cuyos efectos secundarios incluyen las convulsiones, consulte a su médico antes de tomar ginkgo.

Elimine las arrugas de su memoria. La falta de memoria podía se un signo de deficiencia de hierro, especialmente si también se ve pálido y se siente triste y cansado. Si es vegetariano o toma con frecuencia medicamentos antiinflamatorios no esteroideos (NSAID), es posible que no esté consumiendo suficiente hierro. Si bien el hierro está presente principalmente en la carne, también puede encontrarlo en las legumbres y en las verduras de hojas verdes.

Solucione la falta de memoria con la tecnología

Aproveche las maravillas de la tecnología moderna para ayudar con el problema de una memoria deficiente. Existen muchos dispositivos llamativos que pueden darle una mano para recordar que debe tomar una pastilla, programar citas y mantenerse en contacto con amigos.

- **Asistente personal digital (PDA)** Lo último en maravillas tecnológicas es un PDA que puede registrar números telefónicos, direcciones, citas y cualquier otra cosa que su ocupada agenda requiera.

- ✤ **Relojes de alarma portátiles y relojes de pulsera.** Suenan, zumban, vibran y hasta hablan. Simplemente coloque una alarma y nunca más se olvidará de algo. Busque marcas que posean alarmas con características múltiples y un reloj con reinicio automático.

- ✤ **Dosificador automático de pastillas.** Programe estas máquinas maravillosas para que le proporcionen sus pastillas en momentos específicos durante el día.

- ✤ **Teléfonos.** Puede encontrar en el mercado todo tipo de teléfonos ingeniosos. Uno marca un número cuando le dice el nombre de la persona a la quiere llamar y otro tiene espacio para colocar fotografías para que pueda guardar un número telefónico con una cara.

Hable con su médico sobre sus necesidades específicas, luego contacte a estas empresas para obtener un catálogo completo de sus productos:

Dynamic Living
428 Hayden Station Road
Windsor, CT 06095-1302
888-940-0605
<www.dynamic-living.com>

MaxiAids, Inc
42 Executive Blvd.
Farmingdale, NY 11735
800-522-6294
<www.maxiaids.com>

Cura casera

Hace muchos siglos, las personas creían que el romero las ayudaría a mantener la mente despierta y los recuerdos frescos. Por lo tanto, si se siente confundido y tiene dificultades para concentrarse, ¿por qué no agrega esta sabrosa hierba a su menú? Su familia podría pensar que usted es bastante inteligente.

MENOPAUSIA

Tenga en cuenta el costo de la TRH (Terapia de Reemplazo Hormonal)

Es cierto que las hormonas pueden ayudar a aliviar los síntomas de la menopausia — sofocos, piel seca y fatiga — pero, ¿a qué costo? Últimamente, se ha colocado a la terapia de reemplazo hormonal (TRH) bajo la lupa a causa de algunos efectos secundarios preocupantes. De hecho, los investigadores suspendieron un amplio estudio sobre la TRH por las preocupaciones que surgieron sobre los riesgos para la salud. A cinco años de haber comenzado el estudio, los investigadores se preocuparon al observar un aumento importante del riesgo de sufrir cardiopatías, como también de cáncer de mama invasivo. La investigación evidenció:

- un 26% de aumento del cáncer de mama.

- 22% de aumento de la enfermedad cardiovascular.

- 29% de aumento de ataques cardíacos.

- 41% de aumento de accidentes cerebro-vasculares.

- Duplicación del índice de coágulos.

Estas cifras representan entre siete y ocho casos más de cáncer o cardiopatía por cada 10,000 usuarios de la TRH por año. Pueden no parecer muchos, pero cuando observa la población en su totalidad, pueden representar miles de casos adicionales de problemas de salud en el tiempo.

La Administración de Drogas y Alimentos (FDA) ahora advierte a los médicos que sólo receten estrógeno cuando los beneficios claramente superan los riesgos, y únicamente durante el tiempo necesario para garantizar un tratamiento exitoso y en la dosis efectiva mínima. Si está pensando en tomar estrógeno, asegúrese de discutir los siguientes riesgos con su médico antes de hacerlo.

Contribuye a la cardiopatía. Si usted es una de las muchas mujeres con historia de cardiopatía, las noticias son alarmantes. La Dra. Lori Mosca, directora de cardiología preventiva en el New York Presbyterian Hospital de las Universidades de Columbia y Cornell expresa: "Durante muchos años, los cardiólogos y otros proveedores de atención médica que atienden a mujeres asumieron que la TRH protege el corazón. Pero en este momento no contamos con evidencias suficientes para realizar esa afirmación".

De hecho, tal como demostró un estudio reciente, los problemas cardíacos en realidad pueden aumentar. Los expertos recomiendan que las mujeres que sufren de cardiopatía o corren un alto riesgo de desarrollarla, no consuman hormonas.

Aumenta el riesgo de desarrollar cáncer. Los investigadores descubrieron que las mujeres que utilizaron la TRH durante más de cuatro años, particularmente una combinación de estrógeno y progestina, corrían un mayor riesgo de desarrollar cáncer de mamas que las mujeres que no utilizaban la TRH. Algunos estudios han demostrado que la TRH puede provocar tipos menos comunes de tumores invasivos, como el lobular y ductal, pero con los que se obtienen resultados más favorables.

¿Qué es?

Conocida como el "cambio de vida", la menopausia ocurre cuando una mujer deja, de forma permanente, de menstruar y sus ovarios producen cada vez menos estrógeno y progesterona. Este proceso es muy gradual y algunas veces dura muchos años. Cuando no haya menstruado durante un año completo, entonces habrá alcanzado la etapa final de la menopausia.

Síntomas:
- Falta de menstruación
- Sofocos y transpiración
- Sequedad vaginal
- Infecciones vaginales o del tracto urinario

Dificulta la respiración. La TRH puede empeorar la inflamación de las vías aéreas o los espasmos. Según el reconocido Nurses' Health Study, esto aumentará su riesgo de desarrollar asma — casi en un 80%. Su riesgo aumenta de acuerdo con la cantidad de estrógeno que ingiere y el tiempo durante el cual lo consume.

Produce hemorragias ocasionales. Como probablemente sepa, la TRH puede causar hemorragias uterinas leves y ocasionales. A pesar de ser impredecibles y resultar una molestia, no se las considera un problema médico.

Complica las mamografías. No es permanente, pero mientras reciba TRH, es probable que el tejido de sus mamas cambie — y se vuelva más compacto o denso. Esto dificulta que los radiólogos lean las mamografías y puede afectar la precisión de sus estudios del cáncer de mamas. Una vez que deje de utilizar la TRH, sus mamas volverán a la normalidad.

Contribuye con la formación de cálculos biliares. Las mujeres que reciben terapia de reemplazo de estrógeno se exponen a un mayor riesgo de desarrollar cálculos biliares. Un estudio demostró que aquellos que sufrían de cardiopatía y recibían TRH eran un 40% más propensos a desarrollar enfermedad de la vesícula biliar.

La TRH se ha promocionado durante mucho tiempo para los síntomas de la menopausia que ayuda a aliviar. También debe discutir los beneficios con su médico.

Reduce el calor. Sin estrógeno, que participa en la regulación de la temperatura corporal, su cuerpo actúa como una casa con el termostato roto. La insuficiencia de estrógeno provoca sofocos. La TRH puede ayudar a recuperar sus niveles normales de estrógeno — y la temperatura de su piel—. De hecho, podría eliminar sus sofocos, generalmente en el primer mes.

Alivia la sequedad. Durante la menopausia, muchas mujeres se quejan de la sequedad vaginal que causa incomodidad y problemas sexuales. La TRH puede ayudar a recuperar esa humedad vaginal.

Fortalece los huesos. Una de las tareas de las hormonas femeninas es ordenar a los huesos que se sigan fortaleciendo. Cuando las hormonas disminuyen durante la menopausia, sus huesos pierden una cantidad importante de densidad mineral, lo que los hace más frágiles. La TRH continúa suministrando esas hormonas a sus huesos, y así reduce su riesgo de desarrollar osteoporosis.

Mantiene su mente despierta. Cuando los niveles de estrógeno comienzan a decaer en la adultez, muchas mujeres informan tener dificultades para concentrarse y recordar detalles. Un estudio reciente descubrió que la demencia se desarrollaba con más frecuencia en mujeres con niveles bajos de estrógeno. Como la TRH le proporciona a su cuerpo dosis regulares de estrógeno, podría ayudarla a pensar con mayor claridad y evitar la demencia. Algunos investigadores creen que incluso podría ayudar a prevenir las enfermedades cerebrales degenerativas, como el Alzheimer.

Ayuda a que descanse mejor. La Universidad de Toronto y el laboratorio del sueño de St. Michael's Hospital intentaron aclarar la relación entre la apnea del sueño — una afección que hace que deje de respirar mientras duerme — y la menopausia.

Descubrieron el doble de mujeres posmenopáusicas que sufrían apnea del sueño en comparación con la cantidad de mujeres premenopáusicas que la padecían. Y esto se relaciona más con los niveles de estrógeno que con las causas tradicionales del trastorno, como el peso y el tamaño del cuello. Debido a que la posmenopausia aumenta el riesgo de sufrir apnea del sueño, la TRH podría ser una manera de combatir este serio trastorno respiratorio.

Domine el aumento de peso durante la adultez

Usted no está destinada a aumentar tres talles sólo porque esté atravesando la menopausia. Con un poquito de trabajo, puede mantener las balanzas estables durante este período de cambio — e incluso perder peso.

La mayoría de las mujeres aumentan un promedio de una libra por año durante la menopausia. Pero si reduce calorías, evita las grasas saturadas y ejercite en su tiempo libre, no solo puede impedir el aumento de peso, sino hasta quizá pueda bajar algunas libras.

Si bien el control del peso es importante, de estos cambios en el estilo de vida se pueden obtener beneficios para la salud igualmente valiosos. Impactará sobre su presión arterial y sobre sus niveles de insulina, colesterol y triglicéridos.

Usted también puede estar saludable a lo largo de la menopausia y después. Piense en una dieta y en el ejercicio como una manera de mimarse durante este momento tan importante de su vida. Si necesita apoyo moral, únase a otras mujeres que tengan los mismos objetivos. Busque una clase de aeróbica o danza, un grupo de natación o un club de caminata.

Salva sus rodillas. La artritis ósea, una forma de artritis en la que se desgastan los cartílagos de las articulaciones, es una amenaza especial para las mujeres mayores. Y debido a que las investigaciones demuestran que el estrógeno participa en la estructura de las articulaciones normales, los expertos creen que la terapia podría protegerla de esta causa importante de discapacidad después de la menopausia. Es un hecho, tomar estrógeno durante más de cinco años se ha relacionado con una mayor cantidad de cartílagos de la rodilla y más fuertes.

La naturaleza dirige la menopausia

Existen muchas razones por las que debería adoptar las hierbas y los nutrientes para combatir los síntomas de la menopausia. Quizá la terapia con hormonas simplemente no funcione para usted — ya sea física o emocionalmente. Siéntese con su médico y evalúen honestamente su estado de salud general, su riesgo de desarrollar osteoporosis y cardiopatía y las ventajas y desventajas de los medicamentos agresivos. Luego investigue sobre terapias alternativas que son, después de todo, la fuente de muchos medicamentos tradicionales.

Tranquilícese con cimicífuga. Si los sofocos y los cambios de humor la molestan, la cimicífuga racemosa podría ser justo lo que necesita. Alguna vez llamada raíz de la India, los nativos norteamericanos utilizaron esta planta durante miles de años para tratar problemas femeninos.

En la actualidad, los médicos en Alemania a menudo recetan cimicífuga racemosa para tratar los síntomas del SPM, como así también la ansiedad, la depresión leve y la transpiración en las mujeres menopáusicas. La planta produce efectos similares a los del estrógeno y reduce los niveles de una hormona que causa los sofocos.

La encontrará en cápsulas en las tiendas donde venden suplementos. Pruebe consumir 40 miligramos (mg) diarios durante no más de seis meses.

Confíe en San Juan. Hipócrates, de la antigua Grecia, recomendaba la popular hierba de San Juan para los problemas menstruales. Casi dos mil años después, las mujeres menopáusicas aún la utilizan para sentirse mejor física y sexualmente. Lo mejor es que

No culpe a la menopausia por reducir su vida sexual.

¿Ha estado su vida sexual de capa caída desde que cruzó el umbral de la menopausia? Antes de sacar conclusiones, tenga en cuenta esto.

Los expertos estudiaron el funcionamiento sexual de 200 mujeres durante la menopausia (pero que no estaban recibiendo terapia de reemplazo hormonal). Tal como se esperaba, la menopausia estaba relacionada con una disminución del deseo sexual y la excitación en comparación con los deseos y la excitación de las mujeres en una edad más joven.

Pero la historia no termina allí. Cuando se entrevistó a las mujeres más profundamente, se descubrió que existían otros factores, además de la menopausia, que tenían un mayor efecto en sus vidas sexuales.

Una nueva pareja, su salud física y mental y si fumaban o no fueron todos factores más importantes para el funcionamiento sexual que el hecho de ser menopáusicas.

En lugar de resignarse a fracasar, busque cuidadosamente las pistas en su vida. ¿Podría estar sufriendo de depresión leve? ¿Todavía fuma? ¿Tiene problemas de salud que le están quitando energía? Concentrarse en estos factores y obtener ayuda para superarlos podría guiarla de regreso a la satisfacción sexual.

posee muy pocos efectos secundarios. Si bien tendrá que mantenerse alejada del sol fuerte para evitar una erupción, raramente se registran reacciones alérgicas.

Asegúrese de que el suplemento que compre sea de marca reconocida y contenga 0.3% de hipericina, que es el ingrediente activo. La dosificación habitual es de 300 mg, tres veces por día. Consulte a su médico sobre la utilización de la hierba de San Juan durante más de unas pocas semanas.

Agregue vitamina A la mayoría de las mujeres mayores de 50 años necesitan 700 microgramos (RAE) de vitamina A por día. Esta vitamina se obtiene naturalmente en forma de betacarotenos de los alimentos. Las verduras color verde oscuro y amarillo-anaranjado son buenas fuentes de betacarotenos.

Durante la menopausia, la vitamina A puede ayudar a contrarrestar la sequedad de la piel y a combatir las molestas candidiasis. También son un poderoso antioxidante y ayudan a prevenir el cáncer.

Refuerce sus vitaminas B. Las vitaminas B2, B6 y B12 son vitaminas solubles en agua que su cuerpo elimina diariamente. Esto significa que necesita reemplazarlas con frecuencia. Estas vitaminas ayudan a convertir los alimentos en energía, combaten las migrañas, la osteoporosis y la depresión, y mantienen su corazón saludable. Coma hígado, hongos, granos integrales, bananas, frutos secos, semillas, huevos, pescado y coliflor.

No se olvide de la E. No permita que la cardiopatía aparezca en la adultez como sucede con muchas mujeres. La vitamina E funciona como un antioxidante para evitar que el colesterol dañe sus arterias. También puede reducir los sofocos y mantener su piel suave y más joven. Agregue vitamina E a su dieta a través de los frutos secos, semillas, aguacates, aceite de canola y aderezos para ensaladas bajos en grasas.

Cuente con el calcio. Algunos expertos observan una conexión entre los niveles bajos de calcio y los sofocos. Por tal motivo, una taza de leche descremada podría brindarle una sensación de frescura mucho después de haberla bebido. Además, el calcio es importante para conservar los huesos fuertes — una preocupación importante durante la menopausia. Coma yogur, queso, espinaca, alubias, repollo chino, semillas y almendras.

Estudie el tema de la soja. Cuando la menopausia se roba sus estrógenos, reemplácelos con fuentes vegetales. También llamados fitoestrógenos, estos vegetales pueden brindarle algunos de los beneficios protectores del estrógeno natural. Los alimentos a base de soja, como los granos de soja, el tofu, miso y las semillas de soja parecen ayudar a muchas mujeres.

Sin embargo, los expertos tienen dudas. A pesar de que algunas investigaciones demuestran que la soja mejora el pensamiento, ayuda a su corazón y previene la osteoporosis, otras sugieren que hacen que su cerebro envejezca más rápido. El último rumor es que cuanta más soja coma, mayores serán sus riesgos de desarrollar senilidad.

Consulte a su médico sobre el consumo de soja durante la menopausia. Debido a que proviene de un grano, al principio podría sentir que le produce un poco de gases, por eso se recomienda agregarla a la dieta gradualmente. Y, como con la mayoría de las cosas en la vida, la moderación es lo mejor.

Puede encontrar más información sobre cómo vivir una menopausia completamente natural si consulta a un doctor en neuropatía. Este tipo de médicos se especializan en tratamientos alternativos — no en medicamentos ni en cirugías. Para encontrar un doctor en neuropatía, visite el Directorio mundial de profesionales en neuropatía, universidades y organizaciones en el sitio de Internet <www.naturopathic.org>. O comuníquese con:

The American Association of Naturopathic Physicians
3201 New Mexico Avenue, N.W., Suite 350
Washington, DC 20016
Número telefónico gratuito: 866-538-2267

Cura casera

Si no soporta el calor, no hace falta que salga de la cocina. Simplemente colóquese un cubo de hielo en la boca y refrésquese. O tome una bebida fresca. Cada vez que sienta que se aproxima un sofoco, refrésquese con algo frío.

DOLOR MUSCULAR

Seis sorprendentes formas de evitar el dolor muscular

Gritar "¡adelante!" antes de dar el primer golpe no cuenta como ejercicio de calentamiento. Lamentablemente, la mayoría de los golfistas aficionados no hacen mucho más que eso.

El golf puede parecer una actividad tranquila, relajada y de bajo riesgo, pero aún así es necesario entrar en calor correctamente para evitar el dolor muscular. Un estudio australiano reciente descubrió que la mitad de los golfistas no entran en calor antes de comenzar a golpear. De aquellos que lo hacen, la mayoría sólo realizan algunos swings de práctica.

De hecho, menos del 3% de los golfistas siguen una rutina efectiva de calentamiento. Esa rutina incluye algunos ejercicios aeróbicos breves para que fluya su sangre, seguidos por el estiramiento de "los músculos del golf" — manos, muñecas, antebrazos, hombros, región lumbar, pecho, tronco, isquiotibiales e ingle. Después de estirar, practique su swing y avance gradualmente hacia golpes más amplios y más fuertes. Este enfoque podría hacer mucho más que protegerlo contra las lesiones — también podría mejorar su juego.

Por supuesto que la prevención del dolor muscular no se limita al golf. En todos los aspectos de la vida diaria puede tomar medidas para evitar el dolor muscular.

Párese derecho. Las malas posturas pueden provocar dolores en la espalda y una gran cantidad de problemas físicos. Esto sucede porque al caminar desgarbado o inclinado y al estar sentado durante mucho tiempo, los músculos soportan demasiada presión. Los hombros arqueados y una curva notable en su región lumbar son signos reveladores de una mala postura. Para controlar su postura —

y mejorarla — párese o siéntese contra una pared. Con los hombros y la región dorsal contra la pared, levante los brazos por encima de su cabeza e intente tocar la pared. Si puede hacerlo fácilmente, tiene una buena postura. Si no, siga intentándolo. Fortalecerá los músculos de su espalda y hombros y estirará su columna. El yoga y el tai-chi también pueden ayudar a mejorar su postura.

Ejercite con inteligencia. Será menos propenso a sufrir lesiones en los músculos si adopta el hábito de ponerlos en movimiento. Una rutina habitual de ejercicios ayuda enormemente. Organice un programa que contenga ejercicios aeróbicos y de entrenamiento con pesas. Las actividades aeróbicas, como caminar, trotar, andar en bicicleta o nadar ayudan a perder peso y mejoran la circulación, mientras que el levantamiento de pesas aumenta la fuerza y protege los músculos de las lesiones. También obtiene un mayor apoyo para la columna, lo que logra una mejor postura y reduce el dolor de espalda. Si no está acostumbrado a la actividad física, comience a practicar ejercicios gradualmente.

¿Qué es?

Podría ser un dolor sordo o una agonía punzante. Puede llamarlo calambre, esquince, espasmo o desgarro. Pero más allá de la descripción, existen una variedad de causas del dolor muscular — como el uso excesivo, la deshidratación, el calor, el frío o hasta una afección mucho más seria que necesite atención médica.

Síntomas:
- ⬥ Sensibilidad, calambres o dolor
- ⬥ Debilidad muscular general
- ⬥ Fatiga

Aflójese. Antes y después de ejercitar, dedique unos minutos a los estiramientos. Los estiramientos mejoran su flexibilidad y evitan que sus músculos se fatiguen y lesionen. También puede realizar estiramientos entre los diferentes ejercicios en cualquier momento. Es una excelente forma de mantener sus músculos ágiles. Aquí le ofrecemos un informe rápido de algunas áreas para estirar y cómo hacerlo.

⬥ **Pantorrillas.** Párese con una pierna flexionada y la otra estirada hacia atrás. Mantenga su espalda recta y mueva lentamente el pie del frente hacia adelante. Sentirá un tirón en el músculo de la pantorrilla, que se encuentra en la parte posterior de la pierna. Mantenga esa posición durante 10 a 20 segundos. Repítalo y luego cambie de pierna.

- **Hombros y región dorsal.** Tómese las manos por detrás y por encima de la cabeza. Empuje los hombros y codos hacia atrás durante 10 a 20 segundos.

- **Ingle.** Párese con los pies separados y las manos en las caderas. Flexione una pierna mientras mantiene su peso sobre la pierna estirada. Sentirá un tirón en el músculo de la ingle de la pierna estirada. Mantenga esa posición durante 10 a 20 segundos. Repítalo y cambie de pierna.

- **Laterales.** Tómese las manos bien arriba de la cabeza. Inclínese hacia un lado hasta que sienta un tirón. Mantenga esa posición durante 10 a 20 segundos. Repita este movimiento unas veces más antes de inclinarse hacia el otro lado.

- **Caderas y espalda.** Tómese las manos adelante del cuerpo y gire tanto como pueda hacia la derecha. Mantenga esta posición durante 10 a 20 segundos y repita el ejercicio cinco veces antes de hacer lo mismo hacia la izquierda.

- **Cuádriceps.** Párese sobre su pierna derecha. Con su mano izquierda sujete el pie izquierdo y empuje la rodilla hacia atrás. Sentirá un tirón en la parte frontal del muslo. Mantenga esa posición durante 10 a 20 segundos y luego repita el ejercicio y cambie de pierna.

- **Isquiotibiales.** Párese con los pies separados. Empuje la parte posterior un poquito hacia atrás e inclínese hacia adelante con las manos estirándose hacia un punto en el suelo exactamente por delante de sus pies. Lo sentirá en la parte posterior de sus muslos. Mantenga esa posición durante 10 a 20 segundos. A medida que se vuelva más flexible, puede juntar más sus pies para realizar este ejercicio.

Busque su punto justo. Un tamaño no se ajusta a todos. No importa lo que esté haciendo, asegúrese de que utiliza equipos del tamaño correcto, incluso los zapatos. Su cuerpo posee una forma particular. Forzarlo a que se adapte a la forma de alguien más podría provocar fatiga muscular. Esto se aplica a los asientos de los automóviles y a los teclados de las computadoras, como también a los equipos deportivos. También asegúrese de utilizar la técnica apropiada. Los mejores equipos del mundo no son buenos si no los utiliza correctamente.

Cambie esa rueda de auxilio. La gordura que rodea su cintura y que viene con la edad ya arruinó su figura. Ahora también puede arruinar su espalda. En un estudio japonés reciente se demostró que las mujeres que sufrían de dolor crónico de espalda tenían cintura más grande que las mujeres sin dolor de espalda. Intente perder algo de peso y fortalecer los músculos de sus piernas para quitar presión de su espalda. Fortalecer el abdomen también beneficiará su espalda, ya que los músculos del estómago ayudan a sostener la columna.

Descanse cuando sea necesario. Conozca la diferencia entre un cansancio saludable y la fatiga. Es posible que se sienta cansado después de una rutina de ejercicios buena y extensa, pero no exagere su entrenamiento. El exceso de actividad provoca la acumulación de desechos en su cuerpo y desgasta los músculos. La fatiga puede ser grave y se necesitan hasta tres semanas de descanso total para recuperarse.

Pulverice el dolor con estos consejos comprobados

Aproximadamente el 80% de las personas sufren dolor de espalda en algún momento de sus vidas. Lamentablemente, la mayoría de las personas sufren de dolor cuando en realidad no deberían. En lugar de tomar analgésicos, que podrían tener efectos segundarios peligrosos, pruebe estos métodos naturales para aliviar el dolor.

Haga que su sangre fluya. Remojar sus pies en lavanda podría hacer maravillas en sus músculos tensos. La lavanda hace que la sangre fluya por todo su cuerpo — como si fuera una compresa caliente interna — y eso es exactamente lo que sus músculos necesitan para recuperarse rápidamente.

Simplemente siéntese en su silla favorita, tome una palangana y llénela con agua caliente, pero no hirviendo. Por cada cuarto litro de agua que coloque en la palangana, vierta de cinco a diez gotas de aceite esencial de lavanda. Revuelva el agua antes de colocar los pies en ella y remójelos durante al menos 10 minutos.

241

Quítese el dolor con un masaje. La ciencia finalmente ha demostrado que la mayoría de las personas han sabido durante años — que un buen masaje hace maravillas por el dolor muscular. Su mejor opción es programar una cita con un masajista profesional. Pero si desea un alivio inmediato, pídale a un amigo o a un ser querido que le dé un masaje con esta poción de aceites esenciales:

> 12 gotas de aceite de lavanda
> 6 gotas de aceite de romero
> 4 gotas de aceite de enebro
> 3 gotas de aceite de menta.

Mezcle los aceites esenciales en una botella de vidrio color ámbar y luego agregue una cucharada de aceite vegetal y una cucharada de aceite base, como de almendra dulce o del hueso del albaricoque. Revuelva y frótelo en sus músculos doloridos.

Sumérjase en una bañera de hidromasajes. Chorros de agua masajeadores, agua caliente vaporosa y un respaldo relajante — ésas son las tres razones principales por las que los expertos recomiendan sumergirse en un baño termal o de hidromasajes. El agua caliente en la bañera dilata, o abre, sus vasos sanguíneos, lo que permite un mayor flujo sanguíneo hacia sus músculos. El agua también ayuda a aliviar los dolores musculares y de las articulaciones y, de esta manera, facilita la realización de estiramientos y ejercicios de fortalecimiento. Además, las boquillas de los chorros dejan salir agua y aire con la presión justa que se necesita para masajear y relajar sus músculos.

Tranquilice sus emociones. Ya ha escuchado que el enojo puede provocar ataques cardíacos, pero ¿dolor de espalda? Es así. Investigaciones científicas han confirmado que los sentimientos negativos — como el enojo y la ansiedad — podrían hacer que sus sensaciones de dolor sean más fuertes que lo normal. Aferrarse a esos sentimientos podría empeorar la situación aún más. Los sentimientos positivos — incluso el temor, que en momentos de peligro es positivo — parece hacerlo menos susceptible al dolor.

Alcance lo inimaginable con el yoga. Si desea tomar menos analgésicos y sentirse aún mejor, pruebe con el yoga. Eso es lo que hicieron los voluntarios en el estudio de avanzada de la Universidad de California en Los Angeles. Realizaron ejercicios de yoga, una combinación de control de la respiración y estiramientos, tres veces por semana durante cuatro semanas. Cada sesión sólo duró una hora y media.

Pruebe estos ejercicios de yoga y compruebe si son buenos para usted.

- ✧ **Postura del gato.** Colóquese sobre sus manos y rodillas mientras mira hacia adelante. Inspire, arquee levemente la espalda y mantenga esa posición durante tres segundos. Luego espire, arquee la espalda hacia arriba y empuje su estómago hacia adentro. Meta el mentón y mantenga la posición durante otros tres segundos.

- ✧ **Postura para eliminar gases.** Acuéstese boca arriba con los brazos sobre el suelo por encima de su cabeza. Flexione su rodilla izquierda hacia arriba, eleve la cabeza en dirección a la pierna y abrace la rodilla con sus brazos. Aguante su respiración y empuje la rodilla contra el pecho durante tres segundos. Espire, baje la pierna y los brazos y realice lo mismo con la rodilla derecha. Repítalo tres veces con cada pierna, luego tres veces con ambas piernas.

Para obtener más información sobre el yoga, visite un gimnasio local, el departamento de recreación o YMCA y averigüe si ofrecen clases. Lo más importante es que siempre debe consultar a su médico antes de comenzar cualquier rutina de ejercicios.

Pruebe un analgésico a base de hierbas. Aproximadamente 76,000 personas por año corren al hospital a causa de los efectos secundarios de sus medicamentos antiinflamatorios no esteroideos (AINE). Una de cada diez de esas personas muere — sólo en los Estados Unidos. Existe una solución para este problema — los analgésicos a base de hierbas. Podrían ponerle fin a su dolor sin provocar efectos secundarios peligrosos.

- ✧ **Viburnum opulus.** Excelente para los guerreros de los fines de semana, esta hierba relaja los músculos fatigados. Los expertos en hierbas recomiendan hervir una cucharada de la corteza en una taza de agua, luego colar y beber este brebaje tres veces al día. El viburnum opulus también se encuentra disponible en forma de crema.

- ✧ **Valeriana.** Si sabe que se aproximan tiempos de estrés, consuma estos suplementos según las instrucciones que aparecen en el paquete. La valeriana podría ayudar a relajar su mente antes de que sus músculos se tensionen.

⇄ **Corteza de sauce.** En un estudio reciente, aproximadamente el 40% de los participantes que tomaban extracto de corteza de sauce se maravillaron cuando la hierba hizo desaparecer su dolor. Tomaron 240 miligramos del extracto durante sólo cuatro semanas. El ingrediente en la corteza de sauce que lo hace un analgésico tan poderoso es el salicilato, el mismo ingrediente activo de las aspirinas.

Acelere la recuperación de los dolores musculares

¿Desea algo que alivie el dolor y la inflamación muscular tan bien como lo hace una aspirina y otros medicamentos de venta libre — sin efectos secundarios severos? La solución podría estar en su cocina. Confíe en estos remedios para eludir los dolores musculares diarios, como los que siente después de ejercitar. O utilícelos para lesiones más graves, como esguinces, desgarros y dolor de espalda crónico.

Sáquele provecho a la vitamina C. Sus músculos podrían estar pidiendo a gritos vitamina C si sufre de dolores, molestias o inflamación después de una rutina de ejercicios. Esta superestrella del mundo de las vitaminas ayuda a producir y a mantener el colágeno, una proteína que forma y repara los cartílagos, ligamentos, músculos, huesos y todo lo demás que lo ayuda a mantenerse en pie. Como campeona antioxidante, la vitamina C también tiene el poder de ayudar con las lesiones e inflamaciones musculares. Esto ocurre cuando una infección y el proceso de curación natural de su cuerpo acumulan radicales libres en el tejido dañado. Esos químicos renegados pueden dañar aún más su cuerpo, a menos que, por supuesto, envíe vitamina C para que se ocupe de ellos.

Algunos expertos recomiendan tomar 500 miligramos (mg) de vitamina C cuatro veces por día cuando sus músculos estén lesionados o inflamados. Para prevenir las molestias diarias, tome 500 mg antes de ir al gimnasio, la piscina o la pista de atletismo.

Coma un bocadillo. Coma un sándwich de pavo después de ejercitar si desea que sus músculos se curen y recuperen más rápido. De esa manera, ingerirá una fuente rica de leucina, que es un aminoácido esencial. Los aminoácidos son los componentes básicos de la proteína, y la leucina parece ser la que está a cargo del desarrollo de las proteínas musculares. Para sacarle el mayor provecho a este importante combustible muscular:

- ✎ Coma carne magra, lácteos o una barra de proteína inmediatamente después de su rutina de ejercicios — no antes ni durante — la misma. Esos alimentos, al igual que algunas bebidas deportivas, son buenas fuentes de leucina.

- ✎ Acompañe su bocadillo con una bebida rica en carbohidratos, como jugo o una bebida deportiva.

- ✎ Mantenga una dieta equilibrada, en la que las proteínas representen el 30% del total de las calorías.

Reduzca el consumo de cafeína. Si sufre de dolor de espalda u otro dolor crónico, piense en reducir el consumo de café y otros refrescos de su dieta. Estas bebidas son las dos fuentes principales de cafeína, y la cafeína podría evitar que los elementos naturales que tiene el cuerpo para combatir el dolor realicen su trabajo. Para lograr esto, la cafeína reduce los niveles de los químicos que contribuyen a que se "sienta bien", llamados endorfinas y refuerza los niveles de epinefrina, un compuesto que puede hacer que los nervios musculares sean más sensibles al dolor. Además, la cafeína elimina el calcio de su cuerpo y reduce el contenido mineral de sus huesos, lo que los hace más propensos a sufrir microfracturas. Esas pequeñas quebraduras en sus vértebras con el tiempo pueden causarle un gran dolor en la espalda.

Su mejor opción es alejarse de la cafeína y ver si ayuda. Parece que esto no funciona para todos. De hecho, la cafeína ayuda a algunas personas a soportar el dolor. Por eso es uno de los ingredientes de muchos analgésicos de venta libre.

Tenga siempre mostaza a mano. Un chorrito de mostaza y una taza de agua es todo lo que necesita para detener un calambre muscular, según los entrenadores de la Universidad de Alabama. Ellos dicen que funciona de maravilla con sus atletas estrellas. A pesar de que los investigadores no han estudiado el poder de la mostaza para aliviar los calambres, creen que el vinagre es el ingrediente responsable. La próxima vez que ejercite, recuerde llevar algunos paquetes de mostaza. Cuando sienta un calambre, beba el contenido de un paquete con un poco de agua. Repítalo cada dos minutos hasta que la mostaza comience a actuar contra sus calambres.

Beba más agua. La deshidratación probablemente sea la causa más común de los calambres musculares — y la más fácil de prevenir. Beba al menos ocho vasos de agua por día para alejar los dolorosos calambres antes de que aparezcan.

Cuide sus minerales. Beber agua podría no ser suficiente para detener los calambres si ya está deshidratado. También necesitará consumir alimentos saludables. Esto se debe a que también puede tener

Lo último sobre el dolor de espalda

Su aparato ortopédico para la espalda podría no protegerlo de las lesiones cuando arrastra algo pesado, según investigaciones recientes de los Centros para el Control y Prevención de Enfermedades (CDC). Los investigadores respaldaron sus hallazgos con dos años de investigación en la que participaron aproximadamente 6,300 personas. Los empleos de estas personas incluían tareas que podían provocar dolor de espalda. Los trabajadores que se colocaron protectores de espalda experimentaron tantos problemas de espalda como aquellos que no se los colocaron.

Debido a que estudios anteriores demostraron que los protectores podrían ayudar, estos hallazgos son polémicos. Por lo tanto, si se siente más seguro con un protector para la espalda, úselo.

Ya sea que utilice un protector o no, cuando tenga que levantar algo, los expertos recomiendan seguir estos consejos que le indican lo que debe y lo que no debe hacer para evitar lesiones dolorosas:

- Flexione las rodillas y la cadera.
- No flexione la cintura.
- Mantenga la espalda derecha.
- No gire la espalda en una posición incómoda.
- Cuando levante, realice fuerza con las piernas y coloque el objeto cerca suyo con los brazos.
- No intente alcanzar ni levantar objetos por encima de la altura de los hombros.

deficiencia de minerales importantes, como potasio, magnesio y calcio —
y el agua no los repone. Para obtener más potasio, coma bananas,
damascos secos, higos o un aguacate maduro. También pruebe con las
almendras, castañas de cajú, damascos, granos integrales o verduras de
hojas verdes para aumentar su nivel de magnesio. Y los productos
lácteos, las hojas de nabo y las ostras son excelentes fuentes de calcio.

Olvídese de los calambres con la quinina. Ganarles de mano a
los calambres nocturnos en las piernas podría ser tan simple como
beber una taza (8 onzas) de agua tónica. Esta bebida gaseosa contiene
aproximadamente 30 mg de quinina, que podría ser suficiente para
realizar el trabajo. Pruebe agregarle jugo de limón o naranja para hacer
más agradable el sabor. Pero tenga cuidado — porque demasiada
quinina puede provocar efectos secundarios graves. Por lo que si una
taza de agua tónica no funciona, pruebe con otro remedio.

Mime su espalda con un colchón perfecto

Sólo en los Estados Unidos, más de 40 millones de adultos sufren de
dolores en la región lumbar. Y más del 50% de ellos pierden valiosas
horas de sueño a causa de este dolor. La diferencia entre estas personas
que sufren insomnio y aquellos que sufren de dolor lumbar y duermen
bien podría ser el colchón. Un colchón en malas condiciones puede
desequilibrar su columna vertebral y ejercer presión sobre los
músculos, los ligamentos y los nervios de su espalda, lo que lo hará dar
vueltas en la cama durante toda la noche.

Para ponerle fin a esta agonía es importante saber cuándo
deshacerse de su viejo colchón y adquirir uno nuevo. Aquí le ofrecemos
una guía para que decida lo que es mejor para usted.

Sepa cuándo decir cuando. Según Nancy Butler, del Consejo para
el Buen Dormir (Better Sleep Council), su colchón podría estar gastado
sin que lo haya notado. La mayoría de los colchones pueden durar más
de 10 años, pero según la marca y el desgaste diario que reciba, podría
necesitar uno nuevo mucho antes.

"Los colchones se desgastan gradualmente", explica Butler, por lo que es difícil especificar cuándo exactamente debe cambiarlo. Después de un tiempo, advierte: "un colchón pierde su capacidad de apoyo, pero aún le resulta cómodo". Por eso es importante estar alerta a las señales de advertencia de un colchón en malas condiciones. Según Butler, "hay cuatro cosas a las que la gente debe prestar atención". La primera señal es sentir dolores y entumecimiento por la mañana. También tome nota si no está durmiendo profundamente como lo hacía un año atrás. Si la última vez que descansó durante la noche fue cuando reservó una habitación en un hotel o en algún otro lugar que no era su dormitorio, ése es un buen indicador. Por último, si se empieza a notar la edad de su colchón — tela rasgada, hundido en el medio, resortes ruidosos — entonces sabe que "lo debería haber desechado hace mucho tiempo".

Revise debajo de la cama. No, no para ver si hay monstruos, sino para observar su sommier. También es importante asegurarse de que esté en buenas condiciones. Su colchón y sommier trabajan juntos para brindarle un buen sueño. Así que si compra un colchón nuevo, probablemente también necesite un nuevo sommier.

Déle a su colchón una segunda vida. Es posible que no necesite comprar nada. Si su colchón y sommier aún están en buenas condiciones — pero siente el colchón demasiado duro para su gusto — compre un rollo de espuma o un cubrecolchón de plumas para colocar sobre su colchón. De esta manera, su colchón estará más amortiguado y marcará la diferencia entre contar ovejas y dormir profundamente.

Agrande su colchón. Si usted y su pareja se enredan en los cabellos del otro durante la noche, un colchón más grande podría ser todo lo que necesitan. Los expertos recomiendan agrandar el colchón al menos a un tamaño 'Queen' para que ambos tengan espacio suficiente para estirarse. Sólo recuerde algo — deberá encontrar un colchón que se adapte a las necesidades de firmeza de ambos.

Realice una prueba de funcionamiento. "Lo más importante al buscar un colchón es tomarse el tiempo necesario para probarlo en la tienda", comenta Butler. "Dedique al menos cinco minutos para la prueba". Al principio puede sentir vergüenza, pero no deje que eso le impida probar el colchón. "Acuéstese boca arriba y luego en la posición en la normalmente duerme". "No deje de estirarse".

Preste atención a cómo la cama brinda sostén a sus puntos de presión, como la cadera y los hombros. Debe adaptarse a las formas de su cuerpo, no cortar su circulación. Y la firmeza no es tan importante como parece. "No es necesario que el colchón sea duro como una tabla", afirma Butler. "La palabra es apoyo, no firmeza. Puede obtener firmeza y aún formarse capas cómodas por encima".

Aprenda lo básico. Gracias a las maravillas de la tecnología moderna, tiene tantas opciones de colchones para elegir como plumas en su almohada. Éstos son algunos de los más importantes:

- **Resortes independientes.** La Asociación Quiropráctica Estadounidense recomienda este tipo. Cada resorte se ajusta de manera diferente a su cuerpo, por lo que puede amoldarse perfectamente a la curva natural de su columna.

- **Colchones inflables.** En un estudio corto sobre personas con dolor de espalda, los colchones inflables aliviaron el dolor en un 95% de los participantes. Aproximadamente el 88% durmieron mejor que en sus propios colchones. La firmeza de un colchón inflable puede ajustarse, lo que podría explicar por qué funcionan tan bien. Con algunos otros modelos incluso puede regular cada lado del colchón a un grado de firmeza diferente.

- **Colchones de látex.** Los expertos diseñan estos colchones especialmente para que se ajusten a su peso y altura. También puede escoger diferentes niveles de firmeza en cada lado.

- **Colchones de agua.** Las ondas y las olas no son para todos, y los expertos aún no se ponen de acuerdo en cuanto a si proporcionan suficiente apoyo para su espalda. Pero si le gusta la sensación de dormir sobre un colchón de agua, adelante.

Al evaluar las diferentes variedades de colchones, Butler los compara con los zapatos deportivos. Hay muchas marcas, cada una diseñada de diferentes maneras con materiales diferentes, pero no necesariamente una es mejor que otra. Según Butler: "lo que más cómodo le resulte, eso es lo que cuenta".

No escatime en el precio. Cuando evalúe los colchones, Butler recomienda que recuerde el viejo dicho: "Lo barato sale caro". Recuerde que pasa aproximadamente un tercio de su vida en la cama. No se conforme con un colchón de mala calidad sólo para ahorrar algunos dólares. Esto es doblemente válido para los colchones de agua. Un colchón de agua bien confeccionado previene una sesión de natación inesperada por la madrugada.

Salga de compras. Cuando busca el colchón de sus sueños, puede encontrar un muy buen precio. Pero para eso debe evaluar todas las opciones de compra disponibles. Hoy puede encontrar muchas opciones — supertiendas de colchones, tiendas en línea, almacenes de pedido por correo. Busque las tiendas que ofrezcan los mejores beneficios, como envío gratuito, garantías de comodidad y flexibilidad en los precios.

ARTRITIS ÓSEA

Eluda las lesiones para evitar la OA (artritis ósea)

¿Qué tienen en común Dorothy Hamill, Jimmy Connors y Hank Aaron? Además de ser ex atletas de primer nivel, todos ellos sufren de artritis ósea (OA). Los expertos creen que la enfermedad puede ser producto de las lesiones que sufrieron en la búsqueda de sus sueños como atletas. Por eso, si tiene lesiones deportivas, también puede correr riesgo de sufrir este tipo de artritis.

La evidencia que respalda la conexión entre las lesiones en las articulaciones y el desarrollo posterior de la OA proviene de un estudio de más de 1,000 graduados de la Facultad de Medicina Johns Hopkins. Los investigadores descubrieron que aquellos que habían sufrido lesiones en las articulaciones en los primeros años de adultez eran dos veces más propensos a desarrollar OA durante la vejez. Las probabilidades fueron aún peor para las lesiones específicas. Las personas con problemas de cadera eran tres veces más propensas a desarrollar OA de cadera, y las lesiones de rodilla quintuplicaron las probabilidades de desarrollar OA de rodilla.

Si quiere que las probabilidades estén a su favor, debe proteger sus articulaciones de las lesiones. Siga estos pasos preventivos para poder disfrutar de sus años dorados sin ser víctima de esta enfermedad incapacitante.

¿Qué es?

El "desgaste" de la vida juega un rol importante en el desarrollo de esta enfermedad. Con el tiempo, el tejido que amortigua las articulaciones, llamado cartílago, se desgasta. Sin él, las extremidades de los huesos se tocarían y provocarían dolor y dificultar para moverse. La artritis ósea puede presentarse en cualquier articulación, pero especialmente en las manos, cadera, espalda y rodillas.

Síntomas:
- Dolor constante u ocasional de las articulaciones
- Rigidez matutina
- Articulaciones blandas o inflamadas
- Sensación o sonido de fractura en una articulación

Juegue a conciencia. A menos que tenga planes de jugar para la NFL, evite los deportes como el fútbol americano que tensionan mucho las articulaciones. Incluso si sus días de practicar deportes en equipo son sólo un recuerdo, debe ser cuidadoso. Si lanza pelotas de béisbol a su nieto y no realiza el lanzamiento correctamente, el movimiento puede ser brusco para su hombro. Y si decide comenzar a practicar tenis o golf, asegúrese de que un profesional le dé instrucciones apropiadas sobre la técnica. Sin orientación, puede lesionarse muy fácilmente incluso en un deporte sin contacto.

Equípese. No importa el deporte que elija para mantenerse en forma, asegúrese de utilizar los equipos apropiados. Los corredores necesitan zapatillas que amortigüen el golpe y los tenistas necesitan zapatillas diseñadas específicamente para movimientos de freno y avance. Los científicos dedicaron años y millones de dólares de investigación para diseñar equipos que puedan brindar protección contra las lesiones. Por lo tanto, aproveche la tecnología.

Manténgase en forma. Según los expertos, aumentar la masa muscular en la parte delantera de los muslos disminuye las probabilidades de sufrir lesiones en las rodillas. Los estudios demuestran que al aumentar la fuerza de esos músculos en un 25%, puede disminuir el riesgo de desarrollar OA aproximadamente en el mismo porcentaje.

Pruebe una combinación de ejercicios aeróbicos, como caminar o nadar, entrenamiento de resistencia y ejercicios para el rango de movimiento para ayudar a mantener las articulaciones flexibles. Haga del ejercicio un hábito diario para no terminar como los "guerreros de fin de semana" en salas de emergencia todos los sábados y domingos.

Manténgase liviano. El peso de más agrega tensión a sus articulaciones, especialmente a las rodillas. Ese peso adicional puede provocar que sus cartílagos comiencen a desgastarse y permitan el desarrollo de la OA. Los investigadores descubrieron que las personas que perdieron sólo 11 libras pudieron reducir a la mitad su riesgo de sufrir artritis. En el ámbito del entrenamiento físico, mantenerse liviano facilita la ejercitación que, a su vez, ayuda a bajar de peso.

Obtenga tratamiento. Si se lesiona, no renguee ni fabrique un cabestrillo casero. El dolor es la manera que tiene su cuerpo de decirle que algo está mal. Permita que su médico decida cuál es el tratamiento adecuado para usted. Es posible que el médico decida inmovilizar un hueso o articulación para que sane mejor y reduzca su riesgo de desarrollar artritis. Quizá le coloquen un aparato ortopédico para evitar lesiones futuras.

Descanse. No deje que su entusiasmo por un deporte lo lleve a la ruina. El descanso es una parte importante del proceso de curación y podría fortalecerlo a largo plazo. Si continúa ejercitando a pesar de una lesión, puede dañar de forma permanente sus articulaciones y aumentar sus probabilidades de sufrir OA. Los médicos ahora pueden reemplazar rodillas y caderas por completo, si fuera necesario, pero mientras tanto, cuide bien sus huesos.

Tres formas naturales de restablecer sus articulaciones

¿Escuchó la historia de los médicos que convirtieron grasa en cartílago? No, no es una broma ni la trama de una película de ciencia ficción. Créalo o no, los científicos de la Universidad Duke están trabajando en un procedimiento que podría permitirle utilizar su propia grasa para regenerar sus articulaciones artríticas. En pocos años puede ser una realidad. Los investigadores ya obtuvieron resultados satisfactorios en el "entrenamiento" de células grasas en un tubo de ensayo para convertirlas en cartílago, el tejido conectivo que cubre las articulaciones. Esperan en algún momento poder inyectar esta sustancia milagrosa en las articulaciones lesionadas o artríticas para ayudar a que su cuerpo se cure naturalmente.

Sin embargo, si sus articulaciones necesitan reparación, no espere este procedimiento asombroso. Regenere sus articulaciones ahora — naturalmente — y alivie hoy el dolor de su artritis.

Empape sus articulaciones con vitamina D. Este nutriente debe estar entre las armas más importantes de su lista para combatir la artritis, ya que protege los cartílagos y los huesos de sus articulaciones. Y también es fácil de conseguir. Simplemente dedique unos minutos por día a exponerse a la luz solar. Increíblemente, su piel puede convertir cinco minutos de luz solar, dos o tres días por semana, en toda la vitamina D que necesita. Si su piel es oscura o vive en un clima más frío, podría necesitar más luz solar, entonces aumente su vitamina D mediante la ingesta de productos lácteos fortificados, mariscos y huevos.

Si bien es importante consumir la dosis diaria recomendada de vitamina D, ingerir más podría ayudar en caso de que sufra de artritis ósea de rodilla. Un estudio que se realizó durante ocho años demostró que las dosis más altas de vitamina D que las habitualmente recomendadas ayudaron a controlar el dolor de rodilla. No tome un suplemento sin antes consultar a su médico, ya que si se excede puede resultar tóxico.

Cuide sus cartílagos con vitamina C. Sin esta vitamina fundamental, su cuerpo no podría fabricar colágeno, un componente importante de los cartílagos, músculos, tendones y huesos. Esto significa que, si no obtiene la vitamina C que necesita, corre riesgo de dañar sus articulaciones. Los expertos afirman que las articulaciones pueden debilitarse tres veces más rápido sin este nutriente que lo que lo harían si consume la cantidad necesaria.

La vitamina C también es importante porque es un antioxidante que combate de forma natural los daños en muchas partes del cuerpo. Un estudio del Centro Médico de la Universidad de Boston descubrió que una de las áreas que se benefician es el cartílago de la rodilla. En el estudio, las personas que consumieron alimentos ricos en vitamina C sufrieron menos dolor y notaron que la enfermedad avanzaba más lentamente que en aquellos que ingirieron menos vitamina C. Por lo tanto, consuma muchas naranjas, fresas y pimientos rojos, y observe si sus articulaciones se sienten mejor.

Quítese los problemas de la artritis con agua. Generar cartílago nuevo para sus articulaciones podría ser tan simple como beber ocho vasos diarios de agua de 8 onzas. Esta bebida cristalina es un ingrediente clave en ese tejido que protege las articulaciones. El agua también forma una capa acolchada que ayuda a lubricar sus articulaciones, lo que facilita la flexión y el movimiento de las mismas.

Prestar atención a sus necesidades nutricionales puede ser sólo una pequeña parte del tratamiento de la artritis, pero una muy importante. No curará su artritis ósea ni evitará que empeore, pero puede ayudar a mejorar su calidad de vida. Y, ¿quién sabe? Quizá algún día la cura se obtenga con tanta facilidad como el ingreso a una "abdominoplastia" para salir con una rodilla regenerada.

No se queme con cremas tópicas

Ah. Esa pomada para aliviar el dolor se siente como una aspirina en sus zonas doloridas.

Eso se debe a que, básicamente, es una aspirina. Muchas soluciones tópicas utilizan salicilatos, el principal ingrediente de la aspirina, para ayudar a aliviar el dolor. Pero si es alérgico a la aspirina, esto podría traerle problemas. Podría sufrir una reacción cuando su cuerpo absorbe el medicamento.

Si siente zumbidos en los oídos, visión borrosa o dificultad para respirar, deje de usar la crea de inmediato y coméntele a su médico sobre esta situación.

Los salicilatos también pueden interactúan con ciertos medicamentos, como la warfarina, por lo que debe estar alerta a los síntomas si toma medicamentos recetados. Si sabe que es alérgico a la aspirina, lea las etiquetas cuidadosamente y evite cualquier producto que contenga salicilatos.

Derrote la OA con verduras

Su madre le dijo que debía comer verduras para estar saludable, y tenía razón. En la actualidad, los científicos afirman que ciertas verduras incluso podrían protegerlo contra la artritis ósea (OA).

Los investigadores de la Universidad de Carolina del Norte en Chapel Hill descubrieron que la vitamina E y otros antioxidantes presentes en las verduras de colores fuertes parecen proteger sus rodillas de la OA. Las muestras de sangre que se extrajeron de personas saludables y de personas con OA fueron las que develaron quiénes escucharon los consejos de las madres y quiénes no.

Los investigadores midieron los niveles de 11 fitoquímicos antioxidantes en cada uno de los 400 individuos de diferentes razas. "Descubrimos que la vitamina E, también llamada alfa tocoferol, está relacionada con una reducción del riesgo de sufrir artritis ósea de rodilla de aproximadamente el 30% en personas de raza blanca", expresa la Dra. Joanne Jordan, profesora adjunta de investigación. "No observamos un efecto protector en personas de raza negra y desconocemos el por qué".

Según Jordan, otros antioxidantes — como beta criptoxantina, luteína y licopeno — parecen reducir las probabilidades de desarrollar OA de rodilla entre el 30% y el 40%. Estos fitoquímicos, comunes en las naranjas, en las verduras de color verde y en los tomates, lo colocan a la delantera cuando de protección contra la artritis se trata.

Combata la OA con vitamina E. La vitamina E se encuentra en la mayoría de los aceites crudos, pero al calentarlos a altas temperaturas se destruye. Por lo tanto, si su dieta cosiste principalmente en alimentos altamente procesados o fritos, no está recibiendo los beneficios de los antioxidantes. Asimismo, si ha estado consumiendo una dieta baja en grasas durante un tiempo prolongado, podría no tener los niveles necesarios de vitamina E. Haga un esfuerzo para agregar más de esta valiosa vitamina a su dieta. Algunas buenas fuentes incluyen alimentos vegetales, especialmente el germen de trigo, granos de soja, semillas de girasol y almendras.

Elija las más brillantes. Al igual que el capitán del grupo de discusión elige sus oradores, usted debe escoger los más brillantes. De acuerdo con lo que demostró el estudio de Jordan, las verduras coloridas están cargadas de antioxidantes que brindan protección contra enfermedades inflamatorias como la artritis.

Elija frutas y verduras amarillas y anaranjadas, como los damascos, cantalupo, zanahorias, mangos, papaya, duraznos, batatas, calabaza y calabaza de invierno. Además, coma gran cantidad de verduras color verde oscuro, como el brócoli, las hojas de berza y la espinaca. Pruebe un par de cada grupo de color diferente todos los días para agregar una variedad de vitaminas y antioxidantes a su dieta. Sin embargo, es necesario realizar una advertencia en relación con los tomates. Si bien son una buena fuente de licopeno, algunos expertos piensan que podrían agravar la OA si es que ya padece la enfermedad.

Agregue sabor a su plato. Si desea aún más protección para sus articulaciones, espolvoree especias sobre las verduras. El jengibre y la cúrcuma son buenas opciones — ya que poseen un fitoquímico llamado curcumina que ayuda a reducir la inflamación. Los estudios demuestran que puede funcionar tan bien como los medicamentos antiinflamatorios no esteroideos (AINES), sin producir efectos secundarios.

Adquiera estas especias en la tienda de comestibles y utilícelas para realzar el sabor de un plato de verduras o un salteado. O pruebe el té de jengibre para obtener un sabroso antioxidante estimulante. Pero tenga cuidado si toma AINES o medicamentos anticoagulantes como la warfarina. Esas especias pueden sumarse a los efectos de dichos medicamentos, por lo que se recomienda que consulte a su médico antes de utilizarlas.

Recargue sus articulaciones con glucosamina

Si se encuentra entre la cantidad creciente de personas que están considerando el sulfato de glucosamina para aliviar los dolores de la artritis ósea (OA), hay buenas noticias para usted.

La glucosamina, que se encuentra naturalmente en el cuerpo, le da fuerza y rigidez al cartílago que amortigua sus articulaciones y evita la fricción de los huesos. Se supone que los suplementos de glucosamina ayudan a regenerar los cartílagos dañados, pero la mayoría de las investigaciones no han proporcionado información clara sobre los beneficios de la glucosamina en el tratamiento de la artritis ósea.

Sin embargo, un nuevo estudio a largo plazo realizado en Bélgica, presenta evidencia convincente de que la glucosamina puede brindar alivio prolongado del dolor en sus rodillas. En el estudio, las personas con OA que tomaron 1,500 miligramos (mg) de glucosamina diariamente informaron una disminución en el dolor y la incapacidad. Y esos buenos resultados continuaron a lo largo de los tres años que duró el estudio.

Los investigadores también descubrieron que la glucosamina ayuda a prevenir el desgaste del cartílago en las rodillas. Aquellos a los que se les administró un placebo, pastillas que no contienen ingredientes activos, perdieron espacio entre los huesos de sus articulaciones durante el estudio. Pero los que tomaron glucosamina no sufrieron un estrechamiento importante del espacio articular.

Si decide tomar glucosamina, deberá ser paciente, ya que demora aproximadamente un mes en producir resultados y quizá entre ocho y doce semanas para brindar el efecto completo. Los medicamentos antiinflamatorios no esteroideos (AINES), como la aspirina y el ibuprofeno, actúan más rápido sobre el dolor que provoca la OA, pero pueden causar hemorragias gastrointestinales y daño hepático. La glucosamina, por otro lado, parece no tener efectos secundarios graves. Y una vez que comienza a hacer efecto, es probable que sea tan eficaz como los AINES.

Puede comprar glucosamina sola o combinada con otro suplemento, como la condroitina, que también es efectiva para aliviar el dolor de rodilla y mejorar la movilidad. La condroitina también se encuentra disponible sola y parece tener menos efectos secundarios que la glucosamina. Pero ambas provienen de productos animales — la glucosamina de las conchas de las almejas y la condroitina de las tráqueas de las vacas — por lo que debe estar alerta ante posibles reacciones alérgicas.

Ya sea que piense en tomar glucosamina o condroitina, o los suplementos combinados, la Fundación para la Artritis ofrece las siguientes recomendaciones:

- No deje de tomar sus medicamentos actuales sin consultar a su médico. Discuta los beneficios potenciales y las posibles reacciones alérgicas u otros problemas que podrían surgir al tomar estos suplementos solos o conjuntamente con sus otros medicamentos.

- Asegúrese de que realmente sufre de OA. Estos suplementos no se recomiendan para otros tipos de artritis. Si siente dolor en las articulaciones y piensa que puede estar provocado por la OA, consulte a un médico, preferentemente un reumatólogo, para obtener un diagnóstico preciso.

- Los niños y las mujeres embarazadas no deberían tomar suplementos de glucosamina ni condroitina, ya que aún no están claros la seguridad y los efectos secundarios para estos grupos.

- Si sufre de diabetes, consulte a su médico sobre la glucosamina. Al ser un aminoazúcar, si la consume podría necesitar análisis más frecuentes de sus niveles de azúcar en la sangre.

- Tenga cuidado al tomar condroitina si ya está tomando anticoagulantes, incluida la aspirina. La condroitina posee la misma composición molecular que el anticoagulante heparina.

Como la FDA no regula los suplementos dietarios, asegúrese de adquirir los que provengan de empresas reconocidas. Lea las etiquetas detenidamente y busque los que le proporcionen un total de 1,500 mg de glucosamina. La dosificación habitual es de 500 mg, tres veces por día. Para la condroitina, busque los que le proporcionen un total de 1,200 mg o 400 mg tres veces por día. No deje de consultar a su médico sobre estos suplementos antes de tomarlos para que lo ayude a decidir si son un tratamiento apropiado para su artritis.

Obtenga las primicias sobre los suplementos

La duda sobre qué marca es mejor podría provocarle dolor de rodillas mucho después de comenzar a tomar glucosamina o condroitina. Con tantas opciones disponibles y sin control gubernamental, ¿cómo sabe cuál elegir? Una manera es buscar en el recipiente el sello redondeado de autorización de CosumerLabs.com.

ConsumerLabs analiza los suplementos con frecuencia para evaluar si las etiquetas reflejan los contenidos con precisión. Al observar 25 marcas de glucosamina, condroitina y una combinación de ambas, ConsumerLabs descubrió que las muestras de glucosamina arrojaron mejores resultados. Todas ellas contenían las cantidades que aparecían en las etiquetas. Pero ninguno de los dos suplementos de condroitina pasó, y sólo la mitad de los suplementos combinados contenían las cantidades de condroitina que decían tener.

ConsumerLabs también evaluó los suplementos para detectar la presencia de manganeso, un nutriente que ayuda a sus huesos. Más de 11 mg diarios pueden provocar problemas en su sistema nervioso. Algunos suplementos contenían entre 25 mg y 30 mg de manganeso como dosis diaria recomendada. Es fácil obtener todo el manganeso que necesita del té, los frutos secos, las alubias y los granos integrales, por eso lea las etiquetas y evite obtenerlos de los suplementos.

Para ver los estudios y obtener una lista de los suplementos autorizados por ConsumerLabs, puede suscribirse a ConsumerLabs.com en <www.consumerlabs.com>.

Mujeres: reduzca su riesgo de OA

Ser mujer tiene sus ventajas. La artritis ósea no es una de ellas. Según la Fundación para la Artritis, 15.3 millones de mujeres sufren esta afección dolorosa, y representan aproximadamente tres cuartos del total de casos de artritis ósea (OA). Estos riesgos empeoran aún más a medida que envejece — las mujeres de más de 65 años poseen más del doble de probabilidades de desarrollar artritis ósea de rodilla que los hombres de la misma edad.

Por qué las mujeres corren más riesgos es un misterio. Podría ser el resultado de cartílagos y tendones más débiles. O podría relacionarse con la disminución de los niveles de estrógeno después de la menopausia. Cualquiera sea la razón, si es mujer, necesita prestar especial atención.

Pierda algo de peso. Las mujeres con sobrepeso corren un mayor riesgo. Cada libra que aumenta representa 2 ó 3 libras de presión adicional sobre sus rodillas. Pero en un estudio, las mujeres con sobrepeso que perdieron un promedio de 11 libras redujeron drásticamente a la mitad el riesgo de desarrollar artritis ósea de rodillas. Sin embargo, es mejor perder peso gradualmente mediante la combinación de una dieta apropiada con más actividad física.

Refuerce sus piernas. Los cuádriceps débiles, o músculos de los muslos, pueden contribuir con la artritis ósea de rodilla. Aumentar la fuerza de sus piernas en sólo el 25% podría reducir su riesgo de desarrollar OA en un 20% a 30%. Incluso si ya sufre de artritis ósea, es muy importante la ejercitación para adquirir fuerza y resistencia. Consulte a un experto para que la ayude a diseñar un programa de ejercicios de baja intensidad para mantener el movimiento y la flexibilidad sin provocar dolor.

Salga a comprar zapatillas. Los tacos altos son sinónimo de problemas. Y no sólo esos tacos aguja súper elegantes — e incómodos —. Los tacos más anchos en realidad provocan una mayor tensión en las rodillas, y la exponen a un mayor riesgo de desarrollar artritis ósea. Al ser más cómodos que los tacos más finos, es más probable que los use durante más tiempo — y así cause más daño.

Su mejor opción es evitar todo tipo de tacos altos. Si ya sufre de artritis ósea, busque un calzado que amortigüe los golpes o pruebe poner plantillas de taco en sus zapatos para amortiguar la tensión en las rodillas.

Hable sobre la TRH. El jurado aún no ha dado su veredicto sobre este tema, pero a causa de que la artritis ósea afecta a tantas mujeres después de la menopausia, muchos creen que se relaciona con una deficiencia de estrógeno. Algunas investigaciones demuestran que las mujeres posmenopáusicas que tomaron estrógeno durante al menos cinco años poseen cartílagos más protectores en las rodillas que las mujeres que no lo hicieron.

Sin embargo, otros estudios demuestran que el estrógeno no produce ningún efecto — o que incluso aumenta su riesgo de sufrir OA. Además, un nuevo estudio evidencia que puede incrementar su riesgo de sufrir cardiopatías y cáncer de mamas. Discuta con su médico las ventajas y desventajas de esta terapia.

Averigüe sobre la cirugía. Las evidencias indican que más mujeres que hombres sufren de OA dc cadera o rodilla. Y las mujeres por lo general experimentan más dolor y necesitan más ayuda en las tareas diarias por este motivo.

A pesar de esto, según un estudio reciente publicado en la revista *The New England Journal of Medicine*, las mujeres son mucho menos propensas que los hombres a someterse a una cirugía para el reemplazo de una articulación.

No dude en consultar a su médico o a un cirujano ortopédico sobre esta opción segura y efectiva. Podría ser su mejor arma contra la artritis ósea.

Información sobre AINES (medicamentos antiinflamatorios no esteroideos)

El acetaminofeno (Tylenol) es la droga que generalmente se utiliza para la artritis ósea ya que puede aliviar el dolor y provoca muy pocos efectos secundarios. Si necesita algo más fuerte, su médico le recetará con gusto algún medicamento antiinflamatorio no esteroideo (AINES). Si bien estos medicamentos pueden ser eficaces, su uso a largo plazo conlleva algunos riesgos. Verifique el siguiente cuadro para saber en qué debe fijarse.

Tipo de droga	Uso	Advertencia
Ácido acetilsalicílico **Nombre genérico:** aspirina **Marcas:** Anacin, Bayer, Bufferin, Easprin, Zorprin	Alivio del dolor de bajo costo	Posible irritación estomacal (compre pastillas con recubrimiento entérico para proteger su estómago), disminuye la capacidad de coagulación, que podría provocar una hemorragia mayor.
Salicilatos de no acetilatados **Nombres genéricos:** trisalicilato de colina y magnesio, salsalato **Marcas:** Trilisate, Disalcid	Personas en riesgo de desarrollar úlceras y hemorragia GI y aquellos con riñones dañados	No siempre es efectivo para aliviar el dolor en comparación con otros AINES
Inhibidores de la COX-2 **Nombres genéricos:** celecoxib, rofecoxib **Marcas:** Celebrex, Vioxx	Síntomas específicos de la artritis	Aún puede irrigar el tracto GI y producir úlceras, pero en menor grado que otros AINES
Ácido enólico **Nombre genérico:** meloxicam **Marca:** Mobic	Dolor y rigidez de la artritis ósea	Rara vez puede provocar hemorragia GI
Fenamato **Nombre genérico:** Meclofenamato	Artritis ósea de la columna vertebral y articulaciones periféricas	Puede provocar irritación en el intestino que ocasionalmente causa enfermedad intestinal

Tipo de droga	Uso	Advertencia
Keto-napthylalkanone **Nombre genérico:** nabumetona **Marca:** Relafen	Alivio del dolor	Ninguna advertencia específica
Fenilbutazona **Nombre genérico:** fenilbutazona	Fuerte, alivio a corto plazo para el dolor severo de la artritis ósea	Puede provocar toxicidad en la médula ósea
Derivados del ácido indol/indeno acético **Nombres genéricos:** diclofenac, diclofenac/misoprostol, etodolac, indometacina, sulindac, tolmetina **Marcas:** Voltaren, Arthrotec, Lodine, Indocin, Clinoril, Tolectin	Artritis severa	Puede provocar efectos secundarios en el sistema nervioso central, como convulsiones o pérdida de la memoria
Derivados del ácido propiónico **Nombres genéricos:** fenoprofeno cálcico, ibuprofeno, ketoprofeno, naproxeno **Marcas:** Nalfon, Advil, Motrin, Actron, Orudis, Naprosyn, Anaprox, Aleve	Alivio del dolor	El fenoprofeno no debe ingerirse con los alimentos

OSTEOPOROSIS

Advertencia: la ingesta de grasas puede debilitar sus huesos

Esa porción de pastel o ese tazón de papitas no sólo conducen a un cuerpo con sobrepeso y a un corazón que trabaja en exceso, sino también a huesos delgados y débiles.

Es un nuevo concepto, pero una vez que lo dicen los expertos tiene sentido. Una dieta rica en grasas equivale a niveles elevados de colesterol. Y el colesterol alto ahora se relaciona con una menor cantidad de células que contribuyen a la formación de los huesos en su cuerpo. Los remedios tradicionales para la osteoporosis se concentran sólo en las células que destruyen los huesos. Pero es igualmente importante que proteja las células que fortalecen sus huesos. Esto significa que debe reducir la grasa de su menú y bajar sus niveles de colesterol.

Puede lograrlo si come carnes magras, productos lácteos descremados y carbohidratos saludables. Aquí le ofrecemos otros consejos para reducir la grasa pero no el sabor.

Ofrézcase un festín de fibras. Llenarse con alimentos ricos en fibras es una excelente manera de reducir su colesterol. Las fibras solubles — las que se disuelven fácilmente en agua — facilitan el paso de los alimentos a través del estómago y del intestino delgado. Esto significa que su cuerpo tiene más tiempo para separar el colesterol malo y eliminarlo.

La Asociación Estadounidense del Corazón recomienda reducir su colesterol con avena, salvado de avena, salvado de arroz, alubias, cebada, cítricos, fresas y manzanas. Un tazón de cereales ricos en fibras por la mañana es una excelente forma de comenzar el día y salvar sus huesos.

Cambie su aceite. Las grasas monoinsaturadas, el tipo que se encuentra en el aceite de oliva, reducen su colesterol malo sin afectar el bueno. En lugar de cocinar con otros aceites vegetales o manteca, saltee su comida en aceite de oliva, vino o ambos. Agregue hierbas y especias para darle más sabor.

Hornee sin manteca. Cuando una receta para horno requiere manteca o aceite, las personas que se cuidan de la grasa generalmente los reemplazan con puré de manzana o de ciruelas secas. Un estudio reciente descubrió otro magnífico sustituto de la grasa — el puré de papaya .

La papaya es una fruta alargada, de color amarillo verdoso, que crece en el este de los Estados Unidos y Canadá y que posee un sabor similar al del mango o la banana. Si hace puré con la pulpa en una licuadora o procesador de alimentos, obtendrá una alternativa saludable para el aceite.

Las personas comieron pasteles elaborados con aceite vegetal, puré de manzana o papayas. Opinaron que los pasteles de papaya eran tan sabrosos como los pasteles elaborados con grasa. Si el puré de papaya le suena atractivo, quizá el de banana o zapallo podrían ser otras alternativas libres de grasa que debería probar.

> ### ¿Qué es?
>
> La osteoporosis (que significa "huesos porosos") es una enfermedad en la que sus huesos pierden densidad lentamente y se vuelven frágiles y más propensos a quebrarse. Por lo general ocurre porque posee niveles bajos de calcio y otros minerales importantes para la salud ósea. Su columna vertebral, muñecas y cadera son los sitios de fractura más comunes, e incluso la presión más leve puede provocar una lesión.
>
> Síntomas:
> - Postura encorvada ("joroba de viuda")
> - Disminución gradual de la estatura
> - Dolor de espalda
> - Huesos quebrados

Duplique sus defensas contra el doble peligro

Si sufre de adelgazamiento de los huesos, es posible que también sufra de cardiopatía. Al menos en las mujeres, la baja densidad ósea parece ir de la mano con el endurecimiento de las arterias. Por lo tanto, si está combatiendo una enfermedad, debería combatir ambas. Siga estos pasos comprobados hacia un corazón más saludable y huesos más fuertes.

Sáqueles provecho a los alimentos ricos en calcio. Si tiene más de 50 años, necesita 1,200 miligramos (mg) de calcio por día. Ciertamente, los lácteos son las fuentes principales de este mineral que ayuda a la formación de los huesos, pero se sorprendería al saber todos los alimentos que pueden proporcionar calcio a su plato.

Alimento	_Tamaño de la porción_	_Calcio (mg)_
Leche descremada	8 onzas	302
Yogur frutado bajo en grasas	8 onzas	300
Queso gruyere	1 onza	272
Higos secos	10 higos	269
Tofu firme	1/2 taza	258
Queso mozzarella	1 onza	183
Berzas hervidas	1/2 taza	179
Melazas de caña de azúcar	1 cucharada	172
Queso cottage	1 taza	126
Sardinas en aceite	2 sardinas	92
Hojas de mostaza hervidas	1/2 taza	52
Col hervida	1/2 taza	47
Brócoli hervido	1/2 taza	36

Busque otros productos no lácteos fortificados con calcio, como los cereales para el desayuno y el jugo de naranja.

Al aumentar su ingesta de calcio, no sólo obtiene un nutriente vital para una presión arterial y niveles de colesterol saludables, sino también un ritmo cardíaco estable.

Abaláncese sobre las frutas y verduras. Cuantas más frutas y verduras coma, más fuertes estarán sus huesos. Al menos eso es lo que dicen algunos investigadores. Un grupo de hombres aumentaron su densidad ósea y redujeron su riesgo de sufrir una quebradura de cadera con cada porción adicional de frutas y verduras que consumían por día. Es muy probable que el magnesio y el potasio estén detrás de estos resultados asombrosos. Su cuerpo necesita esos minerales esenciales para aprovechar el calcio y fortalecer los huesos.

Para tener un corazón saludable, también es importante incluir el potasio y el magnesio como ingredientes fundamentales en su dieta diaria. Son imprescindibles para mantener sus arterias despejadas, su corazón fuerte y su presión arterial y colesterol bajos.

Los aguacates, las ciruelas y los higos secos y los damascos proporcionan potentes reservas de calcio. Si quiere obtener enormes cantidades de magnesio, coma frutos secos, alubias, cereales, bananas y naranjas.

Quítese el gusto por la sal. En su cuerpo, el calcio y la sal compiten para lograr que los absorban. Algunas veces, gana la sal y el calcio sale despedido. Además, cuando come demasiada sal, sus riñones realizan un gran esfuerzo para eliminarla — y, a menudo, terminan eliminando también otros minerales importantes, como el calcio.

¿Necesita otra razón para reducir la cantidad de sal que consume? La relación entre una dieta rica en sal y la hipertensión arterial es muy conocida. Si bien la sal no afecta a todos de esta manera, manténgase a salvo por el bien de su corazón y sus huesos.

¿Desea defenderse con estrógeno? La terapia con estrógeno ha sido el tratamiento más comúnmente recomendado para la osteoporosis. Esto se debe a que el estrógeno juega un rol directo en la efectividad con la que su cuerpo refuerza los huesos, y puede ayudar en la absorción del calcio. Las mujeres que comenzaron con terapia de reemplazo de estrógeno dentro de los tres años posteriores a la menopausia y la continuaron durante seis a nueve años redujeron su riesgo de sufrir fracturas de la columna vertebral, muñeca y cadera entre un 50% y un 70%.

Lamentablemente, la nueva información disponible sobre la terapia de estrógeno indica que existen mayores riesgos para la salud — como el cáncer de mama, cardiopatía, ataques cardíacos, accidentes cerebro-vasculares y coágulos — que lo que anteriormente se creía. La Administración de Drogas y Alimentos (FDA) recomienda a los médicos que sólo receten estrógeno cuando los beneficios claramente superan los riesgos, y únicamente durante el tiempo necesario para garantizar un tratamiento exitoso y en la dosis efectiva mínima. Si está pensando en tomar estrógeno, asegúrese de discutir todos los riesgos y beneficios con su médico antes de hacerlo.

Pierda peso sin perder huesos. Aquí le ofrecemos lo último sobre la pérdida de peso — bajar demasiadas libras podría reducir su masa ósea y exponerla al riesgo de sufrir osteoporosis. Algunos creen que un menor peso corporal presiona menos sus huesos y reduce la capacidad de éstos de generar células nuevas. O quizá menos peso podría significar menos grasa y una reducción en la cantidad de estrógeno disponible.

De cualquiera de las dos maneras, esto no le da luz verde para aumentar libras. En su lugar, trate de mantener un peso razonable y saludable. Consulte a su médico sobre el peso más compatible con su contextura física, sexo y edad. Luego, alcance ese peso con la ayuda de una dieta equilibrada y ejercitación. No olvide que la actividad física fortalece los huesos mientras quema calorías. Y los expertos creen que entre el 50% y el 70% de las cardiopatías son producto de la obesidad. Suficiente para que su corazón se acelere.

Refuerce sus huesos con ejercicio

Éste es el momento de comenzar las clases de danza con las que ha estado soñando. Podrían mejorar la densidad de sus huesos hasta en un 10%. O inscríbase en el gimnasio y agregue un asombroso 30% a su masa muscular.

La ejercitación no sólo puede reforzar sus huesos, sino también inflar sus músculos. Con músculos más fuertes, tendrá un mejor equilibrio y menos dificultad para desplazarse, más independencia y una vida más saludable.

Por lo tanto, si desea detener el avance de la osteoporosis y comenzar a sentirse bien, empiece una rutina diaria de ejercicios.

Póngase en marcha. La dedicación a los ejercicios puede protegerlo de la perdida de masa ósea a lo largo de su vida. Y los ejercicios de peso son el primer paso.

Estos ejercicios incluyen cualquier actividad que funcione contra la gravedad y lo obliguen a soportar el peso de su cuerpo en sus pies, piernas y cadera. Puede caminar, trotar o realizar actividades más exigentes, como jugar al fútbol o bailar.

Realice ejercicios de peso al menos tres o cuatro veces por semana. Al igual que los músculos, los huesos se fortalecen cuando más los utiliza.

Oponga resistencia a los huesos débiles. Si desea mantener sus huesos densos y fuertes, también necesitará ejercicios de resistencia. Estos ejercicios utilizan sus músculos para levantar, empujar o jalar pesas. Puede probar con mancuernas, barbells o con las máquinas con pesas de su gimnasio local.

Los ejercicios isométricos forman parte de un tipo de entrenamiento de resistencia — en el que tensiona sus músculos pero no mueve las articulaciones. Son excelentes para principiantes o para aquellos que sufren de artritis. Puede realizarlos en la comodidad de su hogar, pero en poco tiempo lo llevarán a presumir sus logros en el gimnasio. Aquí le ofrecemos dos que puede probar.

- Coloque las manos frente a su abdomen con las palmas juntas como si estuviera por aplaudir. Separe los codos del cuerpo y presione sus palmas juntas durante cinco segundos. No aguante la respiración.

- Siéntese en el borde de una silla con las piernas en posición recta hacia adelante. Con sus talones en el suelo, apunte los dedos de sus pies hacia el techo. Debe sentir el músculo de la canilla tensionado. Enderece su rodilla y empuje hasta que sienta tensionados los músculos de la parte posterior del muslo.

Para fortalecer un poco más los músculos, agregue a su programa estos ejercicios de flexión de articulaciones, o isotónicos.

⤻ Siéntese en una silla con las rodillas flexionadas y los pies en el suelo. Enderece una pierna y levántela del suelo hasta que sienta que los músculos de la parte frontal de la pierna estén tensos. Bájela al suelo y repita el ejercicio con la otra pierna.

⤻ Párese de frente a una pared. Coloque ambas manos sobre la pared a la altura de los hombros y arrastre los pies un poquito hacia atrás. Debe sentir el peso en sus hombros y pecho. Flexione los codos e inclínese hacia la pared. Luego empuje y vuelva a la posición inicial en la que los codos deben quedar rectos.

Al principio, realice estos ejercicios suavemente y sólo pocas veces cada uno. Evalúe la reacción de su cuerpo y aumente las repeticiones gradualmente. Se sorprenderá de su progreso.

El cielo debe ser su límite. Debe exigirse cada vez más si desea alcanzar las nuevas dimensiones del fortalecimiento óseo y muscular. En otras palabras, debe diversificarse con ejercicios más difíciles para continuar obteniendo el mismo efecto de fortalecimiento óseo. Las máquinas de pesas y de resistencia son perfectas para esto, ya que siempre puede agregar pesas más pesadas.

Para establecer una rutina de ejercicios más difícil, solicítele a su médico que le recomiende un entrenador físico. O simplemente diríjase a su gimnasio o YMCA local. Estos lugares generalmente cuentan con entrenadores físicos que pueden aconsejarlo y, muchas veces, incluso puede obtener una clase gratuita.

Sin embargo, recuerde no entrenar tan duro ni durante tanto tiempo, especialmente cuando recién comienza. Preste atención a las señales de su cuerpo que le indican que debe detenerse. Y siempre realice ejercicios de calentamiento, respire correctamente, no se apure y reléjese.

No se rinda. No debe dejar de ejercitarse. Una vez que abandona su rutina de ejercicios, todo el progreso que logró desaparecerá más rápido que lo que demora en decir "muñequera". En un estudio reciente, las mujeres perdieron la masa muscular que tanto les costó adquirir durante doce meses en sólo seis meses después de haber dejado de ejercitar.

Si piensa que tiene una excusa por ser "demasiado viejo", piénselo nuevamente. Incluso las personas mayores más débiles parecen beneficiarse del entrenamiento de resistencia. Si está confinado a una silla de ruedas, puede mejorar su fortaleza física y adquirir más independencia. La ejercitación también puede ayudar a curarse más rápido. Según las investigaciones, si es activo, su hospitalización podría durar menos que la de quienes no ejercitan.

Consulte a su médico. Cualquiera sea el tipo de ejercitación que elija, hable primero con su médico, especialmente si sufre de afecciones crónicas como una cardiopatía.

Obtenga información sobre suplementos

Escoger el suplemento de calcio correcto — carbonato o citrato — puede ser una tarea engañosa. Pero no se rinda, porque es probable que no esté obteniendo la ingesta diaria recomendada dc 1,200 miligramos (mg).

Ciertamente, según los expertos, la mejor manera de obtener calcio para fortalecer sus huesos es incluir tantos alimentos ricos en calcio a su dieta diaria como le sea posible. Sin embargo, si aún tiene dificultades para alcanzar su objetivo, pruebe con los suplementos.

Tenga en cuenta los efectos sccundarios. Muchos cstán de acuerdo — en que el carbonato de calcio puede provocar efectos secundarios. Principalmente sufrirá problemas estomacales leves, como estreñimiento, hinchazón y gases. Para aliviar el problema, intente beber más agua. Si no puede vivir con la molestia, cambie al citrato de calcio.

Compare etiquetas. No todos los suplementos poseen la misma composición. Algunos contienen más calcio "elemental", o real, que otros. Encontrará suplementos que contienen entre 150 y 600 mg por comprimido.

Eso significa que debe leer la etiqueta para saber la cantidad de calcio elemental que contiene cada dosis. Luego, deberá aplicar un poco de matemática para calcular la cantidad exacta de dosis que necesitará para suplir sus requerimientos diarios. Por ejemplo, necesitaría dos comprimidos de un producto que contiene 600 mg de calcio elemental por comprimido. Pero necesitaría cuatro de otro producto que contenga 300 mg por comprimido.

Tomar un solo comprimido de carbonato de calcio en lugar de cinco comprimidos de citrato de calcio podría ser una muy buena opción.

Garantice la absorción. Cualquiera sea el suplemento que elija, no brindará ningún beneficio si su cuerpo no puede utilizarlo. Según el Dr. Robert P. Heaney, miembro de la junta directiva de la Fundación Nacional de Osteoporosis, la Administración de Drogas y Alimentos de los Estados Unidos no realiza pruebas para evaluar la efectividad con la que el cuerpo absorbe el calcio.

Él sugiere elegir un suplemento de marca, cuyo fabricante pueda tener mayor conocimiento de los niveles de pureza. Y decídase por los masticables. Usted disuelve naturalmente estos suplementos y facilita su absorción.

Cuidado con el plomo. Su suplemento de calcio también podría brindarle más que sólo calcio. Un estudio reciente publicado en la *Revista de la Asociación Médica Estadounidense* informó que algunas marcas de carbonato de calcio de venta libre contienen plomo, un metal natural pero tóxico que se mezcla con el calcio durante el proceso de minería. Incluso los suplementos de calcio de marca reconocida que digan ser "naturales" o "refinados" contienen cierta cantidad de plomo.

Si usted es como la mayoría y sólo utiliza suplementos de calcio, no se preocupe mucho por estos hallazgos. Ninguna de las marcas evaluadas superó el límite diario recomendado de plomo (6 microgramos). Esto representa un riesgo de exposición al plomo mucho menor que los riesgos que corre al no consumir suficiente calcio. Por lo tanto, no deje de tomar esos suplementos.

No obstante, según los investigadores, cualquier nivel de plomo es malo. Sugieren comprar sólo suplementos de calcio que digan "libre de calcio" en la etiqueta. Esto es especialmente importante para usted si:

- ⮺ tiene una afección renal que requiera de calcio adicional.

- ⮺ toma dosis elevadas de suplementos vitamínicos y minerales.

- ⮺ es intolerante a la lactosa y obtiene todo el calcio a través de suplementos.

Controle su ingesta. El exceso de calcio puede ser tan malo como la deficiencia. A menos que su médico le indique lo contrario, no consuma más de 1,200 mg — su cantidad diaria recomendada completa — en suplementos. En su lugar, calcule aproximadamente la cantidad de calcio que obtiene de los alimentos y réstelo de los 1,200 mg. Luego, complete la diferencia con suplementos.

Si se excede en su ingesta diaria de calcio y alcanza los 2,500 mg, podría correr riesgo de sufrir deficiencias de hierro y zinc. El calcio puede interferir con el uso que su cuerpo hace de otros nutrientes, como también con los medicamentos, como los bifosfonatos y la tetraciclina.

El exceso de calcio también puede causar problemas renales. De hecho, si es propenso a sufrir cálculos de riñón, consulte a su médico antes de tomar cualquier tipo de suplemento de calcio.

Coma en el horario adecuado. Si desea que su cuerpo absorba completamente el suplemento, debe tomarlo en horarios específicos. Tome carbonato de calcio con las comidas y citrato de calcio con el estómago vacío.

Refuércese con D. Ingerir más vitamina D significa que su cuerpo puede absorber y utilizar el calcio de una mejor manera. Si tiene más de 70 años, preocúpese más por obtener la cantidad recomendada de vitamina D — 15 microgramos por día. A medida que envejece, su piel no produce la misma cantidad de esta vitamina con la ayuda de la luz solar y su tracto digestivo no la absorbe tan bien como antes. Consulte a su médico sobre los suplementos de vitamina D.

Esté seguro del calcio de la soja

Podría estar ingiriendo mucho menos calcio que el que piensa. Ésta es una advertencia del Dr. Robert P. Heaney del Centro de Investigación de la Osteoporosis en la Universidad Creighton.

Él afirma que su cuerpo no puede absorber el calcio de la leche fortificada con soja tan fácilmente como absorbe el de la leche de vaca. De hecho, absorbe un 75% menos. El problema se encuentra en ciertos químicos en la leche de soja, llamados antiabsorbentes. Estos químicos parecen limitar la efectividad con la que su cuerpo asimila y utiliza el calcio.

El problema permanecerá entre nosotros, ya que la FDA regula el calcio como un alimento y no como una droga. Esto significa que el gobierno mide la cantidad de calcio presente en un producto, pero no la cantidad que absorberá su cuerpo.

Heaney ofrece tres consejos para aquellos a los que les preocupa obtener el calcio necesario de la leche de soja.

Mire las etiquetas. En estado natural, la leche de soja contiene niveles bajos de calcio — sólo 10 miligramos (mg) aproximadamente por taza. Y recuerde que su cuerpo absorbe sólo un pequeño porcentaje de eso. Por otra parte, una taza de leche de vaca contiene aproximadamente 350 mg de calcio y su cuerpo utiliza la mayoría. Por este motivo, los productores de leche de soja fortifican sus productos con calcio adicional para que resulten más atractivos a los consumidores. Estos productos pueden contener entre 80 y 500 mg de calcio por taza.

Según Heaney, es importante comprar la marca que le ofrezca la mayor cantidad de calcio por su dinero. "Elija marcas reconocidas. La reputación de las mismas está en juego".

Agrande sus porciones. "Beba entre un 30% y un 50% más de leche de soja", aconseja Heaney. Esto debería proporcionarle a su cuerpo la cantidad real de calcio que aparece en la etiqueta. Por ejemplo, en lugar de beber una porción de 12 onzas, sírvase un vaso largo de 16 a 18 onzas.

Incursione en otras fuentes. "Busque otras bebidas y alimentos fortificados con calcio", recomienda Heaney. El jugo de naranja fortificado y los cereales para el desayuno son dos opciones muy buenas. Las fuentes naturales no lácteas, como las legumbres, las hojas verdes y el brócoli son siempre una buena idea.

Obtener suficiente calcio de su dieta es sólo una parte de la operación 'prevención de la osteoporosis'. Para mantener sus huesos fuertes y saludables, Heaney afirma que es importante ejercitar, mantener un peso corporal razonable, dejar de fumar, consumir suficiente vitamina D y, si es mujer, mantener sus hormonas equilibradas.

Cura casera

Cuando se acerca el horario de un bocadillo, haga lo que hacen los británicos — tome una taza de té. Los científicos descubrieron que las mujeres británicas que beben té con frecuencia poseen huesos más fuertes que las mujeres que no lo hacen. Este beneficio proviene de los antioxidantes del té. Las mujeres británicas prefieren el té negro, pero el té verde también puede funcionar.

CÁNCER DE PRÓSTATA

Protección comprobada contra el cáncer de próstata

El estilo de vida probablemente sea la causa principal del cáncer de próstata, según el Dr. William G. Nelson, profesor en el Centro de Oncología de Johns Hopkins. Los buenos hábitos — como comer correctamente y prestar atención a las señales tempranas de la enfermedad — podrían marcar la diferencia entre enfrentar una batalla mortal contra el cáncer y ganar la batalla antes de que comience.

La prevención no es algo que deba pasarse por alto, teniendo en cuenta que el cáncer de próstata ocupa el segundo lugar entre los cánceres mortales para los hombres en los Estados Unidos, luego del cáncer de pulmón. Cada año, aproximadamente 200,000 hombres estadounidenses reciben la terrible noticia de que sufren de cáncer de próstata.

"¿Comemos algo que de alguna manera provoca cáncer?", pregunta Nelson. "¿O dejamos de comer algo que nos brinda protección?" Según Nelson, parece que la verdad se encuentra en el medio.

Coma sus verduras. Un estudio reciente demostró que podría reducir su riesgo de desarrollar cáncer de próstata en un 35% si consume 24 o más porciones de verduras por semana, en comparación con menos de 14 porciones. Lamentablemente, no todas las verduras son iguales. La familia de las coles, o crucíferas, sobresalieron en este estudio. Entre ellas se encuentran el brócoli, coliflor, repollitos de Bruselas, colinabo y repollo. Los participantes en el estudio que consumieron estas verduras tres veces por semana o más redujeron su riesgo de sufrir cáncer de próstata en aproximadamente un 40%. Todas ellas contienen sulfurofanos, que son químicos que neutralizan las sustancias que provocan el cáncer antes de que puedan causar daño.

Sirva grasas saludables. Nelson agrega: "Cuanto menos carne roja consuma, mejor". Recientemente, un estudio informó que los hombres que comen cinco o más porciones de carne roja por semana podrían aumentar su riesgo de desarrollar cáncer de próstata en aproximadamente un 80%.

Si come pescado en lugar de carne roja, reducirá la cantidad de grasas saturadas dañinas que consume. También ingerirá ácidos grasos omega 3, que son grasas "buenas" que parecen brindar protección contra el cáncer. Los hombres que comen pescado con frecuencia son hasta tres veces menos propensos a desarrollar cáncer de próstata que los hombres que no comen pescado o comen poco. Los pescados grasos ricos en ácidos grasos omega 3, como el salmón, el arenque y la caballa, parecen aportar los mayores beneficios contra el cáncer.

Los ácidos grasos monoinsaturados (AGM) son otro tipo de grasas beneficiosas. Los expertos ya sabían que son buenas para su corazón, pero ahora creen que los AGM también protegen su próstata. En un estudio reciente, los individuos que comieron al menos una cucharada diaria de aceite de oliva, canola o maní — todas buenas fuentes de AGM — disminuyeron el riesgo de sufrir cáncer de próstata en un 50%, en comparación con quienes no consumieron AGM en sus dietas. Comer maníes y aguacates es otra forma excelente de aumentar su ingesta de AGM.

> ### *¿Qué es?*
> Su próstata es una glándula que produce y almacena semen. Está ubicada debajo de la vejiga y rodea el tubo que transporta la orina fuera de su cuerpo. Cuando las células de su próstata se vuelven cancerígenas, se dividen y crecen hasta formar una masa de tejido llamado tumor. Este tumor puede ejercer presión contra su uretra y vejiga.
>
> Síntomas:
> - Ganas de orinar con frecuencia o dificultad para orinar
> - Incontinencia
> - Sangre en la orina
> - Dolor al orinar
> - Dolor al eyacular
> - Dolor de cadera o espalda

Defiéndase con la linaza. Según un nuevo estudio de la Universidad Duke, la linaza mata las células cancerígenas en sus cursos. Puede agradecerles a los niveles elevados de ácidos grasos omega 3, las fibras y lignanos de la linaza. Es muy fácil agregar estas pequeñas semillas a su dieta. Espárzalas sobre cereal y yogur y coloque algunas en la manteca o en la masa cuando cocine. Para obtener los máximos beneficios, primero muélalas. Consiga linaza en su tienda local de alimentos naturales o supermercado. También puede comprar aceite de linaza. Es un sustituto excelente del aceite que normalmente usa en las ensaladas, pero no lo utilice para cocinar. Cuando se calienta, el aceite de linaza puede dividirse en compuestos dañinos.

Cuídese con té verde. El té verde podría ser una de las razones por las que los hombres en Asia presentan muchos menos casos de cáncer de próstata que los hombres occidentales. Los expertos creen que los químicos en el té, llamados catequinas, actúan como detectores de metales y rastrean las células tumorosas antes de que puedan dañar a las células prostáticas saludables. Si desea sacarle provecho a este secreto asiático milenario, compre bolsitas u hojas sueltas de té verde en su tienda habitual de alimentos o en una tienda de alimentos naturales. Remoje el té en agua caliente, pero no hirviendo, durante al menos tres minutos y bébalo antes de que se enfríe.

Tome el mando con estos nutrientes. Los expertos también apuntan a los nutrientes específicos que podrían tener fuertes poderes protectores adicionales.

- **Quercetina.** Este flavonoide natural parece detener el crecimiento de las células tumorosas. Se encuentra en alimentos como las manzanas, cebollas y verduras de hojas verdes y también en el vino tinto y en el té.

- **Betacarotenos.** A pesar de ser originaria del Mar Muerto, un alga llamada Dunaliella bardawil podría darle nueva vida a su próstata. Esto se debe a que posee grandes cantidades de betacarotenos. Un estudio reciente descubrió que los hombres con niveles bajos de betacarotenos tenían 45% más probabilidades de desarrollar cáncer de próstata que los hombres con niveles elevados. Gracias a sus capacidades antioxidantes, los betacarotenos podrían estimular su sistema inmunológico y también proteger su corazón. Además de la *dunaliella*, obtenga betacarotenos de las zanahorias, espinaca, batatas y damascos.

- **Selenio.** "Pareciera que los suplementos de selenio redujeron la cantidad de casos de cáncer de próstata diagnosticados", comenta Nelson sobre un estudio reciente. Según él, obtener la ración diaria recomendada de 55 microgramos podría ser suficiente para estar protegido. El contenido de selenio en los alimentos varía según el suelo en el que se cultivaron. Los alimentos que generalmente son ricos en selenio incluyen — salvado, brócoli, repollo, apio, pollo, pepinos, huevos, ajo, leche, hongos y germen de trigo.

↬ **Zinc.** Los expertos descubrieron que cuando el tejido prostático se vuelve canceroso, disminuyen sus niveles de zinc. ¿Coincidencia? Quizá no. Es por eso que creen que el zinc podría contribuir a que su próstata se mantenga saludable. Si bien la cantidad diaria recomendada de zinc son sólo 11 miligramos (mg), los expertos recomiendan tomar 60 mg para los problemas de próstata. Sin embargo, ingerir grandes dosis de zinc puede ser perjudicial; por lo tanto, consulte a su médico antes de tomar suplementos. Una mejor manera de obtenerlo podría ser comer un puñado de semillas de calabaza todos los días, ya que son una excepcional fuente natural de este mineral.

↬ **Vitamina D.** Los investigadores saben que la vitamina D ayuda a prevenir el cáncer de próstata. La última investigación sugiere que la vitamina D incluso podría detener el avance de este tipo de cáncer. La luz solar ayuda a que su cuerpo produzca vitamina D, por eso, asegúrese de estar al aire libre al menos durante 30 minutos por día. Para evitar los rayos solares más intensos, absorba la luz del sol antes de la 1 a.m. y después de las 4 p.m. La leche fortificada es otra muy buena manera de obtener vitamina D.

↬ **Vitamina E.** Según los investigadores, este poderoso antioxidante también podría ofrecer protección contra el cáncer de próstata. Los cereales de granos integrales, las verduras de hojas verde oscuro, el germen de trigo y los frutos secos son fuentes excelentes.

↬ **Licopeno.** Éste parece ser el más prometedor de los carotenoides, que son los químicos que les dan a las verduras sus colores anaranjado, amarillo y rojos brillantes. Piense al estilo italiano cuando coma — tomates y productos a base de tomates — para agregar licopeno a su dieta.

Si está tentado de tomar suplementos para obtener algunos de estos nutrientes, consulte a su médico antes de hacerlo, ya que los suplementos pueden provocar efectos secundarios graves.

Detecte el cáncer en su espejo. Los hombres con calvicie de patrón masculino (CPM) parecen estar expuestos a un 50% más de riesgo de desarrollar cáncer de próstata, según un estudio reciente de 4,500 hombres. La CPM podría señalar décadas de cáncer antes de que aparezcan síntomas más graves. Los investigadores creen que la conexión podría darse a través de los andrógenos, una hormona masculina que podría participar en ambas afecciones. La edad y la herencia también parecen estar involucradas.

No entre en pánico si tiene menos cabello en su cabeza que hace unos años atrás. Simplemente asegúrese de estar al día con sus análisis de próstata.

Vaya a los hechos. APE, o antígeno prostático específico, es una proteína que se encuentra comúnmente en su próstata. Una prueba de APE mide la cantidad del compuesto que se encuentra presente en su sangre en nanogramos por mililitro (ng/ml). Tener APE en la sangre podría ser una señal de cáncer.

Es posible que no se esté realizando todos los análisis de próstata que necesita. Los expertos alguna vez recomendaron que la mayoría de los hombres se realizaran su primera prueba de APE a los 50 años y anualmente de allí en adelante. Dos nuevos estudios recomiendan algo diferente.

Según la nueva investigación, todos los hombres deben realizarse la primera prueba a los 40 años y la segunda a los 45. Luego, después de los 50 años, su nivel de APE determina la frecuencia con la que necesita repetir las pruebas. Si el resultado se encuentra entre cero y 1 ng/ml, espere tres años para realizarse la próxima prueba de APE. Si el resultado de encuentra entre 1 y 4 ng/ml, continúe realizándose pruebas todos los años.

Al igual que en el procedimiento anterior, cualquier resultado que supere los 4 ng/ml significa que corre riesgo de sufrir cáncer. Cuanto más alto es el recuento, más riesgo corre. Si esto sucediera en su próxima prueba, usted y su médico deben discutir acerca de la realización de más pruebas y tratamientos.

Soluciones a base de hierbas para los problemas de próstata

Los remedios a base de hierbas podrían ofrecer tanto alivio como los medicamentos recetados o la cirugía para ciertas afecciones de próstata. Los expertos afirman que ciertas hierbas pueden aliviar algunos de los síntomas de la hipertrofia prostática. Más sorprendente aún es que algunas hierbas pueden tratar y evitar el crecimiento de quistes cancerígenos — y una gran cantidad de médicos las están recetando.

Éstos son algunos de los remedios a base de hierbas más comunes:

Palma enana americana. A los 60 años, más de la mitad de los hombres muestran señales de hiperplasia prostática benigna (HPB), que es la inflamación provocada por los quistes no cancerígenos. El simple hecho de envejecer y ser hombre hace que todos los hombres se encuentren en riesgo. Para esta afección natural existe una solución natural. Según varios estudios, la palma enana americana puede liberarlo de los síntomas de la hipertrofia prostática. Parece ayudar al reducir el tamaño de la próstata.

Consulte a su médico antes de consumir palma enana americana. Si el médico le recomienda que vale la pena probarla, visite su tienda local de alimentos naturales o tienda de hierbas. Busque marcas que posean el sello de autorización de ConsumerLabs.com en la etiqueta.

La dosis recomendada es de 160 miligramos (mg) de extracto dos veces por día o 320 mg una vez al día. Sea paciente — es posible que pasen varias semanas antes de que note una mejora.

Semillas de calabaza. En algunas partes de Europa, los hombres combaten la HPB diariamente comiendo un puñado de semillas de calabaza. Las semillas de calabaza contienen cucubitáceas, que son químicos que evitan que la testosterona se transforme en una forma de testosterona más fuerte, la cual estimula el crecimiento de muchas células prostáticas. Las semillas también contienen zinc, un mineral que podría reducir el tamaño de su próstata y aliviar los síntomas de la HPB. En un estudio, la combinación de extracto de semillas de calabaza con palma enana americana mejoró el flujo de orina, alivió el dolor al orinar y redujo significativamente la cantidad de veces que los hombres necesitan orinar durante el día y la noche.

Consulte a su médico si es conveniente que pruebe las semillas de calabaza. Los expertos recomiendan ingerir de dos a cuatro cucharadas de semillas de calabaza molidas con líquido una vez por la mañana y una por la noche.

Ortiga. En un estudio que incluyó aproximadamente 140 personas, un extracto de la planta de ortiga pareció detener los síntomas de la HPB sin producir efectos secundarios graves. Las ortigas crecen en toda Europa, Norteamérica y hasta incluso en su patio. Pero si desea ingerir un poco para proteger su próstata, visite su tienda local de alimentos naturales y solicite el extracto estandarizado de la planta. La dosis diaria recomendada es de 150 mg a 300 mg.

Ciruelo africano. Los franceses, como defensa principal contra los problemas de próstata, toman dosis diarias de ciruelo africano, o pygeum. Y parece funcionar. En un estudio, dos tercios de los hombres que tomaban pygeum mejoraron sus síntomas. Según los investigadores, es posible que funcione, ya que podría reducir la inflamación de la próstata y mejorar la actividad de su vejiga.

PC-SPES. La FDA advierte que el suplemento a base de hierbas PC-SPES podría ser peligrosos para la salud. Durante años, esta combinación de ocho hierbas chinas aumentó las esperanzas de las víctimas del cáncer de próstata y de los investigadores de la salud. En estudios científicos, el suplemento PC-SPEC pareció provocar tumores para autodestruirse mientras, al mismo tiempo, aliviaba el dolor y la inflamación de la próstata.

Sin embargo, PC-SPES tiene su lado oscuro. Los investigadores han advertido que puede causar la formación de coágulos peligrosos, problemas sexuales, calambres de pierna, aumento del tamaño de las mamas, sofocos, y también diarrea y náuseas. Ahora agregue a la lista las hemorragias incontrolables.

Después de que los científicos encontrar on rastros de la droga warfarina en el brebaje de hierbas, el fabricante, BotanicLab-SPES, retiró del mercado todo el suministro de PC-SPES. La warfarina es un anticoagulante que puede ser peligroso si se ingiere en dosis elevadas. De hecho, la revista New England Journal of Medicine informó un caso en el que el suplemento PC-SPES provocó hemorragias internas. Asegúrese de eliminar este suplemento a base de hierbas de su lista de remedios para la próstata.

PSORIASIS

Autoayuda simplificada contra la psoriasis

Si desea que algo se haga correctamente, hágalo usted mismo. Ésa parece ser la filosofía de muchas personas con psoriasis. Según la Fundación Nacional de Psoriasis (NPF por sus sigla en inglés), el autotratamiento es cada vez más popular entre las personas con esta afección de la piel.

Puede elegir entre una variedad de remedios alternativos que abarcan dcsdc la acupuntura hasta los imanes. Sin embargo, existe muy poca evidencia científica que indique que alguna de esas terapias funciona. Para ayudarlo a elegir un tratamiento más fácilmente, aquí le ofrecemos algunas de las estrategias de autoayuda para la psoriasis más eficaces y comprobadas.

Vaya a la playa. Suena demasiado divertido para ser una terapia, pero es cierto. Pasar algún tiempo bajo el sol ay en el agua — una estrategia llamada "climatoterapia" — ofrece alivio a muchas personas que sufren de psoriasis. De hecho, según la NPF, el 80% de las personas que se exponen con frecuencia al sol evidencian mejoras. Es la luz ultravioleta del sol la que ayuda a aclarar su piel.

Si no se encuentra cerca de la playa, no hay problema. El Dr. Steven R, Feldman, profesor de dermatología y patología en la Facultad de Medicina de la Universidad Wake Forest, recomienda una solución simple.

¿Qué es?

Con esta afección crónica, las células de su piel se multiplican mucho más rápido que lo normal y se acumulan en áreas escamosas, enrojecidas e irritadas llamadas placas. Pueden aparccer en el cuero cabelludo, codos, palmas, plantas y rodillas, como también en los pliegues de la piel.

Síntomas:
- Áreas o úlceras rojas y gruesas
- Escamas plateadas
- Comezón
- Sequedad
- Dolor e inflamación dc la picl
- Artritis

"Entre los tratamientos alternativos, el más efectivo son las camas solares...ya que sabemos lo buena que es la luz ultravioleta para la psoriasis", afirma Feldman. "Las vacaciones en playas soleadas también son excepcionales".

Y mucho más divertidas. El lugar más popular para el tratamiento de la psoriasis es el Mar Muerto, que ofrece mucha luz solar y agua especial. Pero es posible que viajar la mitad del mundo no sea el método más práctico.

No se preocupe— puede obtener los beneficios de la "climatoterapia" en las playas de Jersey o en cualquier playa que le quede cerca. Simplemente asegúrese de tomar sol con cautela, ya que demasiada exposición puede provocar cáncer de piel. Consulte a su dermatólogo acerca de las precauciones que debe tomar — como utilizar pantalla solar y evitar el sol durante las horas pico de 10 a.m. a 2 p.m. Y disfrute de su día al sol.

Relájese. El estrés no sólo lo afecta a usted — sino que también empeora su psoriasis. Una buena manera de mantener su psoriasis controlada es controlar sus niveles de estrés.

Los estudios han demostrado que la hipnosis y las cintas para la relajación ayudan a que los tratamientos convencionales funcionen aún mejor. Pero nada de los que ayuda a relajar la mente es demasiado útil. Pruebe las técnicas para el manejo del estrés, como el yoga, tai chi o meditación. La ejercitación con frecuencia también disminuye el estrés. Cualquiera sea el método que elija, relájese. Logrará mejorar su afección.

Vaya de pesca. Muchos suplementos dicen combatir la psoriasis. Uno que sí funciona es el aceite de pescado. En numerosos ensayos clínicos, los suplementos de aceite de pescado mejoraron los síntomas de la psoriasis, incluidas las escamas, el enrojecimiento y la comezón. Además, el aceite de pescado también ayuda a reforzar su humor, mejora su memoria y lo protege contra ataques cardíacos y cardiopatías. Otro suplemento que quizá sea bueno probar es el aceite de primavera nocturna, que ayudó a aliviar otras afecciones de la piel en varios estudios.

Los ácidos grasos que se encuentran en estos suplementos protegen su piel y combaten la inflamación, que podría estar relacionada con la psoriasis. Simplemente consulte a su médico antes de tomar cualquier suplemento.

Fróteselo. Para tratar la psoriasis, necesita hidratar su piel. Hay una gran variedad de productos tópicos — los que aplica sobre su piel — que podrían dar buenos resultados. El aloe vera ayudó a tratar la psoriasis en un estudio, y también pueden ser efectivos otros productos humectantes de venta libre. Los productos para el baño que contienen avena calman la piel, mientras que los productos que contienen capsacina ayudaron, en algunos estudios, a aliviar la piel escamosa, el enrojecimiento y la comezón. Uno de los remedios más antiguos para la psoriasis es el alquitrán de hulla, que puede obtener con o sin receta. Aunque quizá sea mejor que lo utilice bajo supervisión médica.

Feldman afirma que la combinación de un medicamento del tipo de la cortisona y una pomada llamada Dovonex, una sustancia similar a la vitamina D, es la mejor manera de aclarar la psoriasis para aquellos que tienen sólo unas pocas manchas. Consulte a su médico sobre estos medicamentos recetados.

"En la mayoría de los casos, quizá sea una buena idea visitar a un dermatólogo para confirmar el diagnóstico y establecer un plan de tratamiento", recomienda Feldman. El Dr. también cree que es importante dejar de fumar, no beber en exceso, seguir una dieta saludable y ejercitar con frecuencia.

Y advierte: "Aunque estas recomendaciones no ayuden a la psoriasis, aún así son una buena idea". "Especialmente la parte del alcohol, ya que éste puede dañar el hígado, y alguna de los mejores medicamentos contra la psoriasis no pueden utilizarse en personas con hígados dañados".

No deje que la psoriasis ingrese por debajo de su piel

Cuando padece psoriasis, hay mucho más que lo que se ve a simple vista. Junto con los síntomas físicos aparece una combinación compleja de emociones. Sheri Decker debe saberlo — ha sufrido psoriasis durante 31 años.

"Los sentimientos que experimenta a causa de la psoriasis pueden incluir el enojo, la frustración, la tristeza, la desesperación, la culpa, la vergüenza, el desconcierto, la exasperación e incluso la aceptación", expresa Decker, directora de comunicaciones para la Fundación Nacional de Psoriasis.

Enfrente el desafío que presenta la psoriasis severa

Un tipo de psoriasis severa pero poco conocida es la artritis psoriásica. Esta afección dolorosa, cuyas causas se desconocen, se presenta en un 10% a un 30% de las personas con psoriasis.

La artritis psoriásica puede ocurrir a cualquier edad pero, generalmente, aparece entre los 30 y los 50 años. Junto con las áreas escamosas que normalmente se presentan con la psoriasis, los síntomas incluyen dolor en las articulaciones, hinchazón y rigidez; lesiones en las uñas de los dedos de manos y pies; problemas para desplazarse; apariencia de dedos de pies y manos similar al de salchichas y enrojecimiento y dolor ocular.

Además de los remedios habituales para la psoriasis, puede utilizar estos tratamientos para la artritis psoriásica:

- Ejercicios. Mantenga su fuerza y movilidad. Estirarse es especialmente importante.
- Descanse. Tómese un descanso para aliviar el dolor.
- Frío y calor. Utilice estos tratamientos para aliviar el dolor y reducir la hinchazón.
- Tablillas. Sujete un articulación dolorida para que pueda moverse — y sentirse — mejor.
- Medicamentos. Las aspirinas y otros medicamentos antiinflamatorios no esteroideos (AINES) alivian la inflamación y el dolor articular. Los medicamentos antirreumáticos modificadores de la enfermedad (DMARD) tratan los síntomas más graves y evitan que su lesión empeore.
- Cirugía. Puede ser necesaria en casos extremos.

"Es posible que atraviese por cualquiera de estos sentimientos en diferentes momentos. Por ejemplo, puede pasar de sentir desesperación a aceptación y luego enojo. Los sentimientos parecen sufrir altibajos con el tiempo, tal como sucede frecuentemente con los síntomas físicos de esta enfermedad".

Igualmente importante que cuidar su piel es manejar sus síntomas negativos. No se desespere. Si sigue estos pasos, puede superar los malos sentimientos.

Hable abiertamente sobre su afección. No se avergüence. No es su culpa. No es necesario que invente mentiras elaboradas sobre quemaduras o lesiones. Explique qué es la psoriasis — y enfatice que no es contagiosa — a las personas que podrían no saber nada sobre esta afección. Es muy probable que se interesen en el tema. De esta manera, ayudará a educar a las personas y, quizá, haga nuevos amigos.

Podría no sentirse cómodo al hablar de la psoriasis directamente, pero la práctica hace la perfección. Prevea las preguntas que podrían hacerle (o quisieran hacerle) y prepare las respuestas. Haga esto hasta que deje de sentirse incómodo al hablar sobre la enfermedad.

Únase a otros. Los grupos de apoyo, en los que comparte sus sentimientos y experiencias, pueden ayudar enormemente. Y aunque no lo ayuden con su afección, al menos se dará cuenta de que no está solo. Hay otras personas que se sienten igual que usted, y saber esto podría ayudarlo a desvanecer esos sentimientos negativos.

La Fundación Nacional de Psoriasis patrocina un club de amigos por correspondencia para que las personas que sufren de psoriasis se comuniquen. Pero no debe limitar sus actividades sólo a grupos de personas con psoriasis. Simplemente relacionarse con otras personas puede marcar la diferencia.

Decker advierte: "Está bien sentirse triste, enojado o deprimido, pero necesita trabajar con esos sentimientos". "Necesitará el apoyo de otros. No lo haga sólo".

Concéntrese en sus propios sentimientos. En otras palabras, preocúpese únicamente por cómo se siente, no por lo que los demás piensan de usted. Es difícil porque, lo admitamos o no, las opiniones de los demás tienen un impacto sobre nosotros. Por eso duele cuando se alejan de usted en los restaurantes y playas o le piden que no asista a una piscina pública. Pero si se siente cómodo con usted mismo, estará mejor preparado para no dejarse afectar por comentarios ignorantes o las miradas asesinas.

Según Decker, "una vez que alguien se enferma de psoriasis, debe volver a aprender a vivir en una sociedad que lo califica de diferente, lo cual es una tarea difícil". "Es importante que acepte que tendrá respuestas emocionales a causa de la psoriasis ya que, una vez que lo haga, podrá enfrentarlas".

Si sus sentimientos se vuelven incontenibles, no dude en buscar ayuda profesional.

Aprenda los hechos. Ármese de información sobre la psoriasis. Puede encontrar una gran cantidad de material valioso en la Fundación Nacional de Psoriasis. Además de brindarle información, le recordarán que padece un problema médico, no una maldición extraña.

"Creo que el conocimiento es la herramienta más importante para superar los sentimientos negativos", afirma Decker. "Aprenda todo lo que pueda sobre la psoriasis. Aprenda los hechos y los conocimientos científicos sobre esta afección. Evite los mitos y la especulación sobre lo que podría haberla provocado y lo que podría curarla".

Véalo en perspectiva. Ciertamente, no estará feliz en todo momento. Pero intente concentrarse en cosas positivas — como su familia, amigos, empleo, pasatiempos, y cualquier otra cosa que le resulte importante.

No permita que la psoriasis domine su vida. Seguramente, siempre será parte de su vida — pero recuerde que eso no es todo.

Cura casera

Una descamación no siempre indica la presencia de psoriasis. Es posible que sólo tenga caspa. Para eliminarla naturalmente, enjuague su cabello con una mezcla de 3 cucharadas de vinagre y una taza de agua. Enjuagar el cabello con jugo de limón también ayuda. O puede esparcir una cucharada de sal en su cabello seco y frotar antes de colocar champú.

ARTRITIS REUMATOIDE

Cómo reducir su riesgo

¿Por qué en una misma familia una de las hermanas padece artritis reumatoide (AR) incapacitante mientras que los demás hermanos gozan de buena salud? Nadie ha podido explicarlo con certeza aún, pero los investigadores han descubierto que ciertos factores de riesgo pueden hacer que sea más vulnerable a esta enfermedad autoinmune. Algunos de esos riesgos están fuera de su control, pero puede evitar otros mediante cambios en su estilo de vida.

Mujeres. Los expertos creen que las hormonas femeninas influyen en el desarrollo de la AR. Esto ocurre porque muchas enfermedades autoinmunes,— incluida la AR, — se presentan con más frecuencia en mujeres que en hombres. Pero después de la menopausia, cuando los niveles de hormonas disminuyen, la diferencia es menor.

Fumar. Los científicos descubrieron recientemente una relación entre la AR y las mujeres fumadoras. De acuerdo con su estudio, el mayor riesgo lo corrían las mujeres que fumaron más cigarrillos durante un período de tiempo más prolongado. En promedio, las mujeres

¿Qué es?

Este tipo común de artritis afecta a todo su cuerpo. Por alguna razón desconocida, su sistema inmunológico ataca las articulaciones saludables y provoca que el recubrimiento de éstas se inflame. Si no se trata, la artritis reumatoide puede dañar de manera permanente los huesos y cartílagos, e incluso puede avanzar hacia algunos de sus órganos internos.

Síntomas:
- Articulaciones doloridas, calientes, endurecidas e inflamadas
- Pérdida de apetito y energía
- Fiebre
- Anemia
- Articulaciones nudosas y desfiguradas

que fumaban en ese momento eran dos veces más propensas a padecer AR que las mujeres que nunca habían fumado. El riesgo de las ex fumadoras era mayor que el de las mujeres que nunca habían fumado, pero no tan alto como el de las fumadoras actuales. Si desea reducir sus probabilidades de desarrollar esta enfermedad devastadora, deseche sus cigarrillos hoy mismo. Podría estar ahorrándose una vida de discapacidad.

El café. ¿Podría esa taza de café que prepara y bebe a diario implicar un riesgo para el desarrollo de AR? Ciertos investigadores finlandeses creen que sí. El estudio que realizaron sugería que las personas que beben cuatro tazas o más de café por día corren más del doble de riesgos de padecer un tipo de AR en la que el factor reumatoide se encuentra presente en la sangre. El factor reumatoide positivo, por lo general, indica un peor panorama para aquellos que padecen la enfermedad. Sin embargo, aún es necesario realizar más investigaciones, ya que la mayoría de las personas que participaron en el estudio finlandés bebieron café hervido, — un método de preparación que probablemente no sea el que usted utiliza. Los estudios futuros tendrán en cuenta otras formas de preparar el café, ya que, hoy, la mayoría utilizan cafeteras automáticas. Mientras tanto, sería buena idea limitar la cantidad de café que bebe a unas pocas tazas por día.

Las bacterias. A principios del siglo XX, se hablaba de que había infecciones que provocaban la artritis reumatoide. Con el tiempo, algunos médicos probaron tratar a sus pacientes con antibióticos — y obtuvieron algunos resultados positivos. Pero la mayoría de los médicos no creyeron la teoría de que la AR podría revertirse con antibióticos, y continuaron buscando nuevos medicamentos para que sus pacientes se sintieran mejor. Un nuevo estudio podría cambiar todo eso. Investigadores israelíes descubrieron recientemente evidencia de una bacteria llamada *mycoplasma fermentans* en el líquido que rodea las articulaciones de quienes padecen AR. El hallazgo llamó la atención del entorno médico, ya que los científicos saben que los micoplasmas pueden provocar artritis en los animales. Los investigadores creen que los micoplasmas en sus articulaciones desencadenan una reacción en cadena de inflamación y daño tisular. Como el centro de atención vuelve a ser la infección, los antibióticos podrían, en poco tiempo, convertirse en un tratamiento común para la AR.

Formas creativas de enfrentar la AR

Sobrellevar el dolor y el agotamiento de la artritis reumatoide (AR) puede ser abrumador, — incluso con medicamentos recetados. Afortunadamente, los medicamentos fuertes no son su único recurso. Muchas personas encuentran alivio en los remedios alternativos. Pruebe estos métodos libres de drogas para tratar la AR.

Utilice esa religión milenaria. Cuando 35 personas con AR realizaron anotaciones en diarios durante un estudio, los investigadores comprendieron que la espiritualidad puede ser fundamental para enfrentar el dolor. Las personas que vivían experiencias espirituales cotidianas, — como sentirse movilizados por la belleza de la creación, — tenían mejor humor y sentían mucho menos dolor. También era más probable que esas personas contaran con un grupo de apoyo que los ayudara en los tiempos difíciles. No permita que el estrés de la AR lo aleje de su lado espiritual. Participe en un grupo de personas semejantes a usted y su cuerpo, junto con su espíritu, podría beneficiarse.

Intensifique sus ejercicios. Después de un ataque de AR, quizá sienta tentación de mimar sus articulaciones, pero los expertos afirman que debe hacer exactamente lo contrario. En un estudio reciente, las personas hospitalizadas con AR se incorporaron a un programa de ejercicios de fortalecimiento muscular cinco días por semana, y de acondicionamiento con uso de bicicleta tres veces por semana, además de sus ejercicios habituales de rango de movimiento. Otro grupo sólo realizó los ejercicios para el rango de movimiento. Después de 24 semanas, los que hacían más ejercicios mostraron una fuerza muscular mucho mayor y un mejor funcionamiento físico. Consulte a su médico acerca de llevar al máximo su programa de ejercicios. Podría ser capaz de más de lo que usted cree.

Manténgase en movimiento. ¿Ha estado evitando sus rutinas de ejercicios con la excusa de que debe parar cuando se le presenta un ataque de AR? Según los expertos, mantener su rutina de ejercicios lo ayudará a sentirse mejor a lago plazo. Los investigadores descubrieron que las personas que abandonaron su actividad física después de una recaída se sintieron peor en relación con la enfermedad y más limitados por ésta con el transcurso del tiempo. Conserve su fortaleza mental y no permita que la AR le impida realizar actividades sin antes intentarlo. Si bien es cierto que sus articulaciones deben descansar durante una recaída, vuelva a ponerse en movimiento tan pronto como pueda.

Si necesita orientación y motivación, consulte a su médico sobre la terapia física. En un estudio reciente, las personas con AR moderada o grave contaban con fisioterapeutas que iban a sus hogares durante seis semanas a enseñarles a ejercitar. Otro grupo con síntomas similares no modificó nada. Después de 12 semanas, el grupo que recibió fisioterapia tenía menos articulaciones blandas, menos rigidez matutina y más fuerza de agarre. Y un estudio de seguimiento que se realizó un año después reveló que los resultados eran duraderos.

Dése el gusto y reciba un masaje. ¿Quién no disfrutaría de una fricción relajante? Puede aflojar los músculos tensos y ayudar a relajarlo, — dos cosas que necesita si padece AR. Si no hay nadie en su hogar que pueda darle un masaje, solicítele a su médico que le recomiende un profesional. Para darse un gusto completo, visite un spa que ofrezca masajes. Cuando se vaya, se sentirá mimado y renovado. Recuerde tener cuidado con las articulaciones que le duelan o que estén inflamadas, porque los masajes pueden empeorar la afección.

Deje que lo pinchen. La acupuntura, que se ha practicado durante miles de años, se trata de un profesional capacitado que coloca agujas estériles en varias partes de su cuerpo. Por lo general, el acupunturista las deja durante aproximadamente veinte minutos. La digitopuntura es similar, pero se realiza con presión y no con agujas. A pesar de que el jurado aún no emitió su veredicto sobre la eficacia de estas prácticas, muchas personas afirman que obtuvieron un alivio prolongado. Si desea probar algo diferente, primero consulte a su médico y luego busque un acupunturista o digitopunturista autorizado. Con un poco de suerte, incluso podría encontrar un médico que ofrezca este servicio.

Ayúdese con hierbas. Si bien usar suplementos a base de hierbas para tratar la AR aún es un tema polémico, algunos se han utilizado durante siglos con buenos resultados.

    ✧   **Bromelina y boswellia.** Scott Zashin, uno de los mejores médicos del país según los autores de *Best Doctors in America* (Los mejores médicos de los Estados Unidos), utiliza terapias convencionales y alternativas en su consultorio de Texas. Para sus pacientes con AR, algunas veces recomienda bromelina y boswellia. Según él, pueden reducir la inflamación. La bromelina es una enzima natural de las piñas. Puede comprar extracto de bromelina en cápsulas en las tiendas de alimentos naturales y herboristerías. La dosificación habitual es de 400 a 600 mg, tres veces por día. La boswellia, también conocida como incienso, se utiliza en la India como remedio típico para tratar las inflamaciones reumáticas. Puede reducir la inflamación y aumentar la irrigación sanguínea a sus articulaciones. La dosificación habitual es de 150 mg de extracto tres veces por día.

➣ **Tripterygium.** Esta planta, que se utiliza en China para tratar enfermedades autoinmunes, también es conocida como "enredadera trueno divino". Los estudios demuestran que es efectiva en la detención parcial de la inflamación. En un estudio de doce semanas de duración, las personas con AR y sus médicos dijeron que observaron una mejora considerable en los participantes que tomaban tripterygium, en comparación con aquellos a los que se les administró una pastilla de azúcar.

Alivio calmante proveniente del aceite

Si siente sus articulaciones artríticas como bisagras oxidadas, quizá sea hora de lubricarlas — desde el interior. Los estudios demuestran que ciertos aceites vegetales y de pescado pueden mejorar los síntomas de la artritis reumatoide (AR) al reducir la inflamación, que es la causa de la mayor parte del dolor característico de la AR. A pesar de que las investigaciones continúan, parece que los aceites alimenticios podrían representar una parte importante de la prevención y lucha contra esta enfermedad dolorosa. Estos son los lugares donde puede encontrar los aceites beneficiosos.

Pescado. Los esquimales rara vez padecen artritis. Los expertos afirman que se debe a que comen grandes cantidades de pescado de agua fría, rico en aceites omega 3, y eso ayuda a combatir la inflamación.

Prometedor tratamiento con linfocitos B

Tiempo atrás, la única esperanza para las víctimas de la artritis reumatoide eran medicamentos fuertes para aliviar las molestias y la inflamación. Pero hay un tratamiento, que descubrió un profesor de Londres, que parece ser muy prometedor.

El Dr. Jonathan Edwards de University College intentó eliminar los linfocitos B defectuosos — un tipo de glóbulo blanco — de las personas con AR. En lugar de hacer su trabajo de mantener alejadas las enfermedades, los linfocitos B en las personas con AR atacan a las articulaciones como si fueran enemigas. Edwards se preguntó si al eliminar las células defectuosas los linfocitos normales podrían desarrollarse en su lugar. Aparentemente tenía razón.

Los resultados de un ensayo reciente sugieren que el procedimiento benefició a aproximadamente el 80% de los participantes con AR. Alrededor del 50% observaron una importante mejoría. Estos resultados son similares a los que se observaron con ciertos medicamentos para tratar la artritis. La ventaja de la reducción de los linfocitos B es que un tratamiento corto produce resultados a largo plazo, en algunos casos de hasta tres años.

Si bien el procedimiento parece ser seguro, los investigadores están estudiando una posible relación con las infecciones torácicas. Aún es necesario realizar más estudios pero, si todo sale bien, este exitoso nuevo tratamiento podría estar disponible para el público muy pronto.

De hecho, un estudio reciente descubrió que las mujeres que comían una o dos porciones por semana de pescado asado o al horno eran menos propensas a padecer AR que las mujeres que no comían pescado.

Mientras estudiaba la artritis en ratas, la Dra. Jaya Venkatraman, profesora en la Universidad Estatal de Nueva York en Buffalo, descubrió que los aceites de pescado combinados con vitamina E alivian el dolor y la hinchazón. Ella sabía que las moléculas llamadas citoquinas estaban relacionadas con la inflamación, aunque no todas las citoquinas causan problemas. Pero en la artritis reumatoide, ciertas citoquinas se multiplican en demasía, y provocan que le duelan y se inflamen sus articulaciones.

De alguna manera, el aceite de pescado envía citoquinas benéficas al rescate. Según Venkatraman: "...La combinación de aceite de pescado, con sus ácidos grasos omega 3, con la vitamina E parece ayudar a recuperar el equilibrio entre las citoquinas antiinflamatorias y aquellas que contribuyen con la inflamación. Probablemente no evite el desarrollo de artritis reumatoide, pero podría retrasar los síntomas y permitir la disminución de otros medicamentos. Por ejemplo, las personas que normalmente deben ingerir 10 aspirinas por día, podrían tomar sólo cinco. Esta terapia también parece mejorar la función".

Coma dos o tres veces por semana pescados grasos, como salmón, caballa, albacora, anchovas de banco, anchoas o arenque. Asegúrese de comprar pescados de mar, no de criaderos, ya que éstos producen pescados con niveles más bajos de omega 3. Es posible que no note resultados durante varios meses, así que sea paciente.

Si comer tanto pescado le revuelve el estómago, puede comprar aceite de pescado en cápsulas, pero primero consulte a su médico. El aceite puede afectar la coagulación de su sangre e interferir con ciertos medicamentos. Una vez que lo autoricen, asegúrese de comprar una marca reconocida. Para obtener los mejores resultados, los investigadores recomiendan tomar entre 3 y 5 g de aceite por día. Algunas personas encuentran tantos beneficios en el aceite de pescado que pueden reducir sus medicamentos antiinflamatorios no esteroideos (AINES).

Vitamina E. Esta vitamina es un poderoso antioxidante, capaz de defender su cuerpo de los radicales libres destructivos, que pueden debilitar su sistema inmunológico. Debido a que la AR se considera una enfermedad autoinmune, los científicos están comenzando a observar de qué manera los antioxidantes podrían ayudar a estimular su sistema inmunológico. Un estudio descubrió que las personas con AR mostraban un aumento de radicales libres activos pero, al mismo tiempo, niveles más bajos de vitamina E que otras personas. Si aumenta su ingesta de vitamina E, podría prevenir parte del daño que la AR produce en los tejidos. Puede encontrar este antioxidante en el aceite de germen de trigo, en las semillas de girasol, en las almendras, en los aguacates, en el arroz integral, en el aceite de girasol y en los maníes secos tostados.

Aceite de semillas de calabaza. Este aceite con sabor a nuez, que se extrae de las semillas de calabaza, es una cura casera para muchas dolencias. Combate la inflamación gracias a su combinación de ácidos grasos omega 3, vitamina E y otros antioxidantes. Cuando se les administró aceite de semillas de calabaza a los animales con artritis, la inflamación disminuyó el 44%, — una cifra que sorprendió a los investigadores. Puede usarlo para cocinar y en ensaladas. Este aceite, también conocido como "oro verde" por su color, viene de Austria. Si no lo encuentra en su tienda habitual de alimentos o en la tienda de alimentos naturales, puede pedirlo en línea a la compañía austriaca Green Gold. De acuerdo con la página Web de esta compañía, dispone de un año para usar el aceite. Para obtener más información, visite <www.greengold.net>.

Aceite de oliva. ¿Qué puede ser más delicioso que unas verduras frescas recién cocidas aderezadas con un buen aceite de oliva y una pizca de sal? ¿Y si se enterara de que también está ahuyentando el dolor? Un estudio reciente realizado en Grecia descubrió que cuantas más verduras frescas y aceite de oliva coman las personas, menor será su propensión a padecer AR. Ciertamente, es posible que el pescado que generalmente comen los griegos en sus dietas típicas haya afectado los resultados. Por lo tanto, continúe comiendo pescado y comience a agregar aceite de oliva a sus ensaladas y verduras cocidas, y así estará totalmente protegido.

Aceite de prímula nocturna. Los investigadores no están seguros de por qué este aceite ayuda a aliviar los dolores de la AR, ya que contiene principalmente aceites omega 6 en vez de omega 3. Piensan que podría competir contra las moléculas que provocan la inflamación. Lo que sí saben es que el aceite de prímula nocturna funciona para la mayoría de quienes padecen AR.

Aceite de linaza. La planta de lino se utilizó durante miles de años como alimento y para producir el tejido de lino. En la actualidad, se ha reemplazado por aceites que permanecen frescos durante más tiempo. Después del pescado, el aceite de linaza es la segunda mejor fuente de ácidos grasos omega 3. Los investigadores descubrieron que una dieta rica en aceite de linaza — tal como ocurre con el pescado, reduce las citoquinas descontroladas que provocan la inflamación. Los expertos recomiendan que ingiera una cucharada diaria de aceite de linaza por cada 100 libras de peso corporal. Posee un sabor terroso, similar al del pescado. Si no puede tomarlo solo, pruebe mezclarlo en ensaladas y verduras. Para conservar el aceite de linaza, colóquelo en el refrigerador o congelador. Todo el trabajo vale la pena.

Combata las enfermedades relacionadas a través de la detección temprana

Los efectos perjudiciales de la artritis podrían dañar más que sus articulaciones. También corre un mayor riesgo de sufrir otras enfermedades, como cardiopatías y osteoporosis. Afortunadamente, si sabe con lo que se enfrenta, tendrá mejores probabilidades de combatirlo y conservar su buena salud.

Cardiopatía. Los científicos aún debaten por qué las personas que sufren de AR corren mayor riesgo de desarrollar una cardiopatía pero, mientras tanto, han realizado algunas estimaciones bien fundadas. Algunos creen que ocurre porque las personas con movilidad limitada tienden a aumentar de peso y a evitar el ejercicio, — dos factores de riesgo conocidos para la cardiopatía. Por lo que es una buena idea mantener su peso bajo y realizar tanta actividad física como le sea posible.

Lamentablemente, no es tan simple. Los estudios demuestran que las personas con AR a menudo poseen niveles elevados de colesterol y triglicéridos, que nada tienen que ver con el peso. Y el colesterol y los triglicéridos elevados también aumentan el riesgo de desarrollar cardiopatías. Otro estudio apunta a la infamación que va de la mano de las enfermedades autoinmunes, como la AR. La inflamación puede dañar su corazón, otra razón por la que las personas con AR son más propensas a sufrir problemas cardíacos.

Si usted padece AR, los expertos recomiendan seguir una dieta de bajo contenido graso y ejercitar varias veces por semana. Su médico debe controlar sus niveles de colesterol y triglicéridos con frecuencia y, si son elevados, podría hacer falta que tome medicamentos para disminuirlos.

Tomar esteroides durante mucho tiempo para tratar su AR puede provocar hipertensión arterial y elevar su colesterol "malo". Hable con su médico sobre los nuevos medicamentos recetados que pueden reducir la inflamación y, a la vez, proteger su corazón.

Osteoporosis. Las mujeres con AR corren el doble de riesgos que otras mujeres de desarrollar esta enfermedad que debilita los huesos. Los investigadores afirman que tomar corticosteroides, el estar delgadas y el no realizar actividad física pueden contribuir al debilitamiento de los huesos. Además, tener factor reumatoide positivo en su sangre — algo que poseen muchas personas con AR — aumenta su riesgo. A pesar de esto, no debe resignarse a tener huesos débiles.

El Colegio Estadounidense de Reumatología recomienda a quienes consumen esteroides que tomen las siguientes medidas para evitar la osteoporosis.

- Tome la dosis efectiva mínima de esteroides.

- No fume.

- Trate de mantener un peso saludable para su contextura.

- Tome la menor cantidad de alcohol posible.

- Realice ejercicios de peso durante 30 a 60 minutos diarios y cualquier otro ejercicio que su médico o fisioterapeuta le recomiende.

- Realícese una densitometría ósea cuando comience la terapia con esteroides y, luego, cada seis meses o un año para comparar los resultados.

- Tenga en cuenta la terapia de reemplazo hormonal y otros medicamentos que ayuden a prevenir la osteoporosis en caso de que sea posmenopáusica.

- Ingiera 1,500 mg de calcio y 800 IU de vitamina D por día.

Síndrome de Sjögren. Este síndrome, que provoca sequedad, afecta generalmente los ojos y la boca, aunque también puede afectar otras partes del cuerpo que poseen glándulas que segregan humedad, como la nariz y la garganta. Si usted padece Sjögren, podría experimentar una sensación de ardor en la lengua y garganta, problemas pulmonares o renales, sensación de arenilla en los ojos, caries o piel seca. Por el momento, no existe cura para el síndrome de Sjögren, pero puede aliviar las molestias con la ayuda de los siguientes consejos:

- ⇨ Pruebe con un sustituto de la saliva. Busque uno que posea la aprobación de la Asociación Odontológica Estadounidense. También puede comprar comprimidos de venta libre que ayuden a estimular la secreción de saliva.

Evite las combinaciones peligrosas

Si desea tomar suplementos para la artritis u otra afección, siempre consulte a su médico antes de hacerlo. Ciertos suplementos pueden interactuar con sus medicamentos y podría sufrir nuevos problemas de salud. Éstos son algunos ejemplos.

- ⇨ Jengibre. Los expertos en hierbas recomiendan el jengibre para la artritis, pero tenga cuidado si también está tomando otros medicamentos. El jengibre puede aumentar los efectos de los anticoagulantes, como la heparina, warfarina y ticlopidina. Al mantener su sangre menos densa, el jengibre aumenta las probabilidades de sangrado.
- ⇨ Ajo. Al igual que el jengibre, el ajo evita que su sangre se amontone o coagule. Si se consume junto con medicamentos anticoagulantes, como la warfarina y la triclopidina, puede provocar sangrado.
- ⇨ Ginkgo. Las personas consumen ginkgo para los problemas circulatorios y para agudizar la mente. Pero también podría subir su presión arterial si, además, está tomando diuréticos tiazídicos. Asimismo, podría presentar problemas de sangrado si toma heparina o warfarina.
- ⇨ Suplementos de aceite. Las personas que padecen artritis a menudo consumen suplementos de aceite de pescado u otros suplementos de aceite para reducir la inflamación. Los aceites muy pocas veces generan reacciones cuando se combinan con medicamentos. El aceite de pescado, de borraja y de prímula nocturna podrían provocar contusiones y sangrado de la nariz si se toman junto con aspirinas u otros medicamentos antiinflamatorios no esteroideos (AINES), como el ibuprofeno o naproxeno.

⊱ Mastique goma de mascar con xilitol, un sustituto del azúcar, que estimula naturalmente la secreción de saliva.

⊱ Beba leche. Puede ayudarlo a mantener su boca húmeda y evitar las caries.

⊱ Realícese exámenes de la vista con frecuencia y tenga soluciones de lágrimas artificiales para mantener sus ojos húmedos. Los ojos que están constantemente secos y arenosos pueden infectarse fácilmente.

⊱ Use anteojos para sol cuando se encuentre al aire libre y no use lentes de contacto.

⊱ Pruebe colocar un humidificador en su hogar para evitar sentir sequedad en sus ojos, boca y nariz.

Escleritis. Esta inflamación continua de los vasos sanguíneos de las escleróticas de los ojos provoca dolor y enrojecimiento. Es grave, ya que puede causar un daño permanente si no se trata en su fase temprana. Si las escleróticas de sus ojos están rojas y le duelen, consulte de inmediato a un oftalmólogo. El tratamiento oportuno con gotas especiales para los ojos o medicamentos antiinflamatorios podría salvar su vista.

Venza las garrapatas para evitar dolores en las articulaciones

Sus articulaciones le han dolido tanto últimamente que ni siquiera puede reunir las fuerzas necesarias para jugar al golf — su actividad preferida al aire libre. Si piensa que envejecer es lo que hace que le duelan las articulaciones, analícelo bien. Su edad podría no representar un problema. Puede haber algo acechando en el campo de golf que está provocando sus dolores y molestias.

Elyes Zhioua, investigador de la Universidad de Rhode Island, descubrió que los límites de los campos de golf de Rhode Island están repletos de garrapatas infectadas con la bacteria que provoca la enfermedad de Lyme. De hecho, en los campos de golf, hasta el 75% de las garrapatas que analizó poseían la bacteria.

La enfermedad de Lyme puede desarrollarse después de que lo muerda una garrapata infectada. Si no se trata, puede causar fuertes dolores de cabeza, problemas cardíacos y artritis. Si bien hay más probabilidades de que encuentre garrapatas infectadas en la región noroeste o del Atlántico medio, la enfermedad de Lyme ha aparecido en 47 estados hasta el momento.

No es necesario que permanezca dentro de su casa para protegerse — simplemente recuerde tomar ciertas precauciones antes de aventurarse al exterior.

- **Vístase herméticamente.** Los expertos recomiendan vestir pantalones y mangas largas cuando camine en lugares con pastos altos o en el bosque. Coloque su camisa dentro del pantalón y sus medias sobre sus pantalones para que quede expuesta la menor cantidad de piel posible. Use un repelente de insectos que especifique que es contra garrapatas. Si tiene cabello largo, recójalo y lleve una gorra.

- **Revise con frecuencia.** Fórmese el hábito de revisarse y revisar a los demás para detectar la presencia de garrapatas. Mire cuidadosamente en los lugares donde se esconden las garrapatas — como los pliegues de la piel y el cabello. Si encuentra una garrapata, no entre en pánico ni la arranque con sus dedos. Si no está pegada a su piel, vaya al aire libre y quítesela con un trozo de papel firme. La enfermedad de Lyme, por lo general, no se desarrolla a menos que una garrapata infectada haya estado pegada a alguna parte de su cuerpo durante al menos 36 horas. Si encuentra una garrapata pegada, quítela suavemente con una pinza tomándola por la cabeza. No jale de la mitad de la garrapata. Eso podría provocar que explote y disemine bacterias. Después de quitar una garrapata, limpie el área con un antiséptico.

- **Conozca las señales.** No todas las garrapatas poseen la bacteria que causa la enfermedad de Lyme. Pero preste atención a una erupción que se extiende y tiene forma de blanco, un síntoma que aparece en el 80% de las personas cuyos análisis para detectar la enfermedad dan resultado positivo. También puede tener fiebre, dolor de cabeza, rigidez en el cuello y dolor en las articulaciones, pero no todos experimentan todos estos síntomas antes de adquirir la enfermedad. Si sospecha que puede haberse infectado, consulte a su médico. Él podrá realizarle un análisis de sangre para decidir si necesita antibióticos. Las investigaciones demuestran que las personas a las que se les administran antibióticos rápidamente son menos propensas a desarrollar los síntomas de la artritis.

↪ **Considere la posibilidad de vacunarse.** La FDA aprobó recientemente una vacuna que puede reducir en aproximadamente un 80% sus probabilidades de adquirir la enfermedad de Lyme. Si usted tiene entre 15 y 70 años, vive en la región noroeste o del Atlántico medio y pasa mucho tiempo al aire libre, ésta puede ser una buena opción.

Cura casera

Los antiguos egipcios tenían una cura elegante para la artritis — las joyas de cobre. Incluso en la actualidad, algunas personas afirman que llevar una pieza de cobre sobre la piel permite que el cuerpo absorba este mineral esencial y combata la artritis.

Mientras los expertos reconocen que es posible que la deficiencia de cobre contribuya con la artritis reumatoide, no existen pruebas que demuestren que las joyas de cobre ayuden. Pero tampoco parecen ser perjudiciales. Además, puede disfrutar de verse como Cleopatra.

ROSÁCEA

Formas comprobadas de aliviar la rosácea

El legendario comediante W.C. Fields tenía rosácea, pero esta afección no es un chiste.

La rosácea generalmente aparece alrededor de los treinta o los cuarenta, pero también es muy común — y más grave — después de los cincuenta. Las mujeres y las personas de tez blanca son quienes presentan rosácea más frecuentemente, pero puede afectar a cualquiera. También ataca a los hombres y a las mujeres de diferente manera. Las señales de la rosácea aparecen normalmente en las mejillas y mentones de las mujeres, mientras que la nariz — como la de Fields — es el área donde ataca a los hombres.

A pesar de que la rosácea no tiene cura, puede tomar medidas para controlar esta enfermedad crónica. Haga un plan para vivir con rosácea.

Busque los causantes. Primero, debe descubrir qué provoca que aparezca su rosácea. Los desencadenantes pueden variar e incluyen el frío o el calor, las comidas condimentadas, el alcohol o los baños calientes. En pocas palabras, cualquier cosa que lo haga sonrojar es un posible desencadenante. Una persona con rosácea podría tener una reacción si come salsa, mientras que otra

---

¿Qué es?

La rosácea es una enfermedad crónica que afecta la piel de su cara. Comienza con un eritema frecuente en las mejillas, similar a cuando uno se sonroja o se quema con el sol. Con el tiempo, algunas áreas de su cara pueden cnrojccersc dc mancra permanente. Es posible que también desarrolle una erupción similar al acné.

Las causas de la rosácea aún no son claras. Los desencadenantes incluyen los alimentos picantes, el alcohol, el estrés, las temperaturas extremas, la menopausia y ciertos medicamentos. La rosácea no tiene cura, pero puede tratarse.

Síntomas:
- Enrojecimiento
- Granos
- Vasos sanguíneos faciales dilatados
- Nariz roja y con prominencias
- Hinchazón de la nariz

puede comer salsa pero la reacción aparece si toma vino. Por lo tanto, no es necesario que deje todo — sino sólo las cosas que agravan su rosácea. Una buena idea puede ser llevar un diario para registrar las reacciones.

Luego, una vez que haya determinado sus desencadenantes personales, realice algunos cambios en su estilo de vida para sobrellevar la rosácea.

Modifique su dieta. Lo que usted come y bebe influye significativamente en su rosácea. Además de las comidas condimentadas y el alcohol, otros culpables comunes incluyen el hígado, el yogur, el queso, la salsa de soja, el vinagre, la crema agria, los cítricos, el chocolate, la vainilla, la berenjena, la espinaca, los aguacates, el chocolate caliente, el café y el té.

"La dieta parece ser muy importante", comenta el Dr. Joel Bamford, dermatólogo del Sistema de Salud Mary's-Duluth en Minnesota. "Muchos de nuestros pacientes con rosácea la relacionaban con los lácteos. Quizá sea una buena idea que no consuma muchos líquidos y alimentos calientes. La temperatura de los alimentos los hace sonrojar. Es algo normal, pero es más obvio para las personas que sufren de rosácea".

En parte debido a la marca registrada de Fields, su nariz, y a las constantes referencias a la bebida, la rosácea a menudo se relaciona erróneamente con el alcoholismo. En realidad, los abstemios tienen las mismas probabilidades de sufrir esta enfermedad. Pero el alcohol sí agrava la afección para muchas personas.

Si bebe mucho — o come mucho chocolate o hace cualquier otra cosa que despierta la rosácea — y tiene un episodio de enrojecimiento, Bamford recomienda masticar trocitos de hielo para aliviar la sensación.

Proteja su piel. Es importante que cuide su cara. Cuando se lava la cara, evite los jabones duros y granulados y las toallas ásperas. En su lugar, use un limpiador suave y sin fragancia. Enjuague con agua tibia y seque su cara suavemente con una toalla suave. Una vez que su cara esté seca, aplique el medicamento. Luego puede colocarse alguna crema hidratante o maquillaje cobertor. La base con tinte verdoso ayuda a algunas personas a compensar el enrojecimiento.

Asegúrese de usar pantalla solar, incluso en días nublados. Si irrita su cara, pruebe con una marca para niños. Por lo general, son más suaves. No se exponga al calor entre las 10 a.m. y las 2 p.m., que es cuando el sol está más fuerte. En invierno, lleve una bufanda o una máscara de esquí para proteger su cara del frío y el viento.

Maneje sus emociones. Una encuesta reciente a 700 personas con rosácea que llevó a cabo la Sociedad Nacional de Rosácea reveló que para el 91% de ellas, el estrés emocional provocaba reacciones. Los tipos más comunes de estrés incluyen la ansiedad, el enojo, la frustración, la preocupación y la vergüenza.

"A las personas les llama la atención su apariencia, por eso les da vergüenza, y ésa es una razón para sonrojarse más", comenta Bamford. "El estrés puede hacernos sonrojar y contribuye a la aparición de la rosácea".

La familia, el trabajo, las finanzas, la salud, las relaciones y la presión social provocaron el mayor estrés. Lo bueno es que el 83% de los entrevistados que probaron el manejo del estrés expresaron que éste ayudó a controlar las reacciones de rosácea.

Bamford recomienda que primero debe asegurarse de que el problema esté relacionado con el estrés y, luego, planificar una estrategia para tratar la situación. Ciertamente, una de las opciones es evitar todo lo que le provoque estrés. Otra es hablar con un amigo, ministro o incluso un psicólogo.

"También puede probar la biorretroalimentación, la meditación o el tai chi", agrega Bamford, y señala que cada persona debe descubrir lo que mejor le sienta. "Todo lo que haga para reducir el estrés es muy personal".

La ejercitación es excelente para salir del estrés, pero no exagere. Algunas veces, durante rutinas agotadoras de ejercicios, se sonroja demasiado y provoca una reacción. Investigue diferentes técnicas de relajación para evaluar cuál funciona mejor para usted. Literalmente, — dejará de ver rojo.

La cura de la úlcera puede preservar su piel

¿Desea comprender mejor la rosácea? Quizá deba prestar atención a su estómago.

A pesar de que se desconoce la cura para la rosácea, se ha sugerido una relación entre la afección de la piel y la bacteria *Helicobacter pylori*. Este tipo de bacteria, más comúnmente llamada *H. pylori*, ya se había relacionado con ciertos problemas estomacales, como la gastritis y las úlceras.

Algunos investigadores descubrieron que la *H. pylori* aparece en personas con rosácea y que tratar la bacteria *H. pylori* ayuda a aliviar la rosácea. Concluyeron que la afección estomacal influye, de alguna manera, en la afección cutánea. Pero, como podrá observar, esa teoría tiene algunas falencias.

Revise la investigación. El Dr. Alfredo Rebora, un dermatólogo italiano, fue quien propuso originalmente la relación entre la bacteria *H. pylori* y la rosácea.

"El Dr. Rebora, en Italia, notó que muchos de sus pacientes tenían helicobacter y también rosácea", expresa el Dr. Joel Bamford, dermatólogo en el Sistema de Salud de St. Mary's-Duluth de Minnesota. Y agrega que el Dr. omitió considerar que muchas personas en Italia (no sólo las que padecen rosácea) tenían *H. pylori*.

En muchos lugares del mundo — por ejemplo, Paraguay y ciertas áreas de Rusia — un notable 95% de la población posee la bacteria en sus sistemas, según Bamford. Eso se compara con un índice de aproximadamente 15% en los Estados Unidos.

Estudios realizados en Turquía y Polonia descubrieron que la bacteria *H. pylori* se encuentra en algunas personas con rosácea y que, al tratar la *H. pylori* también se logró mejorar la piel. Pero lejos de demostrar una relación definitiva, esos estudios sólo se suman a la especulación. El estudio turco, en particular, ha recibido críticas de otros investigadores debido a su diseño y métodos deficientes.

Preste atención a la evidencia. Otros estudios menos cuestionables han puesto en tela de juicio la relación entre la bacteria *H. pylori* y la rosácea.

Bamford y otros miembros del Sistema de Salud de St. Mary's-Duluth no descubrieron ninguna relación entre la bacteria y la afección cutánea. En ese estudio, se proporcionó tratamiento contra la *H. pylori* a la mitad de los 44 participantes y la otra mitad recibió tratamiento con placebo, o simulación. Ambos grupos mostraron la misma mejora de los síntomas de rosácea. En otras palabras, tratar la bacteria *H. pylori* no resultó más efectivo para aliviar los síntomas de rosácea que si no se hubiese hecho nada. Un estudio coreano más reciente llegó a la misma conclusión.

Otro estudio de la Universidad de Carolina del Sur determinó que la bacteria *H. pylori* no es más común en personas con rosácea que en aquellas que no padecen esta afección. Sin embargo, más personas con rosácea se quejaron de indigestión (que para nada se relacionaba con la bacteria *H. pylori*) y toman antiácidos.

Considere la cura. Una explicación, para aquellos que están a favor de la relación, en algunos estudios, se encuentra en los antibióticos que se utilizan para combatir la bacteria *H. pylori*.

"Los mismos antibióticos que se utilizan para tratar la bacteria helicobacter son los que se utilizan para dominar la rosácea", explica Bamford. "Por lo que es lógico que si se trata a alguien por helicobacter, mostrará mejoras temporales de la rosácea".

Por lo tanto, si bien no existen razones firmes para sospechar una relación entre la bacteria H. pylori y la rosácea, aún puede haber un buen motivo para tratar la rosácea con antibióticos. Consulte a su médico sobre la utilización de antibióticos orales o tópicos para tratar su afección cutánea.

Pierda el calor pero no el sabor

Es posible que deba abandonar los condimentos picantes como la pimienta, el pimentón dulce y la pimienta de cayena por el bien de su rosácea, pero esto no significa que deba condenar a sus pailas gustativas. Lo que puede hacer es cambiar los condimentos picantes típicos por estas vigorosas recetas de la Sociedad Nacional de Rosácea.

En lugar de	Pruebe
Chile en polvo	2 cucharadas de comino y 1 de orégano
Condimento para aves	1/2 cucharada de salvia, 1/2 cucharada de cilantro 1/4 de cucharada de tomillo, 1/8 de cucharada de pimienta de Jamaica y 1/8 de cucharada de mejorana
Curry en polvo	4 cucharadas de cilantro, 2 cucharadas de cúrcuma, 1 cucharada de canela, 1 cucharada de comino, 1/2 cucharada de albahaca u orégano y 1/2 cucharada de cardamomo

CÁNCER DE PIEL

Encuentre la manera de nutrir su 'piel' mediante el filtro solar

Si utiliza un filtro solar — de forma incorrecta — podría correr riesgo de sufrir melanoma, el tipo de cáncer de piel más peligroso. Si no elige el protector solar correcto o no lo aplica de la manera adecuada, su piel corre el mismo riesgo que si no estuviera utilizando protector solar.

¿Qué es?

Las células cancerígenas en las capas superficiales de la piel afectan a millones de personas anualmente. Existen tres tipos — carcinoma de células basales, carcinoma de células escamosas y melanoma maligno. El melanoma es el más mortal, pero también es el menos común.

Síntomas:
- ↝ Lunares de forma irregular
- ↝ Un parche de piel roja y escamosa
- ↝ Lunares más grandes que la goma de borrar de un lápiz
- ↝ Lunares multicolor
- ↝ Cualquier cambio en la apariencia de un lunar
- ↝ Llagas que no curan

La razón del filtro solar es protegerlo de los dos tipos de rayos solares calcinantes — los ultravioleta A (UVA) y los ultravioleta B (UVB). Ambos inhiben su sistema inmunológico y pueden provocar cáncer de piel. La mayoría de los filtros solares sólo bloquean los rayos UVB, por lo tanto, para protegerse de los rayos UVA, compre productos que especifiquen ser filtros solares "de amplio espectro".

Incluya el filtro solar en su rutina diaria, tal como lo son cepillarse los dientes o peinarse el cabello. Y aprenda el dónde, el cuándo y el cómo de un aprovechamiento solar a consciencia.

Conozca su FPS. Según la Academia Estadounidense de Dermatología (AAD), el factor de protección solar o FPS, es un número que se refiere a la capacidad del producto para bloquear los rayos solares que queman. Se calcula mediante la comparación del tiempo que demora en quemarse la piel con protección y el tiempo que demora en quemarse la piel sin protección. Por ejemplo, si se quema sin filtro solar en 10 minutos, serán necesarios 150 minutos para que se queme con FPS 15.

Los filtros solares poseen FPS que van de 2 a 60; sin embargo, la mayoría de los dermatólogos creen que un FPS inferior a 4 no cumple la función de filtro solar, y cualquiera superior a 30 no proporciona muchos beneficios. La AAD recomienda un FPS de al menos 15 para cualquier persona, pero utilice uno mayor si:

⤙ tiene tez clara.

⤙ ha sufrido cáncer de piel en el pasado.

⤙ algún familiar padeció cáncer de piel.

Si usted padece alguna enfermedad grave o está tomando medicamentos, consulte a su médico antes de exponerse al sol.

No escatime. Uno de los peores errores que puede cometer, según los expertos, es no usar suficiente filtro solar. Para obtener la protección que necesita, el adulto promedio debe usar aproximadamente una onza de filtro solar — la cantidad necesaria para llenar una copa pequeña.

Planifique con anticipación. Es necesario esperar entre 20 y 30 minutos para que su piel absorba el filtro solar. Por lo tanto, colóquese la crema mucho antes de salir. De esta manera, también permitirá que se seque y no se le quitará con el roce de la ropa ni quedará en el asiento del automóvil.

Mire el reloj. Si bien un buen filtro solar es fundamental para proteger la piel, muchas personas creen que si usan un protector solar con FPS elevado será seguro exponerse al sol durante más tiempo. Probablemente, esto explique por qué las personas que usan un factor elevado también se queman.

Cualquiera sea el FPS que elija, los expertos recomiendan que se exponga al sol durante tiempos reducidos, y que vuelva a aplicar filtro solar cada dos horas.

Enjuague y repita. Ir a la playa o a la piscina representa un riesgo adicional de sufrir quemaduras solares. La mayoría de los nadadores se quemarán a pesar de que usen filtro solar. Incluso los filtros solares a prueba de agua desaparecen después de nadar o de secarse con una toalla. No se arriesgue y aplíquese un poco más al salir del agua.

No se embiche. Supongamos que los bichos Y el sol lo molestan. Un repelente de insectos con DEET lo protegerá de esos repulsivos rastreros, pero reducirá la efectividad de su filtro solar en un tercio. Por otra parte, los productos que contienen repelente y filtro solar parecen proteger del sol, pero no ahuyentan los insectos. Usted es quien decide qué es más importante y toma precauciones adicionales, si fueran necesarias.

Observe atentamente el índice. El Servicio Meteorológico Nacional y la Agencia de Protección Medioambiental (EPA) desarrollaron conjuntamente una escala — de 0 a 10 — para que las personas sepan la cantidad de radiación UV que llega a la tierra en cada momento. Esta escala se llama índice UV. Utilícelo para determinar la cantidad de protección solar que necesitará durante ese día.

Número de índice UV	*Exposición a la radiación UV*
0-2	mínima
3-4	baja
5-6	moderada
7-9	alta
10+	muy alta

Puede encontrar el índice UV en el mapa del tiempo de su periódico, o en el servicio meteorológico de su radio o canal de televisión local. También puede consultar el sitio de Internet de la EPA en <www.epa.gov/sunwise/uvindex.html>.

Esté bien abastecido. Nunca deje que su piel se seque, sin importar dónde esté. Tenga a mano un filtro solar en todos lados, como en su vehículo, libro de bolsillo, canasta de picnic o bolso de golf. Y no se preocupe — si deja el filtro solar al sol, ya que no afectará su efectividad.

Sea un buen ejemplo. Enséñeles a sus hijos y nietos una lección valiosa. Colóquese filtro solar frente a ellos, y ellos seguirán su ejemplo para tener una piel saludable.

Advierta a los hombres. Es un hecho científico. Los hombres usan menos filtro solar que las mujeres y son menos cuidadosos en cuanto a cómo se lo aplican. Esto significa, señores, que son más propensos a quemarse con el sol — y a padecer melanoma después de los 40 años. Es un precio muy alto por un pequeño descuido.

Busque la sombra. La mejor manera de evitar las quemaduras es no exponerse al sol. Busque refugio debajo de un árbol, una sombrilla o un sombrero de ala ancha. Vista pantalones sueltos y camisas de manga larga para proteger sus brazos y piernas.

Sea especialmente cuidadoso entre las 10 a.m. y las 4 p.m., que es cuando el sol está más fuerte. Y recuerde, que esté nublado no significa que sea seguro. Aproximadamente el 80% de los rayos ultravioleta atraviesan las nubes y dañan la piel.

Evite los reflejos. La arena y el agua pueden reflejar hasta el 85% de los rayos ultravioleta. Esto convierte a la playa en una gran lupa de aumento, y le da otra muy buena razón para cubrirse y no separarse del filtro solar.

Imite el bronceado. Si desea ese atractivo brillo veraniego sin riesgos de sufrir cáncer ni llenarse de arrugas o pecas, pruebe con una de las nuevas cremas autobronceantes disponibles en el mercado. Le darán color a su piel sin dañarla. Su "bronceado" desaparecerá en aproximadamente una semana, pero recuerde, aún así necesita usar filtro solar.

Formas nutritivas de mantener el cáncer lejos de su boca

Cada año, 30,000 personas descubren que sufren de cáncer oral o faríngeo y, aproximadamente 8,000, morirán a causa de esta enfermedad. Afortunadamente, puede ayudar a evitar este cáncer común y mortal si sabe seleccionar lo que se lleva a la boca.

Consuma mucha cantidad de las deliciosas frutas y verduras de color anaranjado, amarillo y verde, y así podría ayudar a curar las lesiones bucales precancerosas y evitar que deriven en un cáncer. Son los betacarotenos (un antioxidante) presentes en esos alimentos los que brindan estos beneficios. Un estudio descubrió que consumir 60 miligramos (mg) de betacarotenos por día durante seis meses mejoró la enfermedad, y estos permanecieron activos en el cuerpo durante varios meses después del ensayo.

Consulte el siguiente cuadro para obtener ejemplos de alimentos que lo ayudarán a ingerir gran cantidad de betacarotenos de manera natural para curar su boca.

Alimento	*Betacaroteno*
1 taza de damascos en lata	17 mg
1 taza de calabaza en lata	17 mg
1 batata al horno	10 mg
1 taza de calabacita cocida	9 mg
media zanahoria cruda	6 mg
6 onzas de puré de tomate	2 mg

¿No está seguro de cómo se ve una lesión precancerosa? Busque manchas blancas o rojas en su boca, o una llaga bucal que no se cura. Otros síntomas de cáncer oral incluyen dolor o entumecimiento de la boca o labios, un bulto en la mejilla, hinchazón de la mandíbula y mal aliento.

Si usa productos que contienen tabaco de cualquier tipo o consume alcohol, tiene más probabilidades de desarrollar cáncer oral. Si usted chupa o mastica tabaco, ¡su riesgo aumenta 50 veces! Por lo tanto, sáquese el tabaco de la boca y, en su lugar, mastique una zanahoria.

Prepare una tetera de protección

Elegir la bebida correcta podría beneficiarlo con un menor riesgo de desarrollar cáncer de piel.

El té verde contiene polifenoles, que son compuestos que actúan como antioxidantes y combaten el cáncer. Estos compuestos parecen proteger la piel contra los rayos ultravioleta (UV) del sol.

Haga del té verde su bebida habitual o aplique el extracto directamente sobre su piel. Las cremas y lociones a base de té verde pueden reducir la cantidad de células quemadas por el sol y proteger su ADN del daño provocado por los rayos UV.

Los expertos enfatizan que, cuatro tazas o más por día pueden protegerlo contra el cáncer — pero no curarlo —. Y hasta que haya más evidencia a partir de las investigaciones, también continúe usando el filtro solar tradicional.

TINNITUS

Controle el tinnitus con estas tácticas

El tinnitus y el descanso no se llevan muy bien. Intente dormir con un ruido continuo y seco, un zumbido, un silbido o un rugido en sus oídos. Eso ya es demasiado molesto pero, cuando no descansa lo suficiente, sus niveles de estrés y de tensión aumentan — y eso puede agravar su tinnitus. Es suficiente para volverse loco.

¿Qué es?

El tinnitus es un ruido continuo o zumbido que sólo usted puede escuchar. Puede estar causado por casi cualquier trastorno auditivo, algún tipo de lesión en la cabeza o ciertos medicamentos — incluso la aspirina —. Este problema por lo general va de la mano con la pérdida de la audición.

Síntomas:
- Sonidos esporádicos o habituales — como un ruido continuo y seco, zumbante, sibilante o rugiente.
- Pérdida de la audición

"No hay duda de que el estrés y la tensión empeoran el tinnitus", afirma Jack Vernon, uno de los expertos más importantes en la afección. "Por eso debe evitar esas situaciones siempre que pueda".

Si bien no existe una cura para el tinnitus, existen muchas estrategias para controlarlo. Continúe leyendo para descubrir cómo puede tomar medidas para enfrentar el tinnitus, manejar el estrés y lograr el descanso que necesita.

Realice una revisión de los ruidos ambientales. "Les digo a los pacientes que hay dos situaciones que deben evitar terminantemente", expresa Vernon, ex director del Centro de Investigación de la Audición de Oregon. "La primera son los sonidos fuertes, ya que sabemos que pueden aumentar el tinnitus de forma permanente. La segunda es el silencio total. Asegúrese de que siempre haya algún sonido de fondo".

Este enfoque, llamado "enmascaramiento", tapa el sonido del tinnitus, que se percibe mucho más en el silencio absoluto. Se encuentran disponibles dispositivos de enmascaramiento para utilizar en su oreja, como audífonos. También puede probar con música, grabaciones de sonidos de la naturaleza u otros sonidos que relajan y distraen. El Centro de Investigación de la Audición de Oregon ofrece discos compactos de Moses-Lang que contienen siete bandas de sonido de 10 minutos, cada una en un tono más elevado. Puede escuchar el disco compacto, buscar el sonido que mejor tape su tinnitus y programar su reproductor de CD para que repita el sonido durante toda la noche cerca de su cama. Una solución aún más simple es programar la radio FM de su mesa de luz entre dos estaciones para escuchar el sonido de la estática. Este sonido a menudo enmascara el tinnitus.

Aún así, no todos responden al enmascaramiento. "Les aconsejo que realicen la prueba del grifo", expresa Vernon. "Diríjase a la pileta de la cocina y abra el grifo al máximo. Si el sonido del agua hace que escuche apenas o directamente que no escuche su tinnitus, es muy probable que el enmascaramiento funcione para ellos".

Los siguientes tratamientos son similares al enmascaramiento.

- **Audífonos.** Algunas veces, simplemente tratar su pérdida de la audición ayuda a enmascarar el tinnitus. Esto ocurre porque, de repente, comienza a escuchar los crujidos, zumbidos y otros sonidos de fondo de la vida diaria que antes no escuchaba. Esos sonidos de fondo bloquean el tinnitus. Incluso puede encontrar un dispositivo combinado de audífono y enmascaramiento en caso de que no le resulten útiles si los usa por separado.

- **Terapia de reentrenamiento del tinnitus (TRT).** Esta técnica combina sonidos de fondo bajos continuos con una orientación individual hasta que deje de percibir el tinnitus y ya no necesite usar dispositivos en sus orejas. A pesar de ser bastante efectiva, la TRT puede demorar hasta dos años en producir resultados. "Creo que la mayoría de las personas desea obtener un alivio más rápido", afirma Vernon.

Ataque la ansiedad. Si el enmascaramiento no funciona, Vernon recomienda el medicamento ansiolítico Xanax, cuyo nombre genérico es alprazolam. En un estudio realizado en la Universidad de Ciencias Sociales de Oregon, el 76% de las personas que recibieron tratamiento con alprazolam lograron aliviar el tinnitus. El nivel de decibeles (dB) del tinnitus también disminuyó.

"Cuando se midió el volumen, se registró un promedio de 7.5 dB a 2.3 dB", comenta Vernon. "Si las personas logran alcanzar los 2.3 dB, sería magnífico".

Ciertamente, el Xanax también ayudará con su ansiedad y estrés. Consulte a su médico sobre este medicamento recetado. También puede probar con medicamentos para dormir en caso de que al momento de dormir le resulte más difícil.

Si prefiere no consumir medicamentos, pruebe estas otras estrategias para combatir el estrés.

- **Terapia de relajación y visualización.** Al utilizar respiración consciente e imágenes positivas, aprende a relajarse. Esto se refleja en una reducción del estrés y, posiblemente, en un tinnitus menos grave.

- **Biorretroalimentación.** Ayuda a que observe y controle la reacción de su cuerpo ante el estrés. La biorretroalimentación, que por lo general se utiliza conjuntamente con la terapia de relajación, utiliza su propio sistema nervioso como aliado en la lucha para conservar la buena salud.

- **Yoga o meditación.** Estos métodos de relajación y concentración resultan beneficiosos para algunas personas con tinnitus.

- **Ejercicios.** Algunas veces, la actividad puede ayudar a distraernos. Mientras trota o juega al tenis no se concentra en el tinnitus.

Únase al club. No está solo en esto. Busque un grupo de apoyo para el tinnitus donde pueda aprender de otros y compartir sus experiencias con la afección. Para muchas personas es muy útil.

También pude ser una buena idea unirse a la Asociación Estadounidense de Tinnitus. Esta organización patrocina investigaciones sobre el tinnitus. Cuanto más apoyo reciba, más investigaciones puede patrocinar — y más se acercarán a una cura. Además, al hacerse miembro, recibirá información actualizada sobre los últimos avances importantes.

Y, además de todo esto, puede comunicarse con Vernon para recibir consejos. A pesar de haberse jubilado, aún recibe llamadas telefónicas los viernes. Puede encontrarlo en el número 503-494-2187. "Me gustaría creer que estamos ayudando a muchas personas con este enfoque", afirma.

Recuerde, no debe utilizar sólo una opción de tratamiento. Combine, compare y encuentre la que mejor se adapte a su caso — pero haga algo.

Las amenazas de su audición

Limitar la exposición a los ruidos fuertes ayuda a protegerlo contra el tinnitus. Pero el ruido no es la única amenaza para sus oídos. Según la Asociación Estadounidense de Tinnitus, los siguientes artículos comunes pueden agravar su tinnitus.

- ❧ Ciertos medicamentos
- ❧ La cafeína
- ❧ El alcohol
- ❧ La nicotina

- ❧ Alimentos ricos en azúcar
- ❧ El agua tónica
- ❧ El estrés
- ❧ La fatiga

Ahora que conoce los posibles culpables, puede tomar medidas para protegerse.

Infórmele a su médico sobre los medicamentos — recetados y de venta libre — que está tomando. Reduzca el consumo de nicotina, que afecta su audición al oprimir los vasos sanguíneos que transportan oxígeno a los oídos. Limite la cafeína y el alcohol, y cualquier otro alimento que parezca agravar su tinnitus. E intente relajarse.

No todos reaccionan de la misma manera a estos factores, por lo que no debe resignarlos a todos. Descubra qué empeora el zumbido en sus oídos y modifique su estilo de vida en consecuencia.

Ahora tenga en cuenta lo siguiente: al utilizar una aspiradora, puede estar dañando sus oídos

Las explosiones y los disparos de armas automáticas pueden poner la audición de un soldado en riesgo, además de su vida. Pero no es necesario que sea un veterano de guerra para sufrir pérdida de la audición provocada por el ruido. Hay muchos objetos en su hogar que también pueden dañar sus oídos — como las aspiradoras, trituradores de basura, sopladores de hojas y herramientas de taller.

El sonido se mide en unidades llamadas decibeles. Para que tenga una idea del volumen de un decibel, el volumen de una conversación normal mide 60 decibeles. Cualquier sonido que supere los 75 decibeles puede provocar pérdida de audición. Un sonido fuerte repentino, como una explosión, o los sonidos fuertes prolongados, como sonidos continuos en su lugar de trabajo, pueden dañar las delicadas células pilosas o los nervios auditivos de sus oídos. Esto puede causar pérdida de audición o tinnitus.

Según la Asociación Estadounidense de Tinnitus, los sonidos de la vida diaria que pueden provocar pérdida de la audición incluyen:

- Secador de pelo — 100 decibeles
- Subterráneo — 100 decibeles
- Cortadora de césped eléctrica — 105 decibeles
- Motosierra — 105 decibeles
- Motocicleta — 120 decibeles
- Fuegos artificiales — 120 decibeles
- Disparo — 140 decibeles

Las actividades recreativas, como la carpintería, la conducción de vehículos para la nieve o cártings, el tiro al blanco y la caza, también ponen en peligro sus oídos. De hecho, un estudio reciente de la Universidad de Wisconsin descubrió que los hombres que practican con frecuencia tiro al blanco son 57 veces más propensos a sufrir pérdida de la audición que aquellos que no lo hacen. Y cuantos más años practique cacería, mayor será el riesgo de sufrir pérdida de la audición. Para empeorar las cosas, un tercio de las personas que practican tiro al blanco y casi todos los cazadores informaron que nunca utilizan protectores auditivos.

Incluso si no utiliza armas de fuego, el ruido puede representar un gran problema para sus oídos. Más de 30 millones de personas se exponen con frecuencia a sonidos de altos decibeles, ya sea en el trabajo, al realizar actividades recreativas o en el hogar. Así puede protegerse.

Conozca a su enemigo. Sepa cuáles son los sonidos que podrían dañar su audición. Asegúrese de que su familia, amigos, colegas y, especialmente, los niños estén protegidos contra los ruidos que superen los 75 decibeles.

Cubra sus orejas. Use tapones para los oídos u orejeras cuando participe en una actividad ruidosa. Pueden evitar ambos tipos de pérdida de la audición — la que resulta de un impulso breve (explosión) y la que resulta de la exposición continua. Puede conseguirlos en ferreterías o en tiendas de artículos deportivos.

Realícese una revisión médica. Algunas veces, la pérdida de la audición es tan gradual que podría darse cuenta cuando ya es demasiado tarde. Programe una visita al otorrinolaringólogo para que lo examine y una prueba de audición con un audiólogo, que es un profesional de la salud que puede detectar y medir la pérdida de la audición.

Al tomar estas precauciones, la exposición diaria a los ruidos será un poquito más fácil para sus oídos. Y recuerde, antes de enchufar la aspiradora, colóquese los tapones.

Cura casera

Escuche esto. ¿Cómo creían los médicos en la Edad Media que podían curar la sordera? Con ajo, por supuesto.

DOLOR DE MUELAS

Prevención de caries en dientes 'maduros'

Hoy, menos de una de cada tres personas mayores usan dentaduras. Hace sólo 30 años, más de dos de cada tres ancianos tenían dientes postizos. Estas estadísticas suenan como un milagro odontológico pero, si usted es una persona mayor y todavía tiene sus dientes naturales, piense en esto. Más del 95 por ciento de las personas mayores presentan retroceso de la línea de las encías, lo que expone sus raíces al ataque de las bacterias que provocan las caries. Por eso, las caries son tres veces más frecuentes en las personas mayores que en los niños.

¿Por qué? Los dientes que ha tenido durante toda su vida pueden desgastarse al igual que cualquier otra parte de su cuerpo. También existen otras razones por las que sus dientes están expuestos al ataque, y todas son controlables.

Cepíllese como si tuviera 20 otra vez. Cepillarse y limpiarse bien con hilo dental puede ser difícil si sufre de artritis u otros problemas de salud.

Sin embargo, sin una buena higiene bucal, se encuentra a merced de millones de bacterias, y ellas no tienen piedad.

Una solución simple es comprar un cepillo eléctrico. Simplemente apunte esta maravilla moderna hacia sus dientes y déjelo que haga todo el trabajo. También puede modificar su cepillo tradicional para que sea más fácil sostenerlo. Intente ensanchar el mango uniéndolo a una manopla para bicicleta, a una esponja o a una pelota de goma. También puede hacer un mango más largo para su cepillo de dientes con una regla de madera o una tablilla para bajar la lengua. En ambos casos, coloque cinta adhesiva alrededor del cepillo de dientes hasta conseguir la longitud y ancho perfectos para el mango. Para una limpieza fácil con hilo dental, haga un lazo con el hilo dental o compre un sostén especial para hilo dental.

Consulte a su médico sobre los efectos colaterales. Los medicamentos que causan sequedad en la boca podrían ponerlo en riesgo de sufrir caries. Estos medicamentos incluyen los descongestivos, antihistamínicos, analgésicos y diuréticos. La saliva no sólo lubrica su boca, también elimina los restos de alimentos que generalmente quedan entre los dientes. Pero, lo más importante, es que diluye el ácido bacteriano que provoca las caries. Es por eso que una boca reseca representa problemas para sus dientes.

Para que sus jugos fluyan nuevamente, hable con su médico sobre un cambio de medicamentos. En algunos casos, podría recetarle otro medicamento que no afecte su producción de saliva. Para obtener un alivio rápido, disfrute de un caramelo o goma de mascar sin azúcar. Estimularán sus glándulas salivales para que activen la producción.

No le de la espalda al fluoruro. Beber agua embotellada o purificada podría poner en peligro su boca. Esto se debe a que esos tipos de agua no contienen suficiente fluoruro, el mineral que es famoso por proteger los dientes. La mayoría de los pueblos y ciudades agregan fluoruro a sus suministros de agua, pero si usted bebe agua embotellada o purificada, se lo está perdiendo.

Si no quiere dejar de tomar agua embotellada, considere esta fuente sorprendente de fluoruro — las gaseosas carbonatadas. De acuerdo con un estudio reciente, la mayoría de las

---

¿Qué es?

El dolor que siente en una muela o alrededor de ella puede venir de un punto fácilmente identificable. Podría sentir dolor cuando mastica o muerde, o cuando come o bebe algo caliente, frío o dulce. Esto podría deberse a que la capa que protege sus dientes se ha cariado y los nervios sensibles quedan expuestos. Un simple empaste debería solucionar el problema.

Sin embargo, la molestia también podría estar producida por un absceso en un molar, enfermedad de las encías, muelas de juicio impactadas o senos inflamados.

Síntomas:
- Dolor de muelas seco o punzante
- Encías blandas o inflamadas
- Hinchazón de la cara y cuello
- Fiebre

---

marcas contienen casi tanto fluoruro como el agua de los grifos. Pero recuerde, el azúcar podría contrarrestar cualquier beneficio que brinde el fluoruro. Si le gusta tomar una gaseosa de vez en cuando, decídase por las variedades sin azúcar.

Deje sus miedos atrás. Evitar el dentista puede ser absolutamente peligroso y provocar la pérdida de dientes y enfermedad de las encías.

La odontología ha avanzado mucho. Atrás quedaron los días de arreglos dolorosos con tornos accionados con pedal. Los dentistas de hoy poseen el talento y la tecnología para que su próxima visita sea cómoda e indolora. Si no está conforme con su dentista, busque uno que lo ayude a sentirse cómodo. No permita que los malos recuerdos de su niñez le impidan lograr una boca saludable.

Tome bocadillos inteligentes. Los expertos afirman que el momento en el que come es tan importante como lo que come. Comer en horarios programados es mucho mejor para sus dientes que picar durante todo el día. Cada bocadillo que come deja sus dientes expuestos al ataque de las bacterias durante al menos 20 minutos. Las comidas causan menos daño, ya que usted dispone de más saliva en su boca durante una comida completa. Si debe comer bocadillos, asegúrese de elegir estas opciones nutritivas — verduras, queso, yogur natural o una fruta.

Presten atención, portadores de dentaduras postizas. No crea que puede dejar de prestarle atención a su boca sólo porque usa una dentadura postiza. Según los expertos, continúa corriendo riesgo de sufrir cáncer oral, enfermedad de las encías y llagas bucales.

Visite a su dentista al menos una vez al año. Podrá revisarle la boca para detectar posibles problemas y asegurarse de que su dentadura le quede bien.

Las armas naturales exterminan las caries

Hay una guerra dentro de su boca, y sus dientes pierden un millón a uno. Ejércitos de bacterias llegan en enjambres, se multiplican en macizos pegajosos llamados placa y establecen trincheras dentro de su boca. Una vez que se fijen a sus dientes, se darán un banquete con el azúcar de su boca y dejarán un ácido que puede causar caries, abscesos y enfermedad de las encías.

El uso diario del cepillo de dientes y del hilo dental es la mejor estrategia para equiparar sus probabilidades en esta guerra. Para acabar con su enemigo, envíe sus reservas — remedios naturales para ayudar a mantener sus dientes saludables.

Elimine las caries con wasabi. Ya es famoso por prevenir el cáncer, las cardiopatías y el asma, pero ahora, este verdoso rábano

¿Cuándo un dolor de muelas no es un dolor de muelas?

Es posible que no necesite abrir su boca para el próximo tratamiento de conducto. Según los expertos en odontología, las siguientes afecciones — y no las caries — podrían estar causando su "dolor de muelas".

- Infección del seno. Si siente dolor cuando se inclina, sufre de alergias crónicas, tuvo un resfrío recientemente o viajó en avión, su dolor podría indicar una infección llamada sinusitis maxilar aguda (SMA). En lugar del tratamiento de conducto, todo lo que necesita son los medicamentos recetados correctos.
- Trastorno neurológico. Los problemas nerviosos — como el dolor facial atípico (DFA) y la neuralgia del trigémino — podrían estar provocando su molestia. Su dentista puede recomendarle un buen neurólogo.
- Cáncer. El hormigueo o entumecimiento también podría indicar un problema mucho más grave — el cáncer oral. Si bien es muy raro, pídale a su dentista que lo revise para quedarse tranquilo.
- Bruxismo. Rechinar los dientes puede convertirse en un hábito doloroso. Consulte a su dentista sobre cómo combatirlo.

Para poner freno al dolor que provocan estas afecciones, asegúrese de obtener un diagnóstico correcto. De lo contrario, podrían realizarle arreglos innecesarios — y eso es algo que ni siquiera queremos imaginar.

picante japonés se está abriendo camino en su lucha contra las caries. Según un estudio reciente, los químicos del wasabi, llamados isotiocianatos, evitan que las bacterias de adhieran a sus dientes. La próxima vez que visite un restaurante de sushi, pruebe este condimento picante. Sería aún mejor si tuviera un poco en casa y lo usara para experimentar con sus comidas. Sólo recuerde — un poquito de este condimento ardiente es suficiente.

Disfrute una taza de té. Si quiere declarar el Día D contra esas bacterias en su boca, aprenda una lección de los británicos y tómese un tiempo para un té. El té negro, la bebida más popular en el mundo después del agua, parece ser uno de los peores enemigos de las bacterias que provocan las caries. Mata algunas de ellas en su avance y elimina el resto antes de que se adhieran a sus dientes. El té verde también parece combatir las caries. Cualquiera sea el tipo de té que prefiera, recuerde beberlo solo. Si agrega leche o azúcar, les dará a las bacterias las municiones que necesitan para dar batalla.

Endulce su sonrisa. La miel es tan buena para matar bacterias y curar infecciones que los médicos de todo el mundo la utilizan para tratar quemaduras, úlceras y, hoy, también para tratar las caries. Los expertos creen que la efectividad de la miel proviene de la liberación de peróxido de hidrógeno, un químico que no es tan dulce para las bacterias. No todos los tipos de miel tienen este poder. Las mieles sin procesar, como las que puede encontrar en una tienda de alimentos naturales, contienen la mayor cantidad de peróxido de hidrógeno.

Cepíllese con chocolate. La pasta dental y el enjuague bucal de chocolate podrían ser la moda del futuro, si es que las investigaciones recientes tienen razón. Científicos en Japón descubrieron químicos en la cáscara de los granos de cacao que pueden detener el desarrollo de las bacterias que causan las caries y evitar que se adhieran a sus dientes. Esto no significa que debe darse un festín de dulces antes de acostarse. El azúcar podría contrarrestar considerablemente los beneficios de los químicos antibacterianos. En su lugar, es mejor esperar las pastas dentales de chocolate del futuro.

Huya de los gérmenes. Bese a la persona incorrecta y podría contagiarse caries. Los expertos afirman que las bacterias que provocan las caries pueden trasladarse de una boca a otra. También debe tener cuidado al compartir los cubiertos de otros. Las bacterias pueden cruzar por una cuchara, tenedor o bombilla.

Es importante que recuerde que estos remedios no reemplazan el cepillado ni el uso del hilo dental. Sin embargo, cuando los combina con una buena higiene oral, estos remedios naturales pueden ayudarlo a ganar la batalla contra las caries.

Cura casera

Cuando se trata de dolores de muelas, las especias son las indicadas. Los antiguos egipcios utilizaban anís, la hierba con sabor a licor, para tratar el dolor de muelas. Los clavos de olor también se utilizan mucho para este tipo de dolor. De hecho, los dentistas aún consideran que el aceite de clavo de olor es un remedio confiable.

INCONTINENCIA URINARIA

No deje que la risa arruine su ánimo

Cuando era más joven, la idea de reír hasta mojar sus pantalones puede haberle resultado una broma. Sin embargo, si tiene dificultades con el control de la vejiga, una afección común en mujeres mayores, es posible que ya no perciba el humor en esta situación embarazosa.

La incontinencia tiene muchas causas y curas. Su médico puede aconsejarla sobre los dispositivos y medicamentos que podrían ayudarla a recuperar el control de su vejiga. Además, existen cosas que puede probar en su hogar que podrían funcionar.

Estimule sus hormonas. Si bien las mujeres jóvenes pueden experimentar incontinencia urinaria, especialmente cuando están embarazadas, la hormona femenina estrógeno por lo general mantiene fuertes los músculos que controlan su vejiga. Sin embargo, después de la menopausia, esos músculos pueden debilitarse. Cuando la incontinencia se relaciona con las hormonas, algunas mujeres encuentran la solución al problema en el reemplazo de estrógeno.

Déles a sus medicamentos una segunda oportunidad. Otra de las causas de su incontinencia podría merodear en su botiquín — en las cápsulas para la hipertensión arterial, jarabes para la gripe, diuréticos y otros medicamentos.

Suspender o cambiar la medicación puede ser la respuesta para usted, pero nunca abandone un medicamento recetado sin consultarlo antes con su médico.

Ejerza un poco de control. El embarazo y el parto afectan su vida y su cuerpo de muchas maneras. Lamentablemente, a menudo los músculos pélvicos se debilitan en esa circunstancia. Las mujeres que han tenido varios hijos parecen ser quienes más sufren de incontinencia más tarde en sus vidas.

Los ejercicios Kegel pueden fortalecer los músculos que la ayudan a retener la orina en su vejiga. Intente contraer los músculos que utiliza para dejar de orinar. Manténgalos apretados durante 10 segundos y luego relájelos durante el mismo tiempo. Repita este ejercicio 10 veces por día.

No contraiga los músculos de las piernas, del estómago ni ningún otro. Esto puede colocar más presión sobre los músculos que controlan la vejiga. Si no está segura de estar ejercitando los músculos correctos, consulte a su médico o enfermera sobre el tema.

Aumente de a poco la cantidad de veces que realiza los ejercicios, hasta completar tres series de 10 repeticiones diarias. Para fortalecer realmente esos músculos, utilice tres posiciones diferentes — acostada, sentada y parada.

Sea paciente. Esto requiere paciencia, como cualquier otro plan de fortalecimiento muscular. Pueden pasar semanas antes de que vea resultados pero, si realiza los ejercicios Kegel regularmente, recibirá su recompensa. La mayoría de las mujeres que los practican correctamente — y con regularidad — pueden ver resultados incluso 10 días después de haber empezado.

¿Qué es?

Si tiene dificultades para retener o controlar su orina, es posible que exista un problema en los músculos de su vejiga o alrededor de su uretra. No es sólo un síntoma de vejez y, a menudo, es temporario.

La incontinencia provocada por el estrés, el tipo más común, se presenta generalmente cuando se ríe, tose, estornuda o ejerce presión sobre la vejiga, lo que produce que se escape un poco de orina. El embarazo, la menopausia y la estructura de la anatomía femenina hacen que sea más común en mujeres que en hombres.

Síntomas:
- Pérdida de orina
- Vaciamiento incompleto de la vejiga, lo que provoca las pérdidas

---

Vuelva a entrenar su vejiga. Ciertas afecciones médicas pueden afectar el control de su vejiga. Si ha padecido daño nervioso a causa de la diabetes o de un accidente cerebro-vascular, si sufre de algún tipo de infección o si tiene dificultades para caminar a causa de una enfermedad, podría necesitar estrategias especiales para recuperar los viejos hábitos de su vejiga.

Coma, beba y no pierda

No beba menos agua con la esperanza de detener las pérdidas de la vejiga. Su cuerpo necesita agua — al menos seis vasos por día. Sin embargo, algunas otras bebidas y alimentos podrían afectar la incontinencia. Experimente y elimine estos artículos de su dieta, de a uno por vez, durante siete a diez días.

- Bebidas cafeinadas, como café y té
- Bebidas carbonatadas
- Cítricos
- Tomates y alimentos a base de tomates
- Comidas picantes
- Chocolate
- Azúcar y miel
- Leche y productos lácteos

Por ejemplo, su médico puede sugerirle que vaya al baño en intervalos específicos; quizá cada una hora. Si permanece seca durante esa hora, podría recomendarle que alargue los intervalos a una hora y media.

Siga estos consejos y pronto estará lista para reírse nuevamente de los chistes. Sólo recuerde contraer esos músculos de la pelvis antes de reír y haga lo mismo antes de estornudar, levantar algo o saltar. De esta manera, tendrá menos accidentes y ayudará a que sus músculos no sufran más daños.

Defiéndase para permanecer seca

Si puede superar la vergüenza y hablar con su médico, quizá obtenga ayuda para sus problemas de vejiga. Recuerde, esto representa un problema para millones de mujeres y no es necesario que lo enfrente sola.

Primero, pregúntele a su médico si trata problemas de vejiga. Si no lo hace, pídale que le recomiende un médico que sí lo haga. Luego, organice sus ideas por anticipado. De esta manera, tendrá más confianza cuando llegue el momento de discutir los detalles de este problema personal.

Vaya armada de respuestas. Su médico probablemente le pregunte sobre sus enfermedades, accidentes y cirugías actuales y pasados. Quizá quiera saber si ya llegó a la menopausia. Si ha tenido hijos, podría preguntarle sobre sus partos. Espere preguntas sobre su dieta y cualquier medicamento, recetado y de venta libre, que esté tomando.

Esté preparada para informarle cuándo comenzó su incontinencia, con qué frecuencia ocurre y si siente — ardor o dolor, por ejemplo.

Piense sus propias preguntas. Pregunte si modificar lo que come o bebe podría ayudar. Descubra si uno o más de sus medicamentos podrían ser la causa del problema y si otro medicamento proporcionaría la misma efectividad sin este efecto colateral. Pregunte sobre los programas de ejercicios y de reentrenamiento de la vejiga.

Para encontrar la causa de su incontinencia es necesario que se comunique claramente, la única manera de determinar el mejor tratamiento para usted.

No deje que la incontinencia lo haga trastabillar

Esa necesidad repentina e irresistible de ir al baño puede dominar sus días — y sus noches. Este problema, llamado incontinencia de urgencia tiene doble filo.

Advierta sobre el riesgo a los hombres. Si bien es más común en las mujeres, la incontinencia de urgencia puede ser un problema de salud más importante para los hombres. Si usted es hombre y le ocurre esto por la noche, especialmente si no sucede durante el día, consulte a su médico de inmediato. Podría estar sufriendo un bloqueo grave de próstata o vejiga. También podría significar que está padeciendo una complicación grave en su tracto urinario.

Eluda los peligros de la noche. "Las mujeres que sufren de incontinencia de urgencia se levantan con frecuencia por la noche para orinar, — saltan de la cama y corren al baño para evitar la pérdida de orina", comenta la Dra. Jeanette S. Brown, especialista en incontinencia femenina de la Universidad de California en San Francisco.

En su carrera desenfrenada hacia el baño, puede tropezar y caerse. De hecho, la incontinencia de urgencia aumenta su riesgo de sufrir caídas en un veintiséis por ciento. Y una caída puede significar una fractura — una preocupación especialmente importante para las mujeres mayores.

"Estamos buscando formas simples de prevenir las caídas y fracturas, y de mantener a las mujeres activas", expresa Brown. Ella recomienda tratamientos que no requieren cirugía, como el reentrenamiento de la vejiga, o medicamentos. Hable con su médico acerca de estas posibilidades.

Las lesiones que provoca la incontinencia urinaria también ocurren durante el día. Por lo tanto, para protegerse de los golpes y las quebraduras, despeje el camino hacia el baño. Y quizá, tal como sugiere Brown, podría colocar una silla con orinal junto a la cama para las emergencias nocturnas.

Cura casera

Probablemente haya escuchado que el jugo de arándanos mantiene alejadas las infecciones del tracto urinario. Pero... ¿sabía que el jugo de arándanos también funciona como desodorante urinario? Beba mucho jugo de arándanos y su orina tendrá menos olor a amoníaco. Por lo tanto, si tiene un pequeño accidente, sólo usted lo sabrá.

VENAS VARICOSAS

Derrote las venas varicosas naturalmente

Las venas varicosas son molestas, dolorosas y hasta peligrosas, ya que se podrían formar coágulos. Pero también son feas. La maraña de venas azules e inflamadas puede transformar sus piernas, que alguna vez fueron atractivas, en antiestéticos mapas.

Si desea que sus piernas continúen viéndose bien sin someterse a una cirugía, siga estas pautas útiles.

➼ **Modifique su dieta.** Consuma gran cantidad de fibras y reduzca las gasas saturadas, la sal y los alimentos procesados. Coma muchas frutas, verduras y granos integrales. Esto la ayudará a evitar el estreñimiento, que contribuye a la formación de venas varicosas. Además de fibras, las frutas y verduras también proporcionan vitaminas C y E, que ayudan a fortalecer su sistema circulatorio.

➼ **Haga ejercicio.** Programe una rutina de ejercicios moderada y regular. Caminar, nadar y hacer yoga son buenos ejercicios para los músculos de sus piernas, pero tenga cuidado de no exagerar. "Si alguien tiene venas varicosas y trata

¿Qué es?

Usted tiene válvulas en las venas que hacen que la sangre fluya correctamente. Cuando se vuelven defectuosas, la sangre se acumula y provoca que las venas se hinchen y retuerzan. Estas venas se llaman venas varicosas y se encuentran más comúnmente en las piernas.

Las mujeres son más propensas a sufrir venas varicosas que los hombres. La obesidad, el embarazo y el estar de pie durante varias horas pueden contribuir con el problema.

Síntomas:
➼ Venas retorcidas, azules e hinchadas
➼ Dolor que empeora al estar de pie mucho tiempo
➼ Pies y tobillos hinchados
➼ Comezón

331

de eliminarlas corriendo maratones o deshidratándose, no está haciendo las cosas bien", afirma George Nemecz, profesor de bioquímica de la Universidad Campbell en Carolina del Norte.

- **Baje de peso.** La combinación de una dieta saludable y un programa sólido de ejercicios debería ayudarla a perder esas libras de más, que la exponen a un riesgo mayor de padecer venas varicosas.

- **Use ropa cómoda.** Las ropas ajustadas, especialmente las que ajustan mucho su cintura, pueden obstruir la circulación. Lo mismo sucede con los tacos altos. Opte por ropa suelta y zapatos sin tacos.

- **No se quede quieta.** Si debe estar parada durante mucho tiempo, balancéese de una pierna a la otra o de adelante hacia atrás para mantener sus músculos en movimiento.

- **Póngase medias de compresión.** Estas medias elásticas le brindan alivio desde las pantorrillas hasta los muslos. Son prácticas si debe estar parada durante mucho tiempo en su trabajo, si está embarazada o si tiene sobrepeso. Para casos más graves, las medias de compresión a medida pueden ser de gran ayuda. Colóquese cualquiera de estos tipos de medias temprano en la mañana, antes de que la sangre tenga la posibilidad de acumularse en la parte inferior de sus piernas.

- **Adapte su cama.** Si eleva el pie de la cama aproximadamente seis pulgadas, ayudará a quitar la presión de sus venas durante la noche. Con sus piernas elevadas, la sangre debería mantenerse alejada de sus pantorrillas doloridas. Puede usar bloques de madera o libros para elevar el pie de su cama.

- **No cruce las piernas.** Esto corta la circulación. En su lugar, cuando se siente, use una banqueta para que los pies queden a la misma altura o un poquito más arriba que su cadera.

- **Relájese al calor y al frío.** Alternar entre agua caliente y fría comprime y dilata sus vasos sanguíneos. De esta manera, se ejercitan y fortalecen. Nemecz recomienda mantener las piernas en agua fría durante aproximadamente 15 minutos y luego cambiar a agua tibia durante varios minutos.

- **Deje de fumar.** Este hábito para nada saludable estrecha sus vasos sanguíneos y dificulta la circulación de la sangre por todo el cuerpo.

- **Conozca su historia familiar.** La piel delgada, las venas débiles y la circulación deficiente podrían ser comunes en su familia. Si su madre tenía venas varicosas, debe tomar precauciones para no desarrollar la afección usted también.

Consejos simples de viaje

Recientemente falleció una mujer de 28 años a causa de un coágulo después de volar de Australia a Londres. Su muerte concentró la atención en el "síndrome de la clase turista", que hace referencia a las condiciones de falta de espacio de los asientos de la clase turista en las aerolíneas.

Pero el problema real es permanecer sentado durante períodos prolongados — incluso si viaja en primera clase. De hecho, viajar en automóviles o autobuses, o simplemente estar sentado a su escritorio durante mucho tiempo, puede ser tan peligroso como volar.

Si tiene venas varicosas corre más riesgo de desarrollar un coágulo, posiblemente mortal. Aquí le ofrecemos algunos consejos para que viaje seguro.

- Use medias de compresión que, según un estudio reciente, reducen significativamente el riesgo de formación de coágulos durante vuelos largos.
- Mueva sus pies y piernas. Cuando se encuentre en un avión, levántese y camine cada una hora. Si conduce, deténgase cada dos horas para caminar un poco.
- Ejercite los músculos de la pantorrilla mientras está sentado.
- Consulte a su médico si le recomienda tomar una pequeña dosis de aspirina antes de viajar.
- Beba mucha agua, pero evite el alcohol y las bebidas con cafeína.
- Use ropa holgada.
- No cruce las piernas.
- Conozca los factores de riesgo, que incluyen la obesidad, el embarazo y la historia familiar, y hable con su médico si este tema le preocupa.

Fortalezca sus venas con hierbas

La cirugía y los medicamentos pueden mejorar las venas varicosas, pero ¿por qué no prueba algo más suave, como las hierbas? Después de todo, las plantas son el origen de todos los medicamentos y la base de una buena salud. Pero no crea que con un puñado de hierbas obtendrá una recuperación mágica. Aún es necesario que siga una dieta saludable, que ejercite con frecuencia y que mantenga un peso saludable.

Asimismo, asegúrese de seguir las recomendaciones de su médico. Por ejemplo, si le recomienda que use medias de compresión, úselas — e infórmele que está considerando tomar hierbas.

¿Qué hierbas ayudan a las venas varicosas?

"Cualquier hierba que contenga antioxidantes y también ayude con la microcirculación — como el espino, extracto de semilla de uva, milenrama y ginkgo", afirma George Nemecz, profesor de bioquímica de la Universidad Campbell en Carolina del Norte. La microcirculación se refiere al flujo de sangre en los vasos sanguíneos pequeños.

A continuación, encontrará algunas de las hierbas que mejoran la circulación y alivian los síntomas de las venas varicosas.

Extracto de la semilla del castaño de indias. Quizá sea el remedio a base de hierbas más efectivo para las venas varicosas, ya que el extracto de la semilla del castaño de indias disminuye la inflamación, mejora el flujo sanguíneo y fortalece sus venas. Una revisión a cargo de investigadores de la Universidad de Exeter demostró que el extracto de la semilla del castaño de indias funcionó mejor que el placebo y tuvo la misma efectividad que algunos medicamentos en el alivio de los síntomas de las venas varicosas. El secreto radica en una sustancia que contiene, llamada escina. Según expertos alemanes, debería consumir 100 miligramos (mg) de escina por día. Esto significa que la dosificación diaria de extracto de semilla del castaño de indias que debe consumir es de 250 a 312.5 mg dos veces al día.

Ginkgo biloba. Esta hierba multiuso hace maravillas por el flujo sanguíneo, especialmente con los diminutos capilares que conectan las arterias con las venas. También protege las paredes de sus vasos sanguíneos y fortalece sus capilares. El ginkgo no curará las venas varicosas, pero ayudará a prevenir que se multipliquen. Tome entre 120 y 160 mg dos o tres veces por día.

Escoba de carnicero. Barra el dolor, la pesadez y la inflamación de las venas varicosas con la escoba de carnicero. Esta hierba milenaria reduce la inflamación y reafirma sus venas. En un estudio, los científicos descubrieron que los síntomas de las venas varicosas, incluida la comezón, el hormigueo y los calambres, mejoraron cuando los participantes tomaron un medicamento que contenía extractos de esta hierba. Los dos ingredientes activos más importantes son la ruscogenina y la neuruscogenina. Debe consumir entre 7 y 11 mg en total de ruscogenina (ruscogenina más neuruscogenina) todos los días.

Centella asiática. Esta milenaria hierba ayurvédica — se utilizaba para tratar una gran variedad de problemas, como la depresión, la hipertensión arterial y las heridas —, ya que mejora el flujo sanguíneo y fortalece venas y capilares. Un estudio demostró que un extracto de esta planta ayudó con las venas varicosas más que un placebo.

"El mecanismo no es muy claro", expresa Nemecz acerca de las razones del efecto positivo de la centella asiática sobre los vasos sanguíneos. Pero agrega: "La formación de coágulos y presión sobre la pared y la elasticidad de la pared es mejor en presencia de la centella asiática".

Nemecz dice que una variedad de ingredientes pueden ser los responsables, entre ellos el ácido asiático. La típica dosis diaria es de 600 mg de hojas secas. También puede consumir cápsulas, que varían entre los 300 mg y los 680 mg, tres veces por día.

Ajo. Este bulbo aromático ayuda a evitar que su sangre se amontone o se vuelva muy densa. Mantiene su sangre en movimiento en sus vasos sanguíneos y reduce el riesgo de coagulación. Un diente por día — aproximadamente 4 gramos de ajo fresco — debería funcionar. También puede consumir cápsulas de ajo.

Llegue al fondo de las hemorroides

No todas las venas inflamadas se encuentran en sus piernas. A menudo, aparecen como hemorroides. Estas masas que pican y duelen se forman en la parte interior de su recto o en la superficie del ano.

Además, pueden sangrar. Infórmele a su médico sobre cualquier sangrado, ya que podría indicar una afección más grave — como cáncer de colon.

En la mayoría de los casos, puede combatir las hemorroides usted mismo con estos consejos útiles.

- Siga una dieta rica en fibras. Esto significa que debe comer más frutas, verduras y granos integrales.
- Beba mucha agua. Junto con las fibras, el agua ayuda a ablandar las heces y facilita su paso.
- Cambie sus hábitos relacionados con el baño. Hacer fuerza empeora las hemorroides, pero sentarse en el inodoro durante mucho tiempo podría ser el principal culpable.
- Sumérjase en baños tibios que cubran sólo su cadera y nalgas.
- Ejercite con frecuencia.
- Busque ayuda en productos de venta libre. Busque productos que contengan benzocaína, dibucaína, pramoxina o hidrocortisona para aliviar el ardor y la comezón. También puede usar hamamelis, vaselina, manteca de cacao o aceite mineral.
- Pruebe remedios herbales. Las hierbas que podrían ayudar incluyen la escoba de carnicero, el castaño de indias, la centella asiática, la hierba de San Juan y la linaza.

Extracto de semillas de uva. Los poderosos compuestos antioxidantes hacen del extracto de semilla de uva una potente arma contra las venas varicosas. Estos compuestos, llamados picnogenoles, también se encuentran en el extracto de corteza de pino. Al igual que el ajo, mejoran el flujo sanguíneo y evitan que su sangre se amontone y se coagule. Los expertos en hierbas recomiendan tomar 50 mg diarios.

Hamamelis. Este remedio, también beneficioso para las hemorroides, requiere la aplicación del extracto sobre la piel. Puede encontrar hamamelis en las tiendas pero, debido a un proceso llamado destilación de vapor, la mayoría de los taninos — las sustancias que ayudan a contraer las venas inflamadas — se eliminan. Para que el hamamelis resulte más efectivo, busque extractos hidroalcohólicos no destilados, que pueden ser muy difíciles de encontrar. O puede hervir entre 5 y 10 cucharadas colmadas de hojas de hamamelis finamente picadas en una taza de agua durante cinco a diez minutos, luego colar y utilizar como cataplasma.

Espino. Si bien se recomienda principalmente para problemas cardíacos, las preparaciones con la flor o la hoja de espino también pueden ayudar al flujo sanguíneo de sus piernas. La gran cantidad de flavonoides en el espino es lo que le da a la hierba su poder. Para hacer un té de hierbas, agregue un puñado de flores de espino frescas o secas en agua hirviendo y deje reposar durante aproximadamente 15 minutos. Los herboristas recomiendan beber entre una y tres tazas por día.

Milenrama. Al igual que el hamamelis, la milenrama es un astringente que combate la inflamación y los calambres. Sumérjase en un baño de asiento — sólo hasta la altura de su ombligo — con 100 gramos (3.5 onzas) de milenrama por cada 5 galones de agua.

Cura casera

¿Hay algo que el vinagre no pueda hacer? Para aliviar el dolor de las venas varicosas, moje una venda de tela con vinagre de sidra de manzana y colóquela sobre sus piernas durante alrededor de 30 minutos dos veces al día. Para obtener aún mejores resultados, hágalo mientras se encuentra recostado con sus pies hacia arriba.

PROBLEMAS DE PESO

Engañe a su cuerpo para perder peso

¿Utiliza trucos y trampas para perder peso? Las pastillas para adelgazar pueden parecer una buena respuesta a las plegarias, pero esos medicamentos pueden provocar más daños que beneficios, sin mencionar lo que cuestan. Y las dietas que se basan en un solo grupo de alimentos y que prometen milagros pueden ser pesadillas alimenticias. Lo que usted necesita son algunos trucos saludables que derretirán esas libras de más natural y fácilmente.

Confíe en los alimentos de baja densidad. Éste es un truco que le permitirá comer la misma cantidad de alimentos, sentirse igualmente satisfecho, pero asimilar menos calorías. El hecho científico detrás de este "truco de magia" es la densidad de los alimentos — la cantidad de calorías que cada alimento tiene por porción. Los alimentos de baja densidad, como las frutas y verduras, satisfacen mucho y dan la sensación de saciedad, pero no proporcionan muchas calorías. Los alimentos densos, por otra parte, contienen gran cantidad de calorías concentradas en pequeñas porciones, principalmente porque están cargados de grasas y azúcares.

Para observar la diferencia, pruebe sustituir la misma cantidad de un alimento de baja densidad por un alimento denso — como pueden ser 3 onzas de fresas por 3 onzas de patatas fritas. Se sentirá igualmente satisfecho con la fruta, e incluso más. Pero lo más importante es que no habrá consumido cientos de calorías.

Su objetivo es comer más alimentos de baja densidad, como frutas y verduras, granos integrales y legumbres, y reducir el consumo de alimentos de alto contenido en grasas y azúcares. Pero recuerde — incluso los bocadillos bajos en grasas o sin grasa pueden ser densos debido a su enorme contenido de azúcar.

Esponje sus alimentos. Es posible que recuerde cuando le agregaba relleno esponjoso a sus sándwiches de manteca de maní en su niñez. Ese ingrediente azucarado no lo ayudará a perder peso, pero los alimentos con aire adicionado en su interior podrían ayudar. Un estudio de la Universidad Estatal de Pennsylvania descubrió que los alimentos "esponjosos" podrían ayudarlo a comer menos.

En el estudio, 28 hombres bebieron uno de tres tipos diferentes de batidos antes del almuerzo. Los tres batidos contenían los mismos ingredientes, pero a algunos se los había batido durante más tiempo para agregar aire y volumen. Los hombres que bebieron los batidos "aireados" consumieron el 12% menos de calorías durante el almuerzo. Y no lo compensaron comiendo más durante la cena, lo que significa que no recuperaron esas calorías.

¿Qué es?

Su peso más saludable se determina mediante la proporción altura-peso o índice de masa corporal (IMC), y la cantidad y distribución de su grasa corporal. El pero por encima o por debajo de lo normal puede provocar problemas de salud.

Síntomas:
- Un IMC superior a 25
- Peso superior o inferior al ideal, según lo que indican las tablas de peso por altura
- Dimensión de la cintura superior a 35 pulgadas para mujeres y 40 pulgadas para hombres

Por lo tanto, si tiene que comer bocadillos, engañe a sus sentidos llenándose con bocadillos aireados, como yogur descremado helado o palomitas de maíz sin manteca.

Achique sus porciones. Limpiar su plato podría ser uno de los pocos malos hábitos que su madre le enseñó. Especialmente, si come en un restaurante de comidas típicas con una montaña de comida en su plato. Según un estudio reciente, cuanto más tenga en su plato, más comerá. Por suerte, lo opuesto también es cierto.

Una manera excelente de limitar el tamaño de su porción es cocinar en su hogar, donde puede controlar la cantidad de alimentos que cocina. También puede probar comer en un plato más pequeño para reducir el tamaño de sus porciones. Todo es más engañoso cuando come afuera, pero hay formas de contrarrestar la generosidad de un restaurante. Reduzca las enormes entradas compartiéndolas con su pareja o amigo. Si va solo, coloque la mitad de su comida en una cajita antes de comenzar a comer. De esta manera, no se tentará con un plato lleno.

Limite la variedad de alimentos. Una amplia variedad de alimentos puede resultar atractiva cuando se encuentra ante un buffet, pero no lo será cuando se suba a la balanza. Parece que, ante una enorme cantidad de comida, el medidor de combustible de su estómago se apaga. Es muy probable que supere su límite sólo por querer probar un poco de todo. Los expertos creen que esta tendencia viene de nuestros ancestros, que tenían que comer una variedad de alimentos para garantizar la obtención de todos los nutrientes.

El truco es limitar la elección de sus bocadillos. Conserve sólo una marca de patatas fritas en su alacena o un sólo tipo de pastel en su refrigerador. Terminará comiendo menos bocadillos porque se cansará del mismo sabor. Por otra parte, tenga reservas de una amplia variedad de frutas y verduras. La variedad, en este caso, significa que obtendrá una combinación de nutrientes y fitoquímicos que podrían dar envidia a sus antepasados.

Deshágase de las bebidas con muchas calorías. Ya ha escuchado sobre la barriga de cerveza, ¿pero sobre la barriga de gaseosa? Los expertos dicen que puede aumentar de peso sin darse cuenta al consumir bebidas ricas en calorías. Su cuerpo parece no registrar las bebidas porque se deshace de ellas rápidamente. Por lo tanto, ingiere cientos de calorías vacías y su estómago aún desea más.

Hágase un favor y reemplace la mayoría de sus bebidas calóricas por las que son de bajas calorías o no calóricas, como el té y el agua. Saciará su sed y evitará subir varias libras.

No se deje engañar por las etiquetas de los alimentos

Las etiquetas de los alimentos proporcionan información útil si desea mejorar sus hábitos alimenticios. De hecho, un estudio reciente descubrió que leer las etiquetas de los alimentos ayuda a reducir la grasa de su dieta. Pero no crea todo lo que lee. Un artículo reciente de *Consumer Reports* señaló algunas falencias de las etiquetas.

- Contenido oculto de fibras. Si un cereal para el desayuno no contiene fibras, el fabricante puede incluir la frase "No es una fuente importante de fibras alimenticias" debajo del resto de la información nutricional, en una letra más pequeña. De esta manera, usted podría no notarlo.
- Fibras libres de grasas. Un alimento puede identificarse como "libre de grasas" si posee menos de medio gramo de grasa por porción. Es por eso que los pretzels, que contienen entre 1 y 2 gramos de grasa por taza, se consideran un alimento libre de grasas.
- Matemática confusa. Los análisis de nutrientes pueden estar errados hasta en un 20%. Esto da lugar a variaciones naturales en los alimentos. Pero también da lugar a confusiones. Por ejemplo, un alimento que dice tener 200 calorías, puede en realidad tener entre 160 y 240 calorías.

Es una buena idea que lea las etiquetas para llevar un registro de lo que come. Sólo recuerde que lo que ve no siempre es lo que obtiene.

Siete formas en que la fibra lo ayuda a alcanzar el éxito para perder peso

Ya probó la dieta del perro caliente, la de la banana y la del pomelo. Ya pasó por las pastillas dietéticas, los equipos deportivos y los suplementos. Su casa está plagada de videos y aparatos para hacer ejercicios que le prometieron ayudarlo a perder esas libras de más. Pero, a pesar de sus esfuerzos, parece que no puede bajar de peso. ¿Qué está haciendo mal?

Es posible que no esté comiendo suficientes fibras. Hay estudios que demuestran que los índices de obesidad se relacionan con la cantidad de fibras que come una persona. En lugares como Kenia y Uganda, donde ingieren unos 60 ú 80 gramos de fibras por día, menos del 15% de la población tiene sobrepeso. Pero los míseros 15 gramos diarios que se consumen en las sociedades más modernas, como Estados Unidos, han contribuido con la obesidad de aproximadamente un sesenta por ciento de los adultos.

Si usted es uno de ellos, necesitará modificar su dieta para incorporar más frutas y verduras, ya que la mayoría de las fibras provienen de los vegetales. Las encontrará en los granos integrales, las legumbres, las verduras de hojas verdes, las frutas, los frutos secos, las verduras de raíz y en sus pieles, y en los copos integrales. Además de permitirle colocar más alimentos en su plato, esta importante dieta trabaja a diferentes niveles para ayudarlo a estilizarse.

Ofrecen más alimento por caloría. Uno de los mejores aspectos de las fibras es que algunas de sus calorías no cuentan. Esto ocurre porque la mayoría de las fibras alimenticias no se digieren. Pero, de todas maneras, se sentirá satisfecho. Los expertos afirman que al ingerir una dieta rica en fibras puede engañar a su estómago y hacer que se sienta satisfecho con menos calorías que las que consume normalmente.

Prolongan su comida. La mayoría estaría de acuerdo en que el placer de los alimentos se basa en el comer. Cuando sigue una dieta rica en fibras, necesita masticar y tragar muchas veces, y puede demorar bastante en terminar una comida. A diferencia de muchas dietas que restringen los alimentos, cuando agregue fibras a su dieta no será necesario que resigne el placer de comer. Y hasta podría demorar más que lo normal para terminar una comida con menos calorías.

Se acumulan en su estómago. ¿Alguna vez terminó una comida pequeña mientras seguía una dieta y aún sentía hambre? Eso no sucederá si come más fibras. Las fibras solubles en agua absorben el agua de su estómago y forman un tipo de gel que se hincha. Los receptores nerviosos en su estómago le envían una señal al cerebro que indica que su estómago está lleno, y que ya no necesita comer. Al llenarse con fibras, puede dedicarse a sus cosas sin sentir hambre continuamente.

Le dan sensación de saciedad durante más tiempo. Pero eso no es todo lo que las fibras pueden hacer. El gel engañoso que forman retarda el movimiento de los alimentos fuera de su estómago, por lo que la digestión es más lenta. En lugar de una explosión de energía rica en calorías, a la que le siguen un cansancio inmediato y hambre, su suministro de energía se reparte a medida que pasa el tiempo.

Estabilizan el azúcar en la sangre. Los expertos dicen que este proceso afecta al azúcar en la sangre de manera saludable. Cuando come alubias secas, cebada, trigo integral o pan integral de centeno, estos alimentos liberan lentamente sus azúcares para producir energía. Su cuerpo, en lugar de obtener oleadas de azúcar de los alimentos, obtiene su energía en cantidades regulares que ayudan a controlar los niveles de insulina. Además, una comida rica en fibras puede afectar la respuesta del azúcar en sangre para la próxima comida que ingiera y, de esta manera, mantener un nivel de azúcar en sangre más estable durante todo el día.

Estimulan sus hormonas. Quizá no lo sepa, pero tiene hormonas que trabajan en su tracto gastrointestinal. Hay una en particular, llamada GLP-1, que retarda su digestión y le da una sensación de saciedad. También puede ayudarlo a perder peso. Estudios realizados en animales demostraron que al comer fibras fermentables — como las que se encuentran en las frutas y verduras — se estimula el nivel de GLP-1.

Bloquean algunas calorías. Las fibras alimenticias pueden bloquear la absorción de algunas de las grasas y proteínas que consume. Si tiene sobrepeso, esto podría ser bueno. Un estudio demostró que un grupo de personas a las que se les administró una dieta con sólo 20 gramos de fibras por día absorbieron 8% más calorías que el grupo al que se le administraron 48 gramos de fibras por día. Para una dieta típica de 2,500 calorías, eso representa una diferencia de aproximadamente 200 calorías diarias.

Si simplemente cambia su ingesta de fibras — sin alterar la cantidad de calorías que come — podría perder un par de libras por mes. Pero asegúrese de agregar las fibras a su dieta lentamente. Demasiadas fibras en poco tiempo pueden provocar gases molestos e hinchazón.

Buen estado físico: la clave para una buena salud

Éstas son buenas noticias si tiene más de 65 años. Perder muchas libras y ejercitar como un atleta olímpico podría no ser necesario para estar saludable. En su lugar, todo lo que necesita es un peso razonable y estable, y actividad física diaria y moderada. Si se encuentra entre los números grandes de la balanza, anímese — ya que al estar en forma puede ayudar a evitar las enfermedades de la vejez y aún disfrutar de sus años dorados.

Ignore el IMC. Los expertos afirman que un índice de masa corporal (IMC) saludable debe ser de 19 a 25. Esta medida refleja su peso en relación con su altura y se calcula multiplicando su peso por 703, y luego dividiendo ese número por su altura en pulgadas al cuadrado. Cualquier resultado superior a 25 significa que tiene sobrepeso y, si está por encima de 30, indica que es obeso.

Pero por suerte para usted, los científicos descubrieron que estos estándares estrictos no se aplican a los adultos mayores de 65. Después de observar 13 estudios sobre IMC e índices de mortalidad, descubrieron que el riesgo de muerte por cardiopatías y otras causas no aumenta con un IMC de entre 25 y 27. Sólo debe preocuparse si supera ese límite. Un IMC de 28 o más parece aumentar su riesgo de muerte a cualquier edad.

Esto significa que no es un problema tener algunas libras de más a medida que envejece. Al haber recorrido un largo camino con ellas encima, su cuerpo puede soportar ese peso extra. Tener una "reserva nutricional" podría ayudar a protegerlo contra algunas afecciones, como la osteoporosis.

Propóngase estar en forma. Lo más importante para su salud es estar en forma. De acuerdo con nuevas investigaciones, las personas obesas que se encuentran en buen estado físico son menos propensas a morir prematuramente que las personas flacas pero haraganas. Esto lleva a los expertos a pensar que el buen estado físico podría ser la clave para una buena salud — y no la pérdida de peso. Por lo tanto, piense en la actividad física como una manera de mantenerse saludable, y no sólo de perder peso. Es la única atención para la salud accesible para todos — sin necesidad de recetas.

Intente realizar los 30 minutos de ejercicios recomendados casi todos los días de la semana, pero no sienta que debe hacerlos de una vez. Puede dividir los 30 minutos y ejercitar en sus ratos libres. Y no abandone porque piensa que no tiene tiempo para el gimnasio, o para jugar tenis o para realizar otros ejercicios típicos. Barrer las hojas, limpiar la casa o hacer jardinería durante 30 minutos también cuenta, como cualquier otra actividad que lo haga transpirar y le quite un poco el aliento.

Manténgase moderadamente activo. La ejercitación moderada es mejor para usted que arrebatos cortos de actividad intensa, según un estudio reciente llevado a cabo en Europa. En otras palabras, 10 minutos de trote rápido no compensarán 10 horas frente a la caja boba. Pero, al mantenerse moderadamente activo durante el día, — en lugar de sentarse frente al televisor, — puede lograr un cambio importante.

Según los expertos, una vida de sillón y televisión lo expone a un mayor riesgo de sufrir una variedad de enfermedades, como artritis, diabetes tipo 2, obesidad, cáncer, cardiopatía y depresión. Algunos cálculos indican que la inactividad causa 250,000 muertes al año sólo en los Estados Unidos. Los expertos le han dado un nuevo nombre a esta afección caracterizada por la inactividad crónica — Síndrome de la muerte sedentaria (SeDS). Si desea evitar el SeDS, hágase el hábito de estar activo.

Agregue pasos a su día. Una forma de convertir su día en una rutina de ejercicios es caminar 10,000 pasos. Probablemente ya camine demasiado y ni siquiera lo piense. El adulto promedio camina entre 3,000 y 5,000 pasos por día. Los expertos aseguran que si aumenta ese número a 10,000, obtendrá el equivalente a una rutina de ejercicios constante de 30 minutos. Expertos en preparación física de Japón fueron los primeros en probar esa idea, y ahora tiene auge en Estados Unidos. Los investigadores de la Universidad de Stanford y del Instituto Copper en Dallas también han realizado investigaciones y están de acuerdo en que parece funcionar.

Para alcanzar los 10,000 pasos puede, literalmente, contar cada paso que da. Rebecca Lindbergh de Health Partners, una organización de atención médica gerenciada en Minnesota, coordina un programa en el que las personas llevan un pedómetro para contar los pasos. "Los alentamos a que lleven el pedómetro durante todo el día", comenta Rebecca acerca de los participantes. "Lo usan y realizan sus actividades diarias". Por ejemplo, usted puede:

- ⊸ Estacionar lejos cuando va al centro comercial.

- ⊸ Subir escaleras en lugar de usar el ascensor o las escaleras mecánicas.

- ⊸ Caminar en el campo de golf en lugar de usar el carro.

- ⊸ Caminar durante su recreo en lugar de quedarse parado al lado del dispensador de agua.

- ⊸ Caminar enérgicamente por el centro comercial y mirar todas las tiendas que llamen su atención.

- ⊸ Caminar mientas habla por teléfono o durante las pausas comerciales de la televisión.

Con un pedómetro, comenzará a notar cómo estos pequeños cambios agregan cada vez más pasos. Lindbergh afirma que "usar un pedómetro hace que esté más dinámico". "Nos hace abrir los ojos". Si desea contar sus 10,000 pasos, puede comprar un pedómetro en cualquier tienda deportiva. Si no le interesa tenerlo, trate de sumar pasos a su día de todas las maneras posibles.

Camine con un propósito. Cuando quiera pasar desde pasos de bebé hasta una caminata significativa, dedique 30 minutos diarios a caminar enérgicamente. Esto no debería ser un paseo por el parque. Su objetivo debe ser alcanzar dos millas en 30 minutos. Una buena manera de controlar el tiempo es registrar un recorrido de dos millas en su automóvil con la ayuda del odómetro. O vaya a una pista de atletismo local.

Arranque su rutina de ejercicios con miel

Obtenga más beneficios de su rutina de ejercicios con un estimulante sorprendente. Un estudio reciente de ciclistas competitivos demostró que la miel le da una inyección de energía tan importante como la glucosa, que es el azúcar que se utiliza en geles deportivos y barras energizantes. Tanto la miel como la glucosa estimularon la potencia en las piernas de los ciclistas y acortaron el tiempo que demoraron en finalizar la carrera. Y la miel posee la ventaja adicional de ser mucho más barata.

Compruebe por usted mismo si este endulzante natural le proporciona la energía para realizar una rutina de ejercicios más exigente. Antes de comenzar, tome una cucharada de miel disuelta en una taza de agua. Cuando necesite una dosis adicional de energía durante su rutina, haga lo mismo.

Pruébelo también después de ejercitar. Una cucharada de miel posejercitación parece ayudar en la recuperación muscular. Esto ocurre porque la miel es una excelente fuente de carbohidratos, y su cuerpo los necesita para reponer los que quemó.

Lo más importante que debe recordar es que, si desea bajar de peso, debe quemar más calorías que las que consume. Y si intenta mantener su peso, debe quemar al menos la misma cantidad que consume. Pero hay que esforzarse; por lo tanto, haga lo que haga, espere sentirse cansado una vez que termine. Saber que protege su salud al mantenerse en forma hará que todo valga la pena.

Convierta la vientre grande en abdominales planos y firmes

El "flotador" alrededor de su cintura definitivamente es un 1que la grasa se traslade de otras partes de su cuerpo a su cintura. Escuchar música, hablar con un consejero o con un amigo, meditar o practicar yoga pueden ayudar a aliviar el estrés. Estas prácticas también lo ayudan a mantener una actitud positiva, lo que facilitará que siga su dieta y realice su plan de ejercicios.

Endurezca los músculos para lograr una forma más en forma. Contraiga el abdomen mientras ejercita, ya que una panza floja debilita los músculos abdominales. Y no olvide estirar los isquiotibiales. Fortalecer los músculos de la parte posterior de sus muslos ayuda a prevenir la lordosis, que puede hacer que su estómago sobresalga aún más.

Si bien no van a eliminar la grasa, los abdominales pueden fortalecer los músculos de su estómago, que también protegen la espalda. Si los abdominales completos le resultan muy difíciles, realice sólo la segunda mitad, en la que al bajar se apoya en el suelo. Así es como debe hacerlos:

- ✎ Siéntese con las manos a ambos lados del cuerpo, apoye los pies sobre el suelo y forme con sus piernas un ángulo de 90 grados. De esta manera serán sus músculos abdominales, y no sus piernas ni cadera, los que realicen el trabajo.

- ✎ Tensione la barriga y, lentamente, — para que sus músculos trabajen contra la atracción que ejerce sobre ellos la gravedad — baje hasta que su espalda toque el suelo.

- ✎ Impúlsese nuevamente hacia arriba con los brazos.

Al principio, repita el ejercicio cinco veces y agregue algunos más cada vez que ejercite. Para exigir un poco más a sus músculos abdominales, cruce los brazos sobre el pecho, aumentando la resistencia.

Pierda libras con una poción poderosa

¿Qué diría si alguien le ofreciera un tónico que no sólo lo ayudara a perder peso,sino también a mejorar la digestión, aceitar las articulaciones, prevenir la sequedad de su piel y ayudar a su cuerpo a recuperarse después de una cirugía? Es difícil decir que no a una oferta como ésta, especialmente si es segura, gratuita y se encuentra justo en su cocina.

El agua, esa fuente natural de juventud, no posee calorías, por lo que, al reemplazar las bebidas calóricas por agua, estará obteniendo una clara ventaja. Pero no crea que al llenarse con agua comerá menos durante la cena. Un estudio de la Universidad Estatal de Penn descubrió que la práctica popular de beber un vaso de agua antes de las comidas para sentirse satisfecho no reduce el hambre.

Sin embargo, un plato de sopa podría dar buenos resultados. No sólo funciona mejor que un vaso de agua; los investigadores descubrieron que tomar sopa de pollo y arroz controló mejor el apetito que comer guiso de pollo y arroz con los mismos ingredientes y beber un vaso de agua.

Diuréticos: Vía rápida hacia un ataque cardíaco.

Tomar pastillas para adelgazar podría parecer un camino más rápido hacia una figura más delgada que contar calorías y ejercitar. Pero estos medicamentos pueden ser peligrosos, especialmente si sufre de afecciones cardíacas, diabetes o algunas otras enfermedades.

Por las mismas razones, tampoco se tiente de usar diuréticos para bajar de peso. Pueden afectar el equilibrio de los electrolitos de su cuerpo y exponerlo al riesgo de sufrir un ataque cardíaco. Son especialmente peligrosos cuando se combinan con una dieta baja en proteínas, que puede privar de nutrientes al corazón y alterar los ritmos cardíacos.

Usar diuréticos junto con otros medicamentos también es riesgoso. "Las personas que toman diuréticos son particularmente vulnerables a la deshidratación", afirma el Dr. David Calhoun, cardiólogo y director de la Clínica de Hipertensión Birmingham de la Universidad de Alabama.

"La combinación de la eliminación de un volumen de líquidos con los medicamentos", advierte, "puede provocar problemas como una tensión arterial baja peligrosa, especialmente para los pacientes mayores que son sensibles a deshidratarse".

Si toma medicamentos, Calhoun recomienda que se asegure de beber al menos los seis vasos de agua recomendados por día — sobre todo si realiza ejercicios o pasa mucho tiempo al sol.

Además, según los investigadores, es la cantidad de comida, y no la cantidad de calorías que contiene esa comida, lo que produce la sensación de saciedad. Por eso, los alimentos con alto contenido líquido satisfacen el apetito de la misma manera que lo hacen los que contienen muchas calorías. Una ensalada de pasta con zanahorias y calabacín, por ejemplo, lo llenan más que una porción más pequeña de pastas sin las verduras, pero con la misma cantidad de calorías.

Las frutas frescas en ensaladas; la lechuga, el tomate y los brotes en un sándwich de pechuga de pavo, y las verduras y alubias extra en salsa de chile son otras formas apetitosas de llenarse sin agregar muchas calorías. Pero no deje de beber agua. Hará mucho más que ayudarlo a perder peso y, si usted es como la mayoría, no bebe suficiente.

Sorprendente secreto para perder peso

Una causa oculta del aumento de peso puede hacer que pierda 25 libras tan fácilmente como abandonar sus verduras preferidas.

Según el Dr. Rudy Rivera, las intolerancias a ciertos alimentos son las culpables de muchos de los problemas de peso que sufre la gente. En su libro *Your Hidden Food Allergies Are Making You Fat* ("Las alergias ocultas que le provocan ciertos alimentos están provocando que engorde"), que editó conjuntamente con Roger D. Deutsch, habla de su propia lucha contra el sobrepeso. Una vez que identificó los alimentos culpables — entre ellos las zanahorias, el brócoli y las alubias verdes — afirma que finalmente bajó de peso y se sintió saludable.

Las verdaderas alergias a los alimentos provocan reacciones inmediatas, como urticarias o jadeos, y pueden poner en riesgo su vida. "Pero cuando es sensible a ciertos alimentos, la reacción no es tan evidente", comenta Rivera. Es posible que no note la reacción hasta horas después y, para ese entonces, no la relacionará con algo que comió. Y aunque lo hiciera, un tipo de reacción alérgica ya estaría invadiendo su cuerpo. Sus glóbulos blancos pueden inflamarse, romperse e irritar a otras células. ¿El resultado? Puede sentirse exhausto, tener migraña o continuar aumentando de peso.

Rivera cree que gran parte de la obesidad está relacionada con este ciclo de sensibilidad a los alimentos. Explica que después de que su cuerpo reacciona a un alimento agresor, se reducen los niveles de serotonina — un químico beneficioso que produce un efecto calmante en el cerebro. Y como comer carbohidratos puede aumentar los niveles de serotonina, usted siente que tiene antojos de bocadillos dulces. Aún peor, probablemente sienta antojos de comer los alimentos a los que es sensible.

Pero puede interrumpir el ciclo y descubrir cuáles son los alimentos que su cuerpo no puede procesar. Puede intentar eliminar un alimento de su dieta a la vez para observar si nota alguna mejoría, aunque esto puede resultar difícil si es sensible a varios alimentos. Rivera recomienda la prueba ALCAT, un análisis de sangre para detectar las intolerancias a los alimentos. Además de identificar los alimentos problemáticos, analiza la sensibilidad a los hongos, a los químicos como los conservantes y a los colorantes para alimentos. Rivera comenta que una vez que dejó de comer los alimentos problemáticos, perdió fácilmente 25 libras en un par de meses.

Pero debe mantenerse alejado de estos alimentos durante al menos tres meses. Después, puede comer nuevamente pequeñas cantidades de esos alimentos, pero sólo ocasionalmente. Para evitar las reacciones, debe alternar los alimentos para que nunca coma el mismo más de una vez cada cuatro días.

Su compañía de seguros debería cubrir la prueba ALCAT en caso de que su médico la solicite, pero primero asegúrese de que es así. Algunos expertos creen que esos tipos de pruebas para detectar alergias no son eficaces. Si su médico no la solicita, la empresa que diseñó la prueba puede recomendarle otro médico, o puede realizarla en su hogar. Para obtener más información, visite el sitio Web <www.alcat.com> o comuníquese con: AMTL Corp., One Oakwood Blvd., Suite 130, Hollywood, FL 33020, 800-881-2685.

Reduzca las grasas en restaurantes de comida griega

Los nutricionistas han promocionado mucho la dieta mediterránea como un súper plan de alimentación que permite vivir una vida larga y saludable. Pero antes de hacer reservas en su restaurante griego local, debe saber que la comida que sirven no es tan saludable como la que se cocinaba en el viejo país. De hecho, una encuesta reciente demuestra que contiene grandes cantidades de grasa que obstruyen el corazón y ensanchan la cintura.

La verdadera dieta griega consiste en muchas frutas, verduras, cereales y aceite de oliva. Sólo comen carnes rojas pocas veces por mes, y aves y pescado algunas veces por semana. Y las grasas saturadas, por lo general, no superan el 8% de las calorías. Pero en los restaurantes griegos, esas ideas saludables se han invertido. Los investigadores descubrieron grandes cantidades de grasas saturadas en la mayoría de los platos principales, y mucha más carne que la que incluye la dieta mediterránea.

Los expertos en nutrición recomiendan que para una dieta de 2,000 calorías diarias, no debe comer más de 65 gramos de grasa por día, de los cuales las grasas saturadas no deben superar los 20 gramos. Pero incluso 20 gramos de grasas saturadas podrían ser demasiado si desea proteger sus arterias y su corazón. ¿Cómo puede comer comida griega y tener un corazón saludable? Siga estas pautas para cosechar los beneficios de una dieta mediterránea sin dificultad.

Olvídese del sándwich. El típico gyro que le ofrecen en un restaurante — ese sándwich de pan árabe relleno con carne, verduras crudas, algunas veces incluye queso feta y salsa de pepino — contiene 760 calorías y 44 gramos de grasa. De esas grasas, casi la mitad son saturadas — el tipo de grasa que bloquea las arterias y que usted debe evitar como si fueran una plaga. No se engañe y crea que este sándwich es un plato tradicional mediterráneo. El gyro no es un alimento que haya estado entre nosotros por mucho tiempo, y es probable que quienes los comen habitualmente tampoco lo estén.

Disfrute un souvlaki. Afortunadamente, hay algunas opciones saludables en el menú. El souvlaki, que también puede conocer como shish kebob, es un ganador gracias a la poca cantidad de carne que contiene y a la generosa porción de verduras en la brocheta. Una porción promedio de souvlaki de pollo contiene sólo 260 calorías y 8 gramos de grasa — sólo dos de los cuales son grasas saturadas. Los souvlaki de carne de vaca y cordero se encuentran un poquito más arriba en la escala de grasas, pero aún están dentro de los índices saludables.

Haga a un lado los aderezos. Aunque opte por lo seguro y pida una ensalada griega, no se encuentra fuera de la zona de peligro para el corazón. Los investigadores descubrieron que la ensalada griega promedio contiene alrededor de 390 calorías, 12 gramos de grasas saturadas y un total de 30 gramos de grasa. Para que la ensalada sea más saludable, pida que le traigan el aceite y el queso feta aparte. De esa manera, puede agregar sólo una cucharada o dos para darle sabor, y no se llena de grasa.

Comparta las porciones. El moussaka, un guiso popular de carne molida y berenjena, suma la enorme cantidad de 830 calorías y 48 gramos de grasa. Una vez más, casi la mitad de las grasas son saturadas. Ya que los restaurantes griegos por lo general sirven porciones enormes, ¿por qué no compartirla con su pareja o un amigo? Pida un plato de entrada y compártalo, así logrará reducir el 50% de las grasas. Pida verduras extra como guarnición. O puede dividir la comida en dos cuando se la traen a la mesa, y comer sólo la mitad. Pida un recipiente para llevar y almuerce las deliciosas sobras recalentadas al día siguiente.

Derroche en el postre. El famoso postre griego baklava, que es una masa hojaldrada con miel y nueces, ni si quiera se acerca a la cantidad de calorías de otros postres. Una porción típica de baklava contiene 550 calorías y 21 gramos de grasa, cinco de los cuales son grasas saturadas. Un helado de limón sería mejor, pero el baklava aún le gana al pastel de manzana con sus 28 gramos totales de grasa, a un brownie de caramelo con 57 gramos totales de grasa y al criminal más grande entre los postres — el cheesecake — con 49 gramos de grasa, 31 de los cuales son grasas saturadas. Aún así, los investigadores recomiendan que se decida por lo más seguro y comparta su baklava con un amigo.

Manténgase muy saludable con los 50 consejos principales sobre nutrición

- ❧ Incorpore espinaca a su sándwich en lugar de lechuga. Un estudio reciente descubrió que la mayoría no notó la diferencia, y la espinaca es mucho más nutritiva.

- ❧ Coma los adornos. Los restaurantes a menudo decoran su plato con perejil o col. En lugar de admirar esas fuentes nutricionales, cómalas.

- ❧ Incluya algunos arándanos a los cereales, pasteles o mezcla para crepes, o incluso a un bol de helado.

- ❧ En lugar de mayonesa, manteca o queso crema. Pruebe untar con un aguacate pisado.

- ❧ Use aceite de oliva o canola en lugar de aceites animales u otros aceites vegetales.

- ❧ Invierta en un buen equipo de elementos de cocina antiadherentes. Eso le permitirá usar menos cantidad de grasa al cocinar.

- ❧ Incluya legumbres (alubias y arvejas) en las sopas y guisos, y reduzca la cantidad de carne.

- ❧ Elija cortes de carne magros y quíteles la mayor cantidad de grasa posible antes de cocinarlos.

- ❧ No cubra las papas al horno con manteca o crema agria. En su lugar, pruebe cubrirlas con salsa o chile reducido en grasas.

- ❧ Saltee las verduras en vino o caldo en lugar de usar manteca o aceite.

- ❧ Agregue aguacate o calabaza pisados al puré de patatas para agregarle nutrientes adicionales. Utilice entre un cuarto y media taza por cada dos tazas de patatas.

- ❧ El calor aumenta el sabor dulce de los alimentos; por lo tanto, si sirve alimentos dulces tibios, podría agregarles menos azúcar.

↝ El "queso" de yogur es un buen sustituto de la crema agria. Forme un filtro o embudo con tela o con un filtro de papel para café. Agregue yogur natural y deje que se escurra en un bol durante toda la noche dentro del refrigerador. Simplemente deseche el líquido y ya puede usar el yogur en su receta favorita.

↝ Si deja enfriar sus sopas y estofados, la mayoría de la grasa se solidificará en la superficie. Retire la grasa sólida y luego caliéntelos y cómalos.

↝ Elija frutas y verduras de colores oscuros para obtener la mayor cantidad de vitamina C.

↝ Pida su pizza con muchas verduras, y séquela con una servilleta de papel para absorber el exceso de grasa.

↝ Agregue manzanas cortadas en tiras a un sándwich de mantequilla de maní o queso asado.

↝ En su próxima comida al aire libre, ponga verduras en la parrilla. Incluya brochetas de espárragos o trozos de cebolla, pimientos verdes, tomates y hongos.

↝ Ase brochetas tropicales con trozos de piña, papaya y jamón.

↝ Hornee una banana. Coloque una banana madura entera en una placa para hornear galletitas. Hornee durante 20 minutos a 350 grados. Agriete la cáscara y espolvoree nuez moscada o canela.

↝ Rellene pimientos con arroz cocido o pasta y salsa de tomate. Cocínelos en un molde para pastelitos, así logrará que los pimientos conserven su forma.

↝ Para que la salsa tenga un sorprendente toque dulce, mezcle kiwi o papaya picados con tomates, cebollas verdes y cilantro.

↝ Haga un puré con mangos y úselo como salsa para el pollo, cerdo o pescados asados.

- ∼ Prepare un delicioso y atractivo postre helado para el desayuno. Coloque en capas yogur descremado, granola y frutas, como duraznos o piña, en una copa de postre.

- ∼ Las frutas enlatadas son nutritivas, pero asegúrese de comprar las que se envasan en su propio jugo — no en jarabe cargado de calorías.

- ∼ No se saltee el desayuno. Si está apurado, tome una manzana, un bagel o una banana.

- ∼ Hornee su propio pan, y agréguele frutas secas, verduras o semillas para que quede más sabroso y nutritivo.

- ∼ Busque jugos que sean 100% de frutas. Otras bebidas con sabor a frutas generalmente contienen más azúcar que nutrientes.

- ∼ Consuma sopas a base de caldos, — contienen menos grasas que las alternativas a base de crema.

- ∼ Sirva la carne o las aves con salsa de arándanos, salsa roja o chutney, y evite el fondo de cocción.

- ∼ No permita que las cenas fuera de su hogar se conviertan en una excusa para comer de más. La mayoría de los restaurantes sirven porciones innecesariamente grandes. Comparta un plato de entrada con alguien más o simplemente coma la mitad y pida un recipiente para llevarse las sobras.

- ∼ Que los alimentos libres de grasas no lo engañen. Muchos de ellos contienen muchas calorías. Lea las etiquetas cuidadosamente.

- ∼ Cuando sienta la necesidad de comer pastel, pruebe un pastel ángel cubierto con frutas frescas.

- ∼ Las palomitas de maíz pueden ser un bocadillo rico en fibras y bajo en calorías si no las llena de manteca. Si no le gustan las palomitas de maíz sin nada de manteca, pruebe colocarles un poquito de aceite de oliva para darles un riquísimo sabor saludable.

- Los frutos secos por lo general contienen mucha grasa, pero también son excelentes nutrientes, por eso inclúyalos en su dieta. Pero no se exceda.

- Concéntrese en sus alimentos. Comerá menos y disfrutará más de sus alimentos si evita comer mientras trabaja, mira televisión o conduce.

- Agregue arroz integral o salvaje a sus guisos y sopas para que contengan más fibras y sean más nutritivos.

- Reemplace parte de la manteca en las galletitas de manteca de maní por pasta de frijoles mung para reducir las grasas y aumentar el contenido de fibras.

- Si está aburrido de las bananas pero quiere consumir potasio, pruebe algo más exótico — como el kiwi o el mango.

- Cocine sus verduras en el microondas para retener más vitaminas y minerales.

- Combine las verduras al vapor con pastas integrales para agregar más fibras a su dieta.

- Ase los pescados envolviéndolos en papel de aluminio con jugo de limón y hierbas.

- Haga un batido rápido y nutritivo con leche y yogur descremados, cubos de hielo y su fruta preferida.

- Evite el pavo adobado en su propio jugo, al que se le inyecta grasa para humedecerlo. Una mejor idea es que adobe el pavo con caldo.

- Reemplace hasta la mitad de la manteca o el aceite que utiliza en sus recetas para horno con puré de manzana sin edulcorantes.

- Coloque semillas de linaza en sus sopas, ensaladas y cereales fríos o calientes.

- Cuando salga a cenar, siempre pida que le traigan las salsas y aderezos para ensaladas aparte, y luego úselos con moderación.

- Ase, hornee, cocine a la parrilla, al vapor o a fuego lento las carnes y verduras en lugar de freírlas o hervirlas. Reducirá grasas y retendrá nutrientes.

- Reemplace la crema en sus recetas con crema agria o leche evaporada reducidas en grasas.

- Para ingerir mayor cantidad de licopeno, elija tomates secados al sol en lugar de los frescos. Los envasados en aceite son los mejores para ayudar a su cuerpo a absorber los nutrientes que combaten el cáncer.

Cura casera

Las mujeres japonesas han guardado un secreto sobre la pérdida de peso durante siglos. Pero ahora se destapó la olla — o la tetera. Beber entre tres y cinco tazas de té verde en cada comida ayuda a estimular su metabolismo, lo que significa que quema calorías más rápido. Además, el té verde ayuda a eliminar líquidos retenidos.

HERIDAS Y LESIONES

Las curas caseras controlan emergencias menores

Cuando viaja, nunca sabe qué le ocurrirá. Ya sea un ataque de acidez estomacal, un resfrío durante una temporada de esquí o quemaduras de sol en la playa, nada mejor que estar preparado.

Podría comprar un kit de primeros auxilios ya listo en su farmacia local pero, si prepara uno propio, puede combinar medicamentos comerciales seguros con curas caseras — todos de bajo costo.

Aquí le ofrecemos algunas curas antiguas que puede llevar con usted.

- ✎ **Bicarbonato de sodio.** Una pequeña caja de este polvo milagroso puede ser de gran ayuda. Para los principiantes, mezcle media cucharada con media taza de agua y bébalo para obtener un alivio rápido para la indigestión.

- ✎ **Cáscara de banana o rodajas de papa.** Cuando no encuentre una venda común, esto quitará el dolor ante un raspón o arañazo. Simplemente coloque el

¿Qué es?

Una herida se define como cualquier rotura de los tejidos blandos de su cuerpo — por ejemplo, una mordedura, un corte, una punción o un rasguño. Las lesiones son más generales — casi cualquier tipo de daño o trauma que sufra su cuerpo. Pueden variar de una rodilla pelada a una concusión. La mayoría de las lesiones son cosa de todos los días y sólo necesitan un buena limpieza y una venda. Sin embargo, algunas veces van más allá de una rodilla pelada y necesitan atención médica.

Síntomas:
- ✎ Sangrado
- ✎ Dolor
- ✎ Inflamación y enrojecimiento
- ✎ Grieta o rasguño en la piel
- ✎ Shock (palidez, respiración acelerada, expresión perdida)

interior de la cáscara de banana o una rodaja fina de papa sobre el rasguño.

> **Echinácea.** Ya sea en forma de té o suplemento, esta hierba es el peor enemigo de sus resfríos. Aliviará la nariz tapada, los estornudos y los dolores de los males invernales inmediatamente.

> **Jengibre.** Durante siglos, los marineros confiaron en el jengibre para librarse de los mareos. Para conservarlo fácilmente en su kit de primeros auxilios, pruebe el jengibre confitado o cristalizado. Una hora antes de embarcar, coma dos trozos — cada uno de una pulgada cuadrada por un cuarto de pulgada de ancho. Luego coma uno o dos más cada cuatro horas, según sea necesario.

> **Medias finas y avena.** Para aliviar la comezón provocada por una hiedra venenosa, por las quemaduras del sol o alguna erupción, corte el pie de un par de medias finas viejas. Rellénelo con avena arrollada, ate el extremo y colóquelo debajo del agua del grifo en su bañera. Luego prepárese para una inmersión profunda.

> **Arroz y una media.** Rellene una media vieja con arroz o alpiste crudo y luego cósala fuertemente. Puede colocarla en el congelador para usarla como compresa fría o pásela por el microondas para obtener un alivio caliente. Asegúrese de colocar una taza de agua en el microondas con la media para que no se caliente demasiado y se prenda fuego. Este truco es genial para los dolores musculares, las migrañas o los dolores de articulaciones.

> **Alcohol de fricción.** Llene una bolsa plástica resellable para refrigerador con una mezcla de agua y alcohol de fricción y colóquela en el refrigerador. Para lograr una compresa helada más suave, agregue más alcohol.

> **Sal.** Mezcle un cuarto de cucharada de sal y media taza de agua tibia. Haga gárgaras y — listo — no más dolor de garganta. Además, destape su nariz tapada con un espray salino casero. Mezcle media cucharada de sal con ocho onzas de agua tibia. Utilice una botella vacía de espray nasal o una pera de goma.

- ❧ **Cola de contacto.** Para la cicatrización más rápida de un corte con papel o para la piel seca o agrietada, deje caer unas gotas de cola de contacto. No use este remedio en cortes profundos o sangrantes, y deje que la cola se seque completamente antes de tocar algo — especialmente sus ojos.

- ❧ **Use condimentos.** Una compresa de hielo grande no funcionará para heridas pequeñas. En su lugar, guarde los paquetes individuales de mostaza y ketchup que le den en cualquier restaurante de comidas rápidas. Consérvelos en el refrigerador y los tendrá a mano para las heridas pequeñas.

- ❧ **Saquitos de té.** Si el sol lo dejó dorado, pruebe echar dos o tres saquitos de té en su bañera. O use una gasa húmeda para aplicarlos directamente sobre sus quemaduras.

- ❧ **Vinagre.** Para el alivio inmediato de una picadura o mordedura, frótese vinagre con un trozo de algodón.

- ❧ **Vitamina C.** Apenas lo pique un horrible insecto, colóquese entre 1,000 y 1,500 miligramos de esta vitamina maravillosa. Actuará como un antihistamínico natural para ayudar a calmar la picadura y la hinchazón.

- ❧ **Cola blanca o cinta adhesiva.** Quite una astilla sin dolor. Simplemente coloque un poco de cola blanca, deje secar, luego despéguela y la astilla se quitará. Un trozo de cinta adhesiva funcionará bien para las astillas pequeñas que no puede ver.

Recuerde que el dolor, la hinchazón y otros síntomas son las señales del cuerpo para expresar que algo no está bien. Preste atención y reconocerá qué dolencias y accidentes de la vida diaria puede tratar usted mismo y cuáles necesitan atención médica. Por ejemplo, es más probable que ante el dolor de oídos, de muelas o los vómitos necesite llamar al médico.

Si no recuerda cuándo fue la última vez que recibió una vacuna antitetánica, hasta un pequeño corte o herida requerirá atención médica. Sería mejor que para prevenir el tétano se colocara un refuerzo cada diez años.

Alivio sin intereses para las picaduras de medusa

No vaya a la playa sin su tarjeta de crédito —y no para emergencias financieras, sino para emergencias con medusas.

Simplemente saque su tarjeta si una de estas criaturas flotantes lo pica, y raspe suavemente sobre la zona afectada para eliminar los aguijones que pudieran quedar en su piel. El filo de un cuchillo también funciona.

No se olvide del hielo para el dolor y la hinchazón. Si es una picadura seria, pruebe con vinagre diluido. Sólo recuerde que nunca debe enjuagar una picadura con agua fresca, ya que podría empeorarla.

Es posible que haya escuchado que las tarjetas de crédito también son prácticas para las picaduras de abeja, pero no necesariamente son el mejor remedio. Debido a que el aguijón puede inyectarle todo el veneno en 20 segundos, como máximo, la clave es sacarlo lo más rápido posible. Por lo tanto, no importa cómo lo hace siempre que sea rápido. Incluso sacarlo con la mano funciona. Los expertos dicen que no se preocupe — no introducirá más veneno en su torrente sanguíneo.

Convenientes formas de evadir las picaduras de insectos

No gaste una fortuna en esprays y cremas para calmar las mordeduras y picaduras de insectos. Y tampoco se exponga ni exponga a sus seres queridos a repelentes que contengan químicos peligrosos. Puede encontrar una farmacia virtual de alternativas naturales en su hogar — curas caseras que son formas probadas y comprobadas para obtener un alivio rápido.

Ahuyente los insectos naturalmente. La mejor manera de aliviar las mordeduras de insectos es, en primer lugar, evitándolos. Una forma simple — y gratuita — de mantener alejados a los mosquitos, las avispas y otros insectos similares es recordar un par de cosas cuando se viste. Evite usar perfume o colonia, y deje sus joyas brillantes adentro de su casa. Éstas, junto con los colores brillantes y la ropa con estampados florales atraen a los insectos. La naturaleza también ofrece su propia colección de armas para combatir insectos, que funcionan tan bien como cualquier repelente. Puede encontrar todas esas hierbas frescas y aceites en su tienda local de alimentos o en la tienda de alimentos naturales.

- **Lavanda.** Un aceite esencial hecho con esta planta es excelente para alejar jejenes y mosquitos. Mezcle dos partes de aceite de lavanda con una parte de alcohol.

- **Perejil, melisa o albahaca.** Frote las hojas frescas de estas hierbas en su piel si no quiere tener ronchas.

- **Jugo de ajo.** Los habitantes de la isla de Cerdeña beben esta potente solución para mantener alejados a los tan temidos chupasangres — los mosquitos, por supuesto.

- **Tomillo.** Los antiguos griegos quemaban tomillo para frenar las plagas de insectos. El tomillo seco también evitará que los insectos se acerquen al armario donde guarda la ropa de cama.

Busque un alivio natural Si todavía se acerca algún rastrero asqueroso, no se preocupe. Simplemente pruebe con alguna de estas maravillas populares. Podrían acabar con la comezón y la irritación de una mordedura o picadura.

- **Aspirina.** Para eliminar las molestias que producen las mordeduras de insectos, no hace falta que tome este medicamento de venta libre. Coloque la aspirina directamente sobre la roncha. Primero, asegúrese de no tener el aguijón en la piel. (Si aún está allí, quítelo hacia arriba o empújelo con una tarjeta de crédito o cuchillo). Luego, rompa una aspirina, mójela ligeramente y colóquela con una venda sobre la picadura. También puede usar otros antiinflamatorios no esteroideos (AINES), como el ibuprofeno. Para que el alivio sea aún mayor, pruebe empapar las mordeduras con un antihistamínico. Pero asegúrese de que no es alérgico.

- **Albahaca.** Esta hierba es buena para algo más que aderezar tomates y mozzarella. Pique hojas frescas de albahaca y frótelas en la mordedura del insecto para obtener un alivio agradable. Para mantener la albahaca en su lugar puede usar un vendaje suelto.

- **Cebollas.** Deje de llorar por esa comezón e hinchazón. Pise una rodaja de cebolla fresca y aplíquela, con jugos y todo, sobre la picadura. Las cebollas contienen fitoquímicos, que son sustancias naturales que ayudarán a reducir la hinchazón y el dolor.

- **Chiles.** Al igual que la cebolla, estos remedios picantes hacen maravillas cuando los corta y los coloca sobre una picadura. Un chile no reducirá la inflamación de una mordedura de insecto, pero calentará su piel lo suficiente como para que se olvide de eso. Algunas gotas de salsa picante también producirán buenos resultados. Si su piel se irrita mucho, enjuague el área de inmediato.

- **Menta y hamamelis.** El aceite de menta puede irritar su piel; por eso, al igual que con el chile, una gotita lo hará olvidar la comezón de las picaduras. Por otra parte, el hamamelis puede calmar y reducir la hinchazón. Hacen una pareja perfecta. Simplemente mezcle dos gotas de aceite esencial de menta por cada onza de hamamelis. Conserve esta valiosa poción en un lugar oscuro y seco y use alcohol para frotarla cuando sea necesario.

- **Bicarbonato de sodio y alcohol de fricción.** Mezcle estos dos ingredientes que comúnmente se encuentran en casa y forme una pasta que le proporcionará un alivio rápido y fácil.

Pruebe una pequeña cantidad de cualquier remedio casero en la parte interna de su antebrazo, especialmente si tiene alergias o piel sensible. No los use si la piel se enrojece o le produce picazón dentro de las 24 horas.

Remedios de cocina que pueden preservar su piel

Cuando los pequeños percances de la vida nos llevan a sufrir cortes o raspaduras, diríjase a la cocina. Muchos artículos cotidianos en su refrigerador o alacena son remedios naturales que funcionan tan bien como los medicamentos de la farmacia.

Papaya. Esta fruta tropical es una terapia tradicional en el Caribe y África, y ahora también recibe los elogios de la ciencia moderna. Un apósito con papaya verde pisada elimina el tejido muerto, estimula el crecimiento de piel nueva y reduce la infección. Es especialmente eficaz en úlceras y quemaduras de la piel.

Si desea probar este remedio, esparza sobre la herida una nueva capa gruesa y pareja todos los días. Pero esté alerta, es posible que sienta ardor apenas se coloca papaya.

Miel. Entre los científicos zumban las noticias sobre la miel y sus poderes curativos milagrosos. Este dulce tan especial puede ayudar a limpiar su herida, matar las bacterias, evitar la formación de una cicatriz y ayudar a que su cuerpo se cure a sí mismo. Incluso la miel común que venden en el supermercado puede servir para curar, pero las mieles sin procesar — como las que encuentra en tiendas de alimentos naturales — funcionan mejor. Si quiere la mejor, pruebe la miel activa de Manuka. Es una miel que se produce en Nueva Zelanda y puede adquirirla a través de Internet. Cualquiera sea el tipo de miel que utilice, aplique una onza por cada cuatro pulgadas cuadradas de herida. Es mejor esparcir la miel en una venda, en lugar de hacerlo directamente sobre su piel.

Canela. Aunque usted no lo crea, esta especia es un paquete completo de curación que puede anestesiar el dolor, matar las bacterias que provocan la infección y detener el sangrado. Después de lavar y secar su herida, espolvoree un poco de canela y cubra con una venda.

Antes de tratar cualquier herida en el hogar, asegúrese de que no sea lo suficientemente grave como para necesitar atención profesional. Si su lesión es leve, límpiela enjuagando con abundante agua corriente o con solución salina. Luego — relájese. Cuando su cuerpo trata de curarse a sí mismo, estresarse es lo último que necesita. Las investigaciones demuestran que el estrés debilita su sistema inmunológico y retarda la curación.

Solución simple para enfriar las lesiones

Usted sabe que aplicar frío a un esguince, una torcedura, un golpe u otra lesión es un paso fundamental en primeros auxilios. El hielo reduce la inflamación y anestesia el dolor. Pero aplicar frío a la antigua implica sentarse y sostener una compresa de hielo sobre la lesión. Deje que el envoltorio plástico realice todo el trabajo molesto por usted.

Simplemente corte un rollo de envoltorio plástico por la mitad. Luego tome un lado y use todo lo que necesite para sujetar la compresa de hielo sobre la lesión. El hielo se mantendrá en su lugar y usted podrá moverse libremente. Incluso puede utilizar envoltorio plástico para sujetar una compresa de hielo a su espalda, si es allí donde le duele.

No permita que una lesión lo deprima. Con esta solución simple, puede realizar sus actividades con moderación mientras ayuda a curarse.

Cómo evitar que un buen maquillaje se estropee

Las personas hacen cosas peligrosas por el bien de la belleza. Hace miles de años, los egipcios delineaban sus ojos con malaquita, plomo u hollín. Este look dramático no sólo parece incómodo, sino también inseguro. Luego, durante años, las mujeres perdieron su cabello a causa del uso de blanqueadores fabricados con lejía, y hasta morían por envenenamiento con plomo por empolvarse la piel con plomo blanco. Usted podría pensar que estas historias de belleza quedaron en el pasado. Pero en los Estados Unidos, los fabricantes no necesitan la autorización de la Administración de Drogas y Alimentos (FDA) antes de vender sus cosméticos, y el gobierno no regula las fechas de vencimiento de éstos. Es increíble, pero se recomienda a los fabricantes que establezcan sus propias pautas de seguridad.

Por lo general, a las mujeres egipcias ricas se las enterraba con cosméticos para que pudieran usarlos en el más allá. Pero, seguramente, usted no desea usar los mismos cosméticos durante toda la eternidad. Siga estos consejos para verse bien y conservar su buena salud.

Reemplace el rimel con frecuencia. El maquillaje para los ojos es especialmente peligroso si lo conserva durante mucho tiempo. Puede desarrollar infecciones oculares graves a causa del uso de productos viejos o contaminados — y hasta corre riesgo de padecer ceguera. Independientemente de lo poco que utilice o de lo mucho que pagó por él. Para protegerse de las infecciones, compre rimel nuevo cada tres meses. Y si se seca, nunca agregue agua o saliva. Ése es un medio seguro para generar una colonia de bacterias. Si aparece una infección ocular, deje de usar maquillaje para ojos de inmediato y deseche todos los cosméticos que podrían haber estado en contacto con su ojo. Y, por supuesto, visite a su médico.

No comparta el maquillaje. Olvídese de lo que aprendió en el jardín de infantes acerca de compartir. Cuando se trata de cosméticos, es mejor ser egoísta. De lo contrario, podría terminar intercambiando bacterias. Nunca utilice los "probadores" en los puestos de cosméticos, — ya que estaría compartiendo masivamente. Un estudio de la FDA sobre estos cosméticos compartidos resultó ser una verdadera revelación. Encontraron hongos en más del 10 por ciento de los productos sometidos a prueba. Alarmantemente, el peor agresor era el maquillaje para ojos.

Dude de las etiquetas que dicen "natural". Los cosméticos en cuyas etiquetas dice "completamente natural" parecen ser una opción

Tratamiento buevísimo para orzuelos

No necesita un detective duro para localizar un remedio casero simple para las afecciones oculares. Sólo necesita un huevo duro.

Si tiene un orzuelo o un quiste en su ojo, su médico podría recomendarle que aplique una compresa caliente durante 10 minutos, tres o cuatro veces por día. Con su forma ovalada, el huevo es una compresa perfecta para su ojo.

Simplemente cocine un huevo duro, deje que se entibie (que no esté hirviendo) o envuélvalo en una toalla y colóquelo sobre el ojo infectado durante 10 minutos. Cuando sea hora de realizar la próxima sesión de 10 minutos, simplemente vuelva a calentar el mismo huevo.

saludable. ¿Pero qué significa natural exactamente? Después de todo, las bacterias son naturales, pero ciertamente nada buenas para su piel. Si bien la industria no cuenta con pautas estrictas para los productos naturales, por lo general puede confiar en los ingredientes que provienen directamente de plantas y animales, y que no se fabrican en laboratorios. Sin embargo, incluso las plantas pueden estar contaminadas con pesticidas y fertilizantes. Además, los cosméticos naturales tienden a contaminarse más rápido debido a que no contienen conservantes artificiales.

Almacene los productos de manera correcta. Para poner freno a la contaminación, conserve sus cosméticos lejos del calor y de la luz solar, y siempre tápelos fuertemente.

Por último, use el sentido común. Aplíquese el maquillaje con las manos y la cara limpias. Y si cualquiera de sus maquillajes se viera u oliera raro, deséchelo. A pesar de toda la presión para ser bella, su salud es más importante que su apariencia.

Cura casera

A finales del siglo XVIII, el aceite del árbol de té australiano se hizo famoso por su poder para curar la piel. En la Segunda Guerra Mundial, se utilizó como antiséptico para las heridas.

Y en la actualidad, el árbol de té continúa siendo un método popular para tratar cortes, quemaduras, quemaduras de sol, herpes labial y dolores musculares y de articulaciones. Y como remedio para el acné, un estudio descubrió que una solución de 5% de aceite de árbol de té era tan efectiva como un medicamento con 5% de peróxido de benzoilo. Aún mejor, con el aceite hubo menos efectos colaterales, como sequedad, ardor, picazón y enrojecimiento.

ARRUGAS

Equilibre su dieta para evitar las arrugas

¿Ir a la tienda de alimentos por un estiramiento facial? No exactamente. Pero encontrará las estanterías repletas de artículos que pueden adelantar o volver el tiempo atrás.

Su piel es el órgano más grande de su cuerpo y, también, es un blanco enorme para los radicales libres. Estas moléculas inestables se forman a medida que procesa oxígeno. Se trasladan por todo el cuerpo, dañan las células y causan todo tipo de estragos — incluso arrugas. No puede evitar producir radicales libres, pero puede ayudar a neutralizarlos.

Coma de manera inteligente para tener una piel más suave. Ciertos alimentos pueden proteger su cara de las arrugas, según el investigador australiano Dr. Mark L. Wahlqvist de la Universidad Monash en Melbourne. Él descubrió que si los alimentos contienen antioxidantes poderosos — ya sea en forma de vitaminas, carotenoides, polifenoles u otros fitoquímicos — contrarrestan a los peligrosos radicales libres.

¿Qué es?

A medida que envejece, su cuerpo produce naturalmente menos colágeno y elastina — los tejidos conectivos que hacen que su piel esté firme y flexible. La capa de grasa que se encuentra debajo de su piel también comienza a desaparecer. Como resultado, la piel, especialmente la de la cara, se debilita y se arruga.

Sus genes, en general, determinan cuándo ocurre esto y cuán rápido avanza. Pero fumar y la exposición en exceso al sol pueden acelerar el proceso.

Síntomas:
- Formación de bolsas
- Líneas, protuberancias, pliegues y surcos
- Sequedad

Wahlqvist y su equipo de investigadores descubrieron que estos alimentos parecen combatir las arrugas:

Huevos	Cerezas
Yogur	Uvas
Espinaca	Melones
Berenjena	Ciruelas secas
Espárragos	Frutas secas
Apio	Manzanas
Ajo	Peras
Cebollas	Pan de variedad de granos
Frutos secos	Jamón
Alubias lima	Té
Aceitunas	Agua

Además, los alimentos como las aceitunas contienen grasas monoinsaturadas, que resisten el daño a las células cutáneas.

Es muy fácil incorporarlos a su menú semanal y, con tantos para elegir, puede disfrutar de una gran variedad de platos. Las comidas que combinan verduras, legumbres y aceite de oliva— como las de la típica dieta griega — brindan aún más protección contra las arrugas.

Evite los alimentos que provocan arrugas. Entre todas las buenas noticias, los investigadores también descubrieron que ciertos alimentos producen el efecto opuesto — y parecen estimular el desarrollo de las arrugas. Las grasas saturadas no brindan protección contra el daño producido por el sol y los productos azucarados deterioran la salud general de su piel.

Leche (entera)	Manteca
Margarina	Helado
Carne roja	Papas
Gaseosas	Pasteles, confituras, etc.

Trate de eliminar o reducir la cantidad que consume de estos alimentos. Cambie la leche entera por leche descremada, las gaseosas por agua, el cerdo o la carne de vaca por el pescado y los postres dulces y con mucho azúcar por frutas. Quizá ésta sea la receta para verse más joven.

No se preocupe tanto por las arrugas

Si su cara refleja su edad claramente, una nueva investigación sobre las arrugas en el cáncer podría darle buenas noticias. Médicos ingleses especulan con que, si tiene arrugas, podría estar protegido contra el cáncer de piel.

La mayoría cree que las arrugas reflejan el daño provocado por el sol e indican un mayor riesgo de sufrir cáncer de piel. Pero allí no termina la historia. Según el Dr. Christopher E. M. Griffiths, profesor de dermatología en la Universidad del Hospital Hope de Manchester, existen diferentes tipos de piel y reaccionan de manera diferente a la exposición solar.

Los rayos ultravioleta del sol destruyen las fibras elásticas de colágeno presentes en todos los tipos de piel. Si tiene arrugas, esto significa que su tipo de piel se autorrepara pero no reemplaza el colágeno. Por otra parte, si tiene piel tersa, su piel reemplaza el colágeno dañado.

Griffiths cree que esta cantidad de colágeno en su piel podría afectar su riesgo de desarrollar cáncer de piel de forma indirecta. Una sustancia llamada factor de crecimiento transformante (TGF)-beta ayuda a regenerar el colágeno. Sin embargo, también inhibe el sistema inmunológico — y un sistema inmunológico débil tiene más dificultades para combatir el cáncer. En otras palabras, el mismo proceso que mantiene su piel tersa y firme podría también permitir el desarrollo del cáncer. "¡Esto es especulativo!", enfatiza Griffiths.

Lo primero que notó el Dr. fue que sus pacientes con carcinoma de células basales, el tipo más común de cáncer de piel, tenían menos arrugas que otros pacientes. Luego, un estudio de aproximadamente 200 personas aportó más información. Aquellos con muchas arrugas en sus caras eran hasta un 90% menos propensos a desarrollar carcinoma de células basales que las personas con pieles suaves.

Lamentablemente, no puede controlar el tipo de piel que tiene. Por lo tanto, es importante que tome las medidas habituales para protegerse del sol. "Es mejor evitar exponerse al sol y usar filtros solares con factores altos", afirma Griffiths.

Cura casera

Liquide sus arrugas con un humectante aromático casero. Elija un aceite esencial, como de lavanda, lila o rosa, en una tienda de alimentos naturales o en una tienda de belleza. También necesitará comprar un atomizador en una farmacia. Luego siga estos pasos simples.

- Llene el atomizador con 1 taza de agua.
- Agregue 2 ó 3 gotas de un aceite esencial.
- Refrigere el preparado durante toda la noche.
- Simplemente rocíe y luego cubra su piel con un pañuelo de papel.

ÍNDICE

B

C